上财文库

刘元春　主编

中国省际毗邻区域协调发展的理论与实践研究

Research on the Theory and Practice of Interprovincial
Border Areas of Coordinated Development in China

张学良　等　著

上海财经大学出版社
SHANGHAI UNIVERSITY OF FINANCE & ECONOMICS PRESS

上海学术·经济学出版中心

图书在版编目(CIP)数据

中国省际毗邻区域协调发展的理论与实践研究 / 张
学良等著. -- 上海：上海财经大学出版社, 2025.1.
(上财文库). -- ISBN 978-7-5642-4581-8

Ⅰ.F127

中国国家版本馆 CIP 数据核字第 2024E6F877 号

上海财经大学中央高校双一流引导专项资金、中央高校基本科研
业务费资助

□ 责任编辑　李成军
□ 封面设计　贺加贝

中国省际毗邻区域协调发展的理论与实践研究
张学良　等 著

上海财经大学出版社出版发行
(上海市中山北一路 369 号　邮编 200083)
网　　址:http://www. sufep. com
电子邮箱:webmaster@sufep. com
全国新华书店经销
上海华业装璜印刷厂有限公司印刷装订
2025 年 1 月第 1 版　2025 年 1 月第 1 次印刷

787mm×1092mm　1/16　16.5 印张(插页:2)　304 千字
定价:92.00 元

总　序

更加自觉推进原创性自主知识体系的建构

中国共产党二十届三中全会是新时代新征程上又一次具有划时代意义的大会。随着三中全会的大幕拉开，中国再次站在了新一轮改革与发展的起点上。大会强调要创新马克思主义理论研究和建设工程，实施哲学社会科学创新工程，构建中国哲学社会科学自主知识体系。深入学习贯彻二十届三中全会精神，就要以更加坚定的信念和更加担当的姿态，锐意进取、勇于创新，不断增强原创性哲学社会科学体系构建服务于中国式现代化建设宏伟目标的自觉性和主动性。

把握中国原创性自主知识体系的建构来源，应该努力处理好四个关系。习近平总书记指出："加快构建中国特色哲学社会科学，归根结底是建构中国自主的知识体系。要以中国为观照、以时代为观照，立足中国实际，解决中国问题，不断推动中华优秀传统文化创造性转化、创新性发展，不断推进知识创新、理论创新、方法创新，使中国特色哲学社会科学真正屹立于世界学术之林。"习近平总书记的重要论述，为建构中国自主知识体系指明了方向。当前，应当厘清四个关系：（1）世界哲学社会科学与中国原创性自主知识体系的关系。我们现有的学科体系就是借鉴西方文明成果而生成的。虽然成功借鉴他者经验也是形成中国特色的源泉，但更应该在主创意识和质疑精神的基础上产生原创性智慧，而质疑的对象就包括借鉴"他者"而形成的思维定式。只有打破定式，才能实现原创。（2）中国式现代化建设过程中遇到的问题与原创性自主知识体系的关系。建构中国原创性自主知识体系，其根本价值在于观察时代、解读时代、引领时代，在研究真正的时代问题中回答"时代之问"，这也是推动建构自主知识体系最为重要的动因。只有准确把握中国特色社会主义的历史新方位、时代新变化、实践新要求，才能确保以中国之理指引中国之路、回答人民之问。(3)党的创新理论与自主知识体系的关系。马克思主义是建构中国自主知识体系的"魂脉"，坚持以马克思主义为指导，是当代中国哲学社会科学区别于其他哲学社会科学的根本标志，必须旗帜鲜明加以坚持。党的创新理论是中国特色哲学社会科学的主体内容，也是中国特色哲学社会科学发展的最大增量。(4)中华传统文化与原创性自主知识体系的关系。中华优秀传统文化是原创性自主知识体系的"根脉"，要加强对优秀传统文化的挖掘和阐发，更有效地推动优秀传统文化创造性转化、创新性发展，创造具有鲜明"自主性"的新的知识生命体。

探索中国原创性自主知识体系的建构路径，应该自觉遵循学术体系的一般发展规律。建构中国原创性自主知识体系，要将实践总结和应对式的策论上升到理论、理论上升到新的学术范式、新的学术范式上升到新的学科体系，必须遵循学术体系的一般发展规律，在新事实、新现象、新规律之中提炼出新概念、新理论和新范式，从而防止哲学社会科学在知识化创新中陷入分解谬误和碎片化困境。当前应当做好以下工作：(1)掌握本原。系统深入研究实践中的典型事实，真正掌握清楚中国模式、中国道路、中国制度和中国文化在实践中的本原。(2)总结规律。在典型事实的提炼基础上，进行特征事实、典型规律和超常规规律的总结。(3)凝练问题。将典型事实、典型规律、新规律与传统理论和传统模式进行对比，提出传统理论和思想难以解释的新现象、新规律，并凝练出新的理论问题。(4)合理解释。以问题为导向，进行相关问题和猜想的解答，从而从逻辑和学理角度对新问题、新现象和新规律给出合理性解释。(5)提炼范畴。在各种合理性解释中寻找到创新思想和创新理论，提炼出新的理论元素、理论概念和理论范畴。(6)形成范式。体系化和学理化各种理论概念、范畴和基本元素，以形成理论体系和新的范式。(7)创建体系。利用新的范式和理论体系在实践中进行检验，在解决新问题中进行丰富，最后形成有既定运用场景、既定分析框架、基本理论内核等要件的学科体系。

推进中国原创性自主知识体系的建构实践，应该务实抓好三个方面。首先，做好总体规划。自主知识体系的学理化和体系化建构是个系统工程，必须下定决心攻坚克难，在各个学科知识图谱编制指南中，推进框定自主知识体系的明确要求。

各类国家级教材建设和评定中,要有自主知识体系相应内容审核;推进设立中国式现代化发展实践典型案例库,作为建构自主知识体系的重要源泉。其次,推动评价引领。科学的评价是促进原创性自主知识体系走深走实的关键。学术评价应该更加强调学术研究的中国问题意识、原创价值贡献、多元成果并重,有力促进哲学社会科学学者用中国理论和学术做大学问、做真学问。高校应该坚决贯彻"破五唯"要求,以学术成果的原创影响力和贡献度作为认定依据,引导教师产出高水平学术成果。要构建分类评价标准,最大限度激发教师创新潜能和创新活力,鼓励教师在不同领域做出特色、追求卓越,推动哲学社会科学界真正产生出一批引领时代发展的社科大家。最后,抓好教研转化。自主知识体系应该转化为有效的教研体系,才能发挥好自主知识体系的育人功能,整体提升学校立德树人的能力和水平。

上海财经大学积极依托学校各类学科优势,以上财文库建设为抓手,以整体学术评价改革为动力,初步探索了一条富有经管学科特色的中国特色哲学社会科学建构道路。学校科研处联合校内有关部门,组织发起上财文库专项工程,该工程旨在遵循学术发展一般规律,更加自觉建构中国原创性自主知识体系,推动产生一批有品牌影响力的学术著作,服务中国式现代化宏伟实践。我相信自主知识体系"上财学派"未来可期。

上海财经大学 校长

2024 年 12 月

前　言

随着经济全球化和区域一体化潮流的不断推进,城市和区域间的分工协作不断呈现网络化的协同发展趋势。但由于我国行政体制的限制,区域经济发展各项规划、制度等的编制和实施大多局限在本行政范围内,长此以往将会导致区域内中心地区与边界地区的差距倍增,由此可能引发行政经济体功能和结构失调,进而阻碍边界地区发展的积极性和能动性,并最终影响我国整体经济高质量发展、区域协调发展和共同富裕目标的实现。因地理区位的边缘性和行政区位的交叉性,省际毗邻区域在一段时间以来大多成为国家政策上的"盲点"、经济上的"冷点"、交通上的"断点"。在此背景下,如何有效推进省际毗邻区域的协调发展已经成为我国区域协调发展研究的新命题,也是推动我国经济高质量发展的热点和难点。

伴随着国家区域协调发展战略的稳步实施,小尺度、跨区域、相对精准的省际毗邻区域合作正快速成长为跨省域经济合作的桥头堡和热点地区,对于推动区域协调发展、畅通国内大循环具有重要理论与实践意义。近年来,国家发布系列文件积极探索省际毗邻区域合作发展路径,力争推动省际毗邻区域的协同发展,加速形成优势互补、合作共赢的区域发展新格局。作为跨省域一体化发展的"前沿地带",省际毗邻区域既是促进行政区与经济区协调的关键区域,也是实现区域均衡发展的挑战性地带。为促进区域协调发展向更高水平和更高质量迈进,关注省际毗邻区域发展显得尤为迫切。在此背景下,本书瞄准中国省际毗邻区域协调发展问题,基于理论与实践研究,选取国内八大典型省际毗邻区域研究案例展开深入分析,并对省际毗邻区域发展的未来路径进行探讨,力争为推动我国省际毗邻区域协调发展研究的深化做出贡献。

本书旨在研究中国省际毗邻区域经典案例与发展模式,梳理毗邻区域合作发展存在的问题,同时为其未来发展提供方向和路径。首先,系统梳理省际毗邻区域的演进过程与发展阶段，全面识别中国省际毗邻区域发展的趋势特征；其次，在梳理省际毗邻区域已有理论的基础上，提出以"四高"发展、"多彩"增长、"四化"协调为基础的毗邻区域新发展理论，以期推进省际毗邻区域研究的理论发展；再次，选取国内八大典型省际毗邻区域，从历史维度、国家要求、现实基础、未来路径等方面进行全面系统梳理，总结提炼出省际毗邻区域发展特征和发展模式的差异；最后，以兼顾质量与速度的"多彩"增长理论为支撑，归纳省际毗邻区域"坚守安全红色增长、深化传统橙色增长、引领创新金色增长、塑造生态绿色增长、传承文化青色增长、深挖公共服务蓝色增长、共筑区域协同紫色增长"的多彩发展新路径与新举措。

本书整体框架如下：第一部分为研究总论，包括第一章和第二章的内容，第一章介绍了中国省际毗邻区域的典型特征，第二章介绍了当前中国省际毗邻区域的理论研究。第二部分为实践研究，包括第三章到第十章的内容，第三章分析了东部地区沪苏浙毗邻区域一体化高质量发展，第四章介绍了中部地区鄂湘赣毗邻区域战略支点作用凸显，第五章介绍了西部地区陕甘宁革命老区发展的新风貌，第六章介绍了东北地区蒙吉黑生态经济合作区初步建立，第七章介绍了东中部地区浙皖闽赣毗邻区域合作迈出坚实的步伐，第八章介绍了中西部地区晋陕豫黄河金三角协作率先取得的突破，第九章介绍了中西部地区鄂豫陕毗邻区域协调发展深入推进，第十章介绍了东中西部地区蒙晋冀长城金三角合作区协同发展。第三部分为未来展望，重点介绍省际毗邻区域发展的经验总结与探索。

本书的主题设计、框架确定、观点整合、团队组织由张学良、韩慧敏负责。各章撰写工作如下：第一章，张学良、韩慧敏、杨焕焕；第二章，张学良、韩慧敏、许基兰、张麒；第三章，苏欣怡、玄泽源；第四章，张麒；第五章，李晨；第六章，玄泽源；第七章，易金彪；第八章，杨焕焕、易金彪；第九章，韩慧敏；第十章，刘雅琦；第十一章，张学良、韩慧敏。最后由张学良统稿、定稿。

需要说明的是，本书引用了众多学者的研究成果和学术思想，虽已有标注和说明，但在主要参考文献中也许未能一一列出，敬请谅解！虽然我们付出了巨大的努力，但书中难免存在一些不足，恳请读者批评指正！

张学良

2024 年 8 月 22 日

目　录

第一章

中国省际毗邻区域的典型特征

　　党的二十大报告中指出，"深入实施区域协调发展战略、区域重大战略、主体功能区战略、新型城镇化战略，优化重大生产力布局，构建优势互补、高质量发展的区域经济布局和国土空间体系"。作为新时代国家重大战略之一，深入推进区域协调发展是贯彻新发展理念的体现，是构建新发展格局的基础，更是推动高质量发展的抓手，有利于畅通国内国际双循环发展体系，构建全方位开放发展新格局，推动实现全体人民共同富裕。党的十八大以来，我国不断完善和落实区域协调发展战略部署，全国各地立足自身区位特点，探索创新多元化的新型区域合作模式，大循环下的区域板块合作不断加强，共同构成我国区域经济新发展格局。但与此同时，我国空间分布广泛、资源条件差异、合作机制不健全等制约因素仍然存在，区域经济发展不平衡日益加剧，区域协作机制尚需进一步完善，这在远离省域行政中心、经济发展水平相对落后的省际毗邻区域更为明显。由于行政体制的限制，区域经济发展各项规划政策的实施大多局限在本行政范围内，由此可能引发行政经济体功能和结构失调，进而阻碍毗邻地区的发展积极性和能动性，导致经济效率下降，引发贫富差距拉大等社会问题，最终影响我国整体经济高质量发展、区域协调发展和共同富裕目标的实现。因此，如何有效推进省际毗邻区域协调发展，已经成为促进区域协调发展向更高水平和更高质量迈进的关键着眼点。在此背景下，本章旨在从现实背景、重大意义、整体特点、历史演进、趋势特征等方面系统论证省际毗邻区域研究的典型特征，既有利于寻求理论创新方向，也有利于进行实践层面的系统性谋划。

第一节　省际毗邻区域发展的现实背景

省际毗邻区域是指两个及以上省(自治区、直辖市)之间的接壤区域,具体是以省级行政边界为起点向行政区内部横向延展一定宽度所构成的、沿边界纵向延伸的窄带型区域(陈钊,1996)。由于地理区位、资源禀赋、发展水平较为相近,省际毗邻区域通常是自然资源、人文资源和生态资源的集聚地,有着"金边银角"的美誉,但因其地理区位的边缘性和行政区位的交叉性,大多成为国家政策上的"盲点"、经济上的"冷点"、交通上的"断点"。尽管在区位上存在天然的合作基础,但受所属省域的行政管辖与政策制约,省际毗邻区域面临着行政壁垒束缚以及跨行政区协调机制不完善等现实挑战(张学良和林永然,2019),尤其是行政分割导致的省际边界效应特征明显(唐为,2019),致使整体发展水平较低且区域间摩擦频发,难以实现协同发展。为促进区域协调发展向更高水平和更高质量迈进,关注省际毗邻区域发展具备重要性和必要性。习近平总书记在 2023 年中共中央政治局第二次集体学习时强调,要全面推进城乡、区域协调发展,提高国内大循环的覆盖面,打消区域壁垒,真正形成全国统一大市场。作为推动要素跨区域流动的重要抓手、促进新型区域合作的重要主体、加快全国统一大市场建设的重要环节、提高国内大循环覆盖面的重要突破口,如何有效推进省际毗邻区域从物理空间相邻的 1.0 版本转向发展要素合作的 2.0 版本,实现地理边界、行政边界、经济边界、社会文化边界的耦合(张学良,2015),已经成为我国区域协调发展研究的新命题。

国家总体战略从非均衡到区域协调发展。区域发展不平衡是我国的基本国情。改革开放以来,以邓小平同志"两个大局"思想为指导,我国开启了实施向沿海地区倾斜的"非均衡发展战略",推动了东部沿海地区的快速发展,同时东部、中部、西部以及东北四大区域经济差距也随之扩大。进入 20 世纪 90 年代,党中央、国务院开始关注区域差距持续扩大的问题,从宏观政策制定、统筹发展布局的角度开展了一系列探索性调控。1991 年,国务院成立国民经济和社会发展总体研究协调小组,对区域协调发展问题开展专题研究。1996 年,《中华人民共和国国民经济和社会发展"九五"计划和 2010 年远景目标纲要》首次把"促进区域经济协调发展"作为重要的国民经济发展方针。由此开始,区域协调发展成为各级政府及相关研究关注的重点领域。"十五"以来,中央完整地提出"实施西部大开发、振兴东北地区等老工业基地、促进中部地区崛起、鼓励东部地区率先发展起来"这一国家层面上的区域总体战略。党的二十大报告明确强调"促进区域协调发展",并做出系列重大战略部署,为新形势下促进区域协调发展提供了根本遵循。

国家战略重点向欠发达地区及毗邻地区转移。在区域协调发展战略下,国家区域政策演变更加注重促进中西部、沿海和内陆的联动发展,加快缩小区域发展差距;更加注重促进区域一体化发展,促进资源要素的自由流动和高效配置。2018年11月,《中共中央 国务院关于建立更加有效的区域协调发展新机制的意见》提出支持湘赣等省际交界地区合作发展。2019年10月,国务院批复《长三角生态绿色一体化发展示范区建设方案》。2021年1月,《国务院关于新时代支持革命老区振兴发展的意见》要求引导赣南等原中央苏区与湘赣边区协同发展。2021年9月,国务院批复《"十四五"特殊类型地区振兴发展规划》,明确要建设湘赣边区合作示范区。由此可见,沿边地区、革命老区、贫困地区的振兴发展以及省际毗邻区合作发展成为新时期国家区域战略的重点。

区域合作向以毗邻区为载体的小尺度转变。从目前区域协调发展的新动向上看,国家层面的大尺度区域协调发展战略已经日趋成熟,小尺度、跨区域、相对精准的新型城市合作模式渐露头角。中国区域合作不仅由东中西板块的合作走向长江经济带、长三角一体化、粤港澳大湾区、京津冀协同发展、成渝双城经济圈、黄河流域高质量发展等区域重大战略的合作,同时也由城市群、都市圈为空间载体的合作走向以县域为载体的更小尺度的省际毗邻区域合作。推动省际毗邻区域协调发展,应着力打破跨行政区域发展中资源要素自由流动的体制、机制、障碍,推动区域市场的充分开放和自由竞争,着力将地理上"前沿地带"的省际毗邻区域打造成高质量跨界一体化发展的"试验田",推动省际毗邻区域从物理空间相邻的毗邻1.0版向发展要素合作的毗邻2.0版转变的重要抓手。

第二节　省际毗邻区域发展的重要意义

一、省际毗邻区域发展是践行"以人为本"理念的重要体现

当前,我国经济发展更加注重"以人为本"的发展理念,而我国新型城镇化和区域一体化发展也将注重"以人为本"的发展理念。省际毗邻区域虽然是我国的一类

特殊区域,但其涉及范围较广。因此省际毗邻区域的经济发展绝非小问题,而是事关我国经济高质量发展、区域协调、乡村振兴、共同富裕等方面的大问题。据研究统计,目前我国共有 34 个省级行政区,66 条省级行政区的陆路边界线,总长约 5.2 万千米,边界线两侧分布了 849 个县级行政区,约占我国国土面积的 47.9%(安树伟,2004)。陕西与四川毗邻的秦巴山地,湖北与河南毗邻的大别山区,陕西、甘肃和宁夏毗邻的六盘山区等我国典型的省际毗邻区域,普遍存在经济发展落后、基础设施薄弱、生态环境脆弱、空间协调难度大等问题。东中西差距、省际差距、城乡差距是我国宏观经济发展的差距,而省际毗邻区域与省内中心区的发展差距则更普遍地存在于各个省份,边界之多,面积之广,使得该类区域的发展成为制约我国经济发展、社会稳定的关键问题,深刻影响着我国社会主义共同富裕奋斗目标的实现。

二、省际毗邻区域是中国改革开放的前沿阵地

改革开放以来,省际毗邻区域逐渐呈现出不平等的发展趋势,影响着我国改革开放的深度和广度,阻碍着我国区域协调发展的进程。由此,一些省际毗邻区域开始不断尝试突破行政边界限制,加强省际经济、文化交流和接触。习近平总书记曾指出,中国改革已经进入攻坚期,要敢于向积存多年的顽瘴痼疾开刀。而今,在双循环新发展格局背景下,国内大循环的梗阻尚未移除,其中省际毗邻区域就是长久存在于我国改革发展过程中的顽疾和梗阻,亟需充分发掘和释放其发展潜力。事实上,省际毗邻区域是中国改革开放具有特色的试验田,正逐渐从我国改革开放的末梢转变为前沿阵地。2014 年国务院正式批复的《晋陕豫黄河金三角区域合作规划》,对于探索省际毗邻地区合作发展新路径、推动我国欠发达地区加快发展、推进区域一体化进程具有重要意义。2019 年国务院正式批复建设长三角生态绿色一体化发展示范区。示范区横跨上海、江苏和浙江,是打破行政壁垒、聚焦一体化制度创新的试验区。2020 年,国家发展和改革委员会发布《北京市通州区与河北省三河、大厂、香河三县市协同发展规划(2020—2035 年)》。2021 年国务院正式批复《虹桥国际开放枢纽建设总体方案》,沪苏浙省际毗邻区域一跃成为三地合作的新商务区,极大地促进了长三角区域间要素流动和优化配置。由此可见,近年来,中央和地方关于省际毗邻区域的合作发展规划不断出台,省际毗邻区域正在成为推进中国改革开放的领头羊和排头兵。

三、省际毗邻区域是实现区域战略协同的重要组成部分

作为区域战略协同的重要组成部分,省际毗邻区域协调发展不仅有助于突破行政区划限制,实现区域内资源产业、基础设施的高效整合与优化配置,也在国家战略规划中发挥着关键性作用,是国家战略规划相互衔接的重要基础。因而,省际毗邻区域的协调发展不应局限于毗邻区域内部,更应提升区域之间的协调发展水平。提高省际毗邻区域整体协调发展水平不仅是区域经济一体化的基础,也是实现区域战略协同目标、提升区域整体竞争力与可持续发展的关键。通过跨省的资源共享与政策对接,省际毗邻区域整体协同效应和竞争能力有所提升,有助于打破地方保护主义和行政区划壁垒,推动各省在生态环境、交通运输、产业协作等领域的跨界合作,构建区域一体化发展新格局。在此过程中,省际毗邻区域逐渐成为各大区域板块衔接的重要基础,充当了区域战略目标实现的"黏合剂"和"润滑剂",不仅有助于促进资源、技术和人才的流动,还能有效推动区域板块的融合互动,确保国家层面的战略规划得以高效实施,以此推动区域经济的高质量发展和可持续繁荣。

四、省际毗邻区域是实现中国区域协调发展的重要突破口

党的十八大以来,以习近平同志为核心的党中央高度重视区域协调发展,相继实施了京津冀协同发展、粤港澳大湾区建设、长江经济带发展、长三角一体化发展、黄河流域生态保护和高质量发展等系列区域重大战略。这些区域重大战略都涉及两个及以上省级行政区域,统筹协调发展面临诸多困难与挑战。但在当前双循环新发展格局下,畅通区域内"小循环"又显得尤其重要。通常来说,省际毗邻区域具有地缘相近、人文相亲、山水相连、文化相通等共性,拥有天然的合作基础和合作特性,是实现区域协调发展的重要突破口。政府通过省际毗邻区域之间的合作与分工,对区域发展进行合理的统一规划、统一建设、统一管理,用高效的制度供给助推资源的高效流转配置,用积极的毗邻区双向开放激发整体区域分工和合作,提高整体的区域协同效率和经济集聚度,最终形成毗邻区带动整体区域协同发展新机制。因此,加强省际毗邻区域协调发展,是贯彻落实区域协调发展战略和发展实践的迫切需求。

五、省际毗邻区域是放大城市群效应的重要抓手

城市的集聚促进生产要素在更大范围内流动,可以产生"1＋1＞2"的集聚经济效应,获得更大的规模效益和分工收益,有利于促进经济绩效的进一步提升(李培鑫和张学良,2021)。但是在中国行政区经济的背景下,城市群内部毗邻区的要素流动成本、交易成本等通常过高,合作成本大于合作利益(安树伟等,2022),特别是涉及省际毗邻区域时,"合作不经济"远超过"合作经济",影响城市之间的合作意愿。因此,省际毗邻区域的合作发展通常被排除在城市群发展范围之外,这并不利于激发城市群经济发展活力,影响城市群经济的发展后劲。近年来,我国城市群发展加速推进,省际毗邻区域正被纳入中国城市群发展的战略框架。2015年发布的《长江中游城市群发展规划》提到"打破行政区划限制,支持长江中游城市群与安徽省若干基础条件好、联系比较紧密的省际毗邻城市合作发展",涉及的省际毗邻区域主要包括咸宁—岳阳—九江、荆州—岳阳—常德—益阳、九江—黄冈—黄石、长沙—株洲—湘潭—新余—宜春—萍乡、黄冈—安庆—六安、九江—安庆—池州—景德镇。2019年发布的《长江三角洲区域一体化发展规划纲要》强调要"推动省际毗邻区域协同发展,加强跨区域合作,探索省际毗邻区域协同发展新机制",涉及的省际毗邻区域主要包括虹桥—昆山—相城、嘉定—昆山—太仓、金山—平湖、顶山—汊河、浦口—南谯、江宁—博望。2021年发布的《成渝地区双城经济圈建设规划纲要》提出"推动建设广安—渝北等一批跨省市毗邻地区产业合作园区"。由此可见,省际毗邻区域正逐渐成为城市群内部合作的重点区域,省际毗邻区域的协调发展正在不断放大城市群效应。

第三节　省际毗邻区域发展的整体特点

一、自然地理的同质性

省际毗邻区域在自然地理区位和资源禀赋方面呈现出同质性。在地理区位上,省际毗邻区域位于省级行政单位的交界处,远离省域的经济中心,地理位置相对偏僻。省际边界通常是以河流、山脉、湖泊、森林等自然要素或语言、风俗、民族

等历史传统来划分,因此,省际毗邻区域的地理区位具有相对稳定性和历史文化的传承性。在资源禀赋上,省际毗邻区域一般都有丰富的自然资源,有着"金边银角"的美誉(曾冰,2015),丰富的自然资源禀赋为省际毗邻区域的发展奠定基础。同时,省际毗邻区域由于地理邻近,具有相似的矿产资源形成条件,故其资源禀赋结构往往也具有高度的相似性。如晋陕豫黄河金三角拥有铝、镁、钼、铜、黄金、芒硝等丰富的矿产资源,由于矿产资源丰富且相近,四市都形成了以煤炭冶金、装备制造、能源化工、纺织服装、农产品加工等为主导的产业结构。由此可见,我国省际毗邻区域在地理区位上具有相对稳定性和历史文化的传承性,在资源禀赋上具有高度的相似性,区域内部呈现出"亦此亦彼"的同质性特征。

二、社会人文的系统性

在哲学上,系统就是由若干相互联系、相互作用、相互依赖的要素结合而成的,具有一定的结构和功能,并处在一定环境下的有机整体。省际毗邻区域自然资源丰富,社会人文相似,用系统的方式布局能释放巨大的发展潜力(李琳和曾巍,2016)。就省际毗邻区域内部而言,省际毗邻区域是一个集政治、经济、社会、文化等多种功能于一体的复杂系统(朱传耿等,2007)。省际毗邻区域的社会文化交流是包含政治、经济、生态等方面的系统性交流,因而在省际毗邻区域社会人文的发展过程中必然呈现复杂的系统性特征。在区域网络化发展背景下,各地区发展早已进入共生协同的阶段,任何一个地区的发展都依赖于同其他地区的交流合作,地区的全方位发展不能仅靠自身的力量进行,必须融入全体的区域系统。省际毗邻区域作为区域发展的重要组成部分,其政治、经济、社会、人文、生态等方面的发展都与我国区域一体化发展息息相关,需要纳入我国区域发展系统。因此,省际毗邻区域内部的社会人文是一个整体的系统,其外部也是我国整体区域系统的一部分。

三、生态环境的脆弱性

省际毗邻区域生态环境的脆弱性主要表现在三个方面。第一,省际毗邻区域地理位置偏僻,自然资源产权归属不明确,且与行政中心距离较远,政府的行政干预力较弱,从而加大了对当地生态环境的破坏力度。这些区域内的资源盲目开采、森林乱砍滥伐现象较为严重。第二,由于生态环境防治相关法律法规的"属地原则"与环境污染影响的跨区域性存在矛盾,故横向政府间生态环境防治责任缺乏明确的规定,往往在省际毗邻区域形成"污染避难所"。第三,省际毗邻区域生态治理碎片化特征明显。受行政壁垒的制约,省际毗邻区域是生态屏障建设的薄弱环节。在生态保护规划方面,传统的属地管理模式使得毗邻区域各地规划并不一致,跨区域生态治理制度体系和联动机制尚未建立;在生态保护监管方面,由于存在行政壁垒,生态空间碎片化管理问题突出,监管执法碎片化问题依然存在,因而生态治理受行政区划分割影响较为严重,进一步导致省际毗邻区域生态环境较为脆弱。

四、行政政策的边缘性

作为我国行政区划分割较为严重的一种特殊区域类型,省际毗邻区域是以省级行政边界为起点,向行政区内部横向延展一定宽度所构成的、沿边界纵向延伸的窄带型区域(陈钊,1996)。一方面,受行政区划的影响,我国边界行政区独立发展,"切变"和"分割"效应明显,统筹协调度较弱(程金龙,2018)。由于我国行政区划制度的存在和地方政府对区域经济的干预,省际毗邻区域要素的自由流动会受到阻碍,由此形成了一种具有鲜明分割特征和边缘特性的行政区域经济。因而在地理层面上,省际毗邻区域因远离行政区域中心而发展成为边缘性地区,在其所处省份的经济体系中也位于末尾,难以纳入省级层面区域重点发展战略。另一方面,省际毗邻区域深受地方保护主义造成的行政区边界障碍的影响,分割的政策、法规、意识形态等成为协同发展政策建立进程中的主要障碍,因而该区域难以落实协调发展顶层设计。区域合作机制的不健全和不完善进一步导致了毗邻区域政策的边缘性。

五、经济发展的落后性与不平衡性

受地理区位、自然禀赋、管理体制等多重因素的影响,省际毗邻区域发展相对滞后,历来是我国区域协调发展的难点问题。作为边缘区,省际毗邻区域与中心区域形成了稳定的"核心—边缘"结构,在没有外力因素的作用下,其难以通过自身力量,打破经济发展中落后及不平衡的状态。造成这种情况的主要原因在于以下四点:一是省际毗邻区域远离中心城市,处于行政区域边缘和末端,其受区域经济中心辐射带动作用有限。二是由于受到行政壁垒的制约,省际毗邻区域要素集聚能力较弱,经济发展内生动力不足,发展潜力无法完全展现,因而其发展长期滞后于全省平均发展水平。

三是由于地理位置相邻,省际毗邻区域在自然禀赋、社会资源等方面较为相近,因而其产业结构、经济发展阶段等方面具有一定的同质性。四是省际边界线两侧分属于不同省级行政区,在地方利益导向下,毗邻区域协同发展政策协调难度大,且同质化发展时常引起原材料、劳动力、产品等领域的竞争,地方政府通常为保障自身利益而采取不合作的博弈策略,如采用行政手段限制流通、地方保护政策限制准入等,致使双边利益受损。总体来看,经济区与行政区在同一地理单元不相兼容的矛盾,是造成我国省际毗邻区域经济发展具有落后性与不平衡性的根本原因。

第四节　省际毗邻区域发展的历史演进

古代行政区划的确立,深刻体现了地理要素尤其是边界概念在政权治理中的核心作用。自然地理的"边界",作为有形之隔,不仅限定了地域的界限,更在历史演进中逐渐融入行政区划的划分逻辑,形成了独特的"边界"概念。我国历代行政区划分遵循"山川形便"和"犬牙相入"两个基本原则,以此形成特有的行政边界,割裂了自然资源的区域整体性,影响省际毗邻区域的经济发展。时至今日,许多在"山川形便"与"犬牙相入"原则指导下形成的省界依然被保留,导致省际毗邻区在自然资源权益分配、环境保护等方面存在诸多历史遗留问题,进而制约了这些地区的经济发展潜力。新中国成立以来,区域发展战略经历了改革开放前的均衡发展、改革开放后的非均衡发展和协调发展三个阶段。在不同历史阶段背景下,随着我国对区域协调发展不平衡的日益重视,省际毗邻区域合作逐步推进,从中央组织领导的经济协作区,到地方自发成立的省际毗邻地区经济协作组织,再到战略规划引导的毗邻区域协同发展,我国省际毗邻区域合作呈现由浅至深、由竞争到协同、由中央调控到地方主导的发展态势。

一、新中国成立至改革开放:经济协作区阶段

新中国成立之初,我国经济体制尚处于计划经济时期,市场经济运行机制尚未建立。为缩小沿海与内地差距,以三线建设为代表的战略布局是实行区域均衡发展战略的重要体现,对现今的西部大开发、中部崛起发展战略具有举足轻重的作用。在计划经济体制下,为加强对地区经济的计划指导,党中央于1958年2月正式

印发《中共中央关于召开地区性的协作会议的决定》,将全国划分为东北、华北、华东、华南、华中、西南、西北 7 个协作地区,并成立了协作区委员会及经济计划办公厅。这一时期的经济协作区发展以建立完整的工业体系为目标,在此基础上强调组织生产、建设、培训干部和其他方面的协作,旨在协调各区内省、自治区、直辖市间的经济联系。依托强大的行政性要素,各经济协作区经济管理得到一定整合。但对于省域经济发展来说,以市场为依托的经济区只是初显雏形,各省域更多考虑如何发展其自身经济,无暇顾及省际经济要素合作,协作很难有实质性进展,因而难以发挥经济协作区的经济功能(曾冰等,2016)。此外,各协作区重工业生产的发展布局也进一步导致各省市经济产业结构趋同化,未能有效促进地域分工和协作,导致省际毗邻区经济联系不紧密,难以表现出经济区发展的功能特征。因此,这一时期省际毗邻区域合作主要体现于协作区省域层面的合作,处于低水平欠发达合作阶段。

二、改革开放至 21 世纪初:省际毗邻地区经济协作组织阶段

改革开放以来,为打破计划经济所造成的条块分割及自我封闭等问题,我国在经济管理体制改革过程中逐步建立起适应市场经济需要的宏观调控体制框架。在此过程中,中央政府逐步放权到地方政府,各地区间横向竞争意识逐步加强,省际竞争性严重。为引导改善省际区域关系,20 世纪 80 年代国家大力推行横向经济联合和地区经济协作,旨在通过以市场为基础的宏观政策推动省际经济技术合作。在此背景下,各省级地方政府倾向于在追求本地利益最大化的基础上确定对外区域关系战略,以自发行为为基础的省际毗邻地区经济协作组织逐步建立和发展,如陕甘川宁毗邻地区经济联合会、南京区域经济协调会、晋陕豫黄河金三角经济协作区、闽浙赣皖九方经济区、武汉经济协作区、淮海经济协作区、中原经济协作区、闽赣粤三边经济协作区、长江三角洲城市经济协调会等区域经济合作组织呈爆发式增长。在此期间,区域合作形式包括举办高层领导会议及对话、设立常设办事机构、推动跨地区基础设施建设、加强区域贸易联系等,旨在促进要素流动,提升省际毗邻区域协同发展水平(庞效民,1999)。但由于中央行政调控不足,行政区经济不断阻碍区域经济横向联系,地方保护主义弊端和体制性障碍的存在反过来制约省际毗邻区域协同发展。因而,这一阶段的省际毗邻地区经济协作组织发展并不深入,省际毗邻区域合作处于低水平协同发展阶段,为更高水平协同发展做充分准备。

三、21 世纪后：省际毗邻区域协同发展阶段

新世纪以来，为缩小区域经济发展差距，缓解区域发展不平衡问题，我国以四大板块划分为基础，相继制定西部大开发、东北振兴、中部崛起、东部率先发展战略，共同构成区域总体发展战略。"十一五"规划纲要标志着区域协调发展战略布局的形成，中国区域合作不仅由四大板块走向京津冀协同发展、长江经济带、粤港澳大湾区、长三角一体化、成渝地区双城经济圈、黄河流域生态保护和高质量发展等区域重大战略，同时也由以城市群、都市圈为空间载体的合作走向更小尺度的省际毗邻区域合作，为区域协调发展擘画了宏伟蓝图。在区域协调发展战略背景下，省际毗邻区域发展模式得到持续广泛关注。《中共中央 国务院关于建立更加有效的区域协调发展新机制的意见》提出加强省际交界地区合作，探索建立统一规划、统一管理、合作共建、利益共享的合作新机制；《关于新时代推进西部大开发形成新格局的指导意见》提出支持毗邻地区建立健全协同开放发展机制，加快推进重点区域一体化进程；《中共中央 国务院关于新时代推动中部地区高质量发展的意见》指出推动省际协作和交界地区协同发展。此外，省际毗邻区域合作与发展规划频出，从机构设置、规划管理、设施互联、产业协同、要素保障等方面加大政策支持力度，区域协同合作和经济融合日益紧密，为省际毗邻区域的合作与发展提供了良好契机。省际毗邻地区合作体系不断完善，迈入更深层次的协同发展阶段，一体化高质量发展新高地正加快崛起。

（一）毗邻区域协同发展萌芽阶段（2000—2010 年）

"十五"至"十一五"期间，中国区域协调发展战略的总体思路基本形成，进入全面协调发展的新阶段。在此背景下，毗邻区域以经济协作组织为依托，合作形式以举办联席会议、制定规划目标、联合出台规划为主，主要涉及城市层面。如榆林提出建设陕晋蒙宁毗邻地区重要的区域性中心城市；广西融安提出建成"农业基础坚实、加工业发达、商品流通活跃的湘黔桂三省毗邻地区次中心城市"。但该阶段提出的规划绝大部分都是以省会城市为节点展开的，例如南贵昆协作区、成渝经济区间省际合作更加强调的是省会城市之间合作，加强建设交通主干线、合理开发资源、发展特色产业，但忽略了其他城市尤其是省际毗邻区的发展。从某种程度上看，该阶段的毗邻区域发展是一种"横跨式空运"发展合作，而非"落地式陆运"发展合作，因而属于区域协同发展萌芽阶段。

（二）毗邻区域协同发展 1.0 阶段（2010—2020 年）

"十二五"以来，在继续深入实施区域发展总体战略的同时，以习近平同志为核心的党中央集体谋划布局并推动实施系列区域重大发展战略，区域协调发展战略进入深化阶段。《长江中游城市群发展规划（2015）》《促进中部地区崛起"十三五"规划（2016）》等规划均强调打破行政区划限制，推动省际毗邻城市合作发展。基于此，党的十九大首次提出"实施区域协调发展战略"这一具有划时代意义的战略思想，从而开启了区域协调发展的新时代。在此背景下，加强以"老少边穷"为典型特征的省际毗邻区域发展是促进我国区域协调发展与全面统筹解决贫困问题的重要支撑。2018 年 11 月，《中共中央 国务院关于建立更加有效的区域协调发展新机制的意见》提出，加强省际交界地区合作，探索建立统一规划、统一管理、合作共建、利益共享的合作新机制，毗邻区域合作迈入 1.0 阶段。以《成渝经济区区域规划（2011—2015 年）》《赣闽粤原中央苏区振兴发展规划（2014—2020 年）》《晋陕豫黄河金三角区域合作规划（2014—2025 年）》《苏皖合作示范区发展规划（2018—2025年）》为代表的省际毗邻区域合作与发展的规划不断出台，不断探索区域合作发展机制，引导区域要素合理化配置，为省际毗邻区域的合作与发展提供了良好契机。

（三）毗邻区域协同发展 2.0 阶段（2021 年至今）

随着国家重大区域一体化战略的推进，区域合作转向以竞合为主的跨行政区合作发展模式。在构建以国内大循环为主体、国内国际双循环相互促进的新发展格局下，小尺度、跨区域、相对精准的省际毗邻区域合作成为畅通国内大循环的重要抓手。"十四五"规划提出，健全区域协调发展体制机制，推进省际协作和交界地区协同发展。然而，当前区域行政壁垒由显性壁垒逐步转向隐性壁垒，隐性壁垒已经成为省际毗邻区域追求"行政区经济"的主要形式，阻碍了省际毗邻区域的合作和一体化进程（安树伟等，2022）。在此背景下，探索如何打破省际毗邻区域壁垒以及创新区域合作模式，对全国区域协调发展具有重要的现实意义。《湘赣边区域合作示范区建设总体方案》《安徽省支持省际毗邻地区新型功能区建设若干政策措施》等的实施和落地为毗邻区域发展奠定坚实基础，区域合作内容和范围向纵深发展，由单一的产业合作拓展至要素流、信息流、资金流等基础设施建设，呈现多元化多途径发展趋势，正加速实现从 1.0 阶段向 2.0 阶段的突破。

第五节　三省毗邻区域发展的趋势特征[①]

近年来,我国不断完善和落实区域协调发展战略部署,探索形成了多层次、多形式、全方位的区域联动格局。作为提高国内大循环覆盖面的重要突破口,推动省际毗邻区域发展是全面构建新发展格局、实现全体人民共同富裕的内在要求和重要举措。伴随着地区综合经济实力的提升和区域经济一体化水平的提高,省际毗邻区域合作日益紧密,区域发展特征与合作类型呈现一定的多元化发展趋势,体现了空间分布广泛、人口流失严重的共同性及经济发展特征的差异性。为全力推进毗邻区域的协调发展,必须深入分析当前省际毗邻区域发展特征。伴随晋陕豫黄河金三角、长三角生态绿色一体化发展上升为国家战略,三省毗邻区域在探索区域合作制度创新方面的作用更加凸显,在中西部及其他区域板块结合地带也分布着大量类似区域,对三省毗邻区域进行研究具有一定的典型性和代表性。基于此,本节以分布广泛、类型多样、合作多元的三省毗邻区域为代表,从全国层面系统识别和梳理,在识别毗邻区域的基础上,从空间区位、经济发展、人口特征等方面深入分析当前省际毗邻区域的发展特征。

一、三省毗邻区域的空间识别

本部分以 2020 年中国行政区划为标准,通过 ArcGIS 软件识别出由三个省级行政区域在交接处构成的行政单元。从识别结果看,中国三省毗邻区域涉及除港澳台地区和海南省以外的 30 个省级行政区。考虑到地级以上空间尺度区域发展内部差异较大,难以全面深入刻画三省毗邻区域的发展特征,因此,本部分选择以县域这一空间尺度为载体,刻画小尺度、跨区域、相对精准的省际毗邻区域合作发展情况,这也更加符合推进以县域为载体的新型城镇化建设的现实需要。在县级行政区划尺度下,中国 66 条陆路边界线一共组合成 42 个三省毗邻区域,涉及 117

---

① 本节部分内容来自已发表文章:张学良、韩慧敏、许基兰. 新型区域合作背景下省际交界区域跨越式发展研究[J]. 经济纵横,2023(6):37—46。

个县级行政区划①,其中包含 14 个县级市、83 个县、16 个区和 4 个旗。《中国县域统计年鉴 2021(县市卷)》数据显示,2020 年全国 42 个三省毗邻区涉及的 117 个区县行政区划面积约为 95.83 万平方千米,GDP 总量约为 2.84 万亿元,常住人口约为 5 343.40 万人,三个指标占全国的比重分别为 9.98%、2.89% 和 3.70%。

将识别出的 42 个三省毗邻区域在省份层面汇总,得出全国三省毗邻区域和三省毗邻县级行政单元在各省份的分布(见图 1—1)。从数量分布上看,三省毗邻区域呈现省域差异化分布特征。如表 1—1 所示,河北和陕西以 8 个三省毗邻区域并列第一,内蒙古和四川以 7 个三省毗邻区域并列第二,河南、湖北、湖南、江西、安徽以 6 个三省毗邻区域位列第三;毗邻区域数量位列前三的省份一共 7 个,涉及毗邻区域总数为 33 个,占全国 42 个三省毗邻区域的比重高达 78.57%。从毗邻县级行政单元的个数上看,除陕西、安徽、北京、天津、宁夏、山东和新疆 7 个省份毗邻区域个数大于其毗邻县级行政单元个数,即存在某个县级行政单元同时参与 2 个三省毗邻区域组合外,绝大多数省份的毗邻县级行政单元个数与其毗邻区个数相同。进一步比较来看,在全国四大直辖市中,重庆以 5 个毗邻区位列第一,北京和天津以 4 个并列第二,而上海毗邻区个数仅为 1 个,即长三角生态绿色一体化发展示范区。总体上看,重庆、北京和天津毗邻区域治理难度更大、情况更复杂,其需要借鉴长三角生态绿色一体化发展示范区的经验,开展更多的尝试和探索。

表 1—1　　　　　中国 42 个三省毗邻区域在各省份的空间分布　　　　　单位:个

省份	毗邻区	毗邻单元	省份	毗邻区	毗邻单元	省份	毗邻区	毗邻单元
河北	8	8	甘肃	5	5	山东	3	2
陕西	8	7	重庆	5	5	西藏	3	3
内蒙古	7	7	北京	4	2	云南	3	3
四川	7	7	青海	4	4	广东	3	3
河南	6	6	山西	4	4	福建	2	2
湖北	6	6	浙江	4	4	吉林	2	2
湖南	6	6	天津	4	2	辽宁	2	2

---

①　由于行政区划形状复杂,存在某个毗邻县级行政单元同时与其他毗邻县级行政单元组合成多个三省毗邻区的情况,本部分中若羌县、盐池县、定边县、单县、砀山县、通州区、武清区、平谷区、蓟州区 9 个区县同时在 2 个三省毗邻区组合中,因而涉及县级行政区划为 117 个,而非 126 个。因此,文中面积、人口及 GDP 全国占比均以 117 个县级行政区划为准。

续表

省份	毗邻区	毗邻单元	省份	毗邻区	毗邻单元	省份	毗邻区	毗邻单元
江西	6	6	广西	3	3	新疆	2	1
安徽	6	5	江苏	3	3	黑龙江	1	1
贵州	5	5	宁夏	3	2	上海	1	1

注:表中毗邻区指省份所涉及的三省毗邻区域数量,毗邻单元是指省份所涉及的全部三省毗邻区域包含的省内县级行政区划数量。

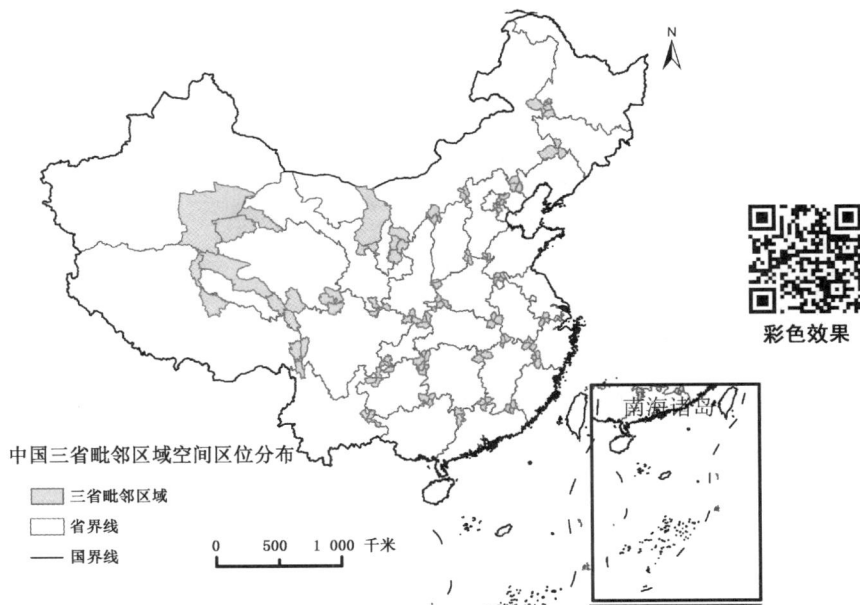

图1—1　中国三省毗邻区域空间区位分布(彩图详见二维码)

注:基于自然资源部标准地图服务网站下载的审图号为GS(2020)4619的标准地图制作,底图无修改。本章下图同。

二、三省毗邻区域发展的趋势特征

(一)空间分布广泛化

空间区位作为区域特征的重要表征,是划分不同空间区位类型的重要角度。伴随区域协调发展战略的深入实施,我国已经形成以东部、中部、西部和东北四大区域板块为基础的区域经济发展格局,而不同板块之间及板块内部发展呈现一定的差异性特征,这为三省毗邻区空间区位类型的划分提供了现实依据。根据中部崛起、西部大开发、东北振兴等区域发展战略规划,本部分将中国经济区域划分为东部、中部、西部和东北四大地区[①],并以此作为划分三省毗邻区空间区位类型的依据,从而得到东部—东部、中部—中部、西部—西部、东部—中部、中部—西部、西部—东北、东部—中部—西部、东部—西部—东北八个空间区位类型,具体空间分布如图 1—2 所示。

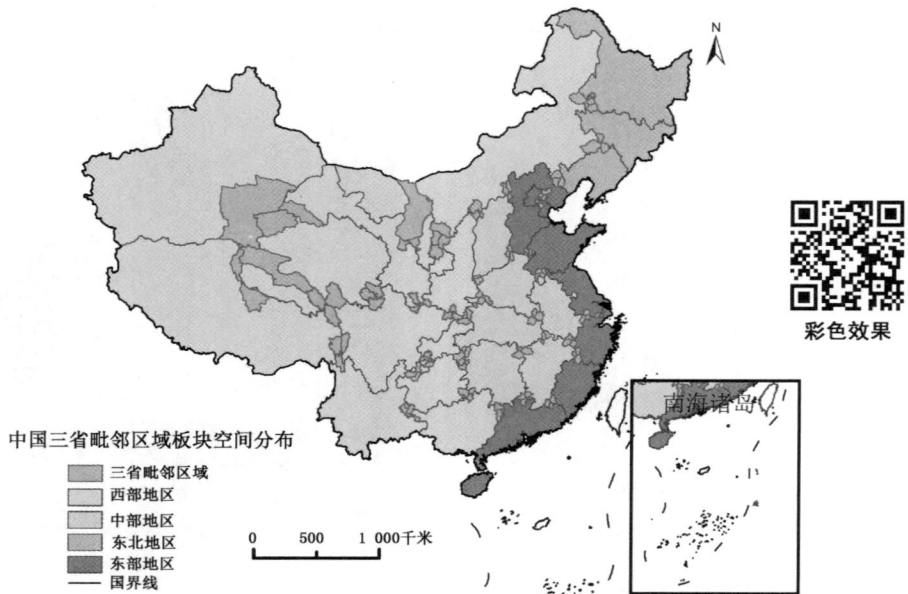

彩色效果

中国三省毗邻区域板块空间分布
三省毗邻区域
西部地区
中部地区
东北地区
东部地区
—— 国界线

0   500   1 000千米

南海诸岛

图 1—2   中国三省毗邻区域四大板块空间分布

中国三省毗邻区域空间分布较为广泛,各板块毗邻区域数量呈现较大差异性,西—西、东—中及中—西三大类型的三省毗邻区域数量位列前三,毗邻区域个数分别为 13 个、9 个和 7 个(如表 1—2 所示)。从板块区域内部看,西—西、东—东、中—中三大类型的毗邻区域数量依次递减,毗邻区域个数分别为 13 个、5 个和 3 个。虽然东部地区仅包含江浙沪、京津冀两个毗邻省市组合,但仅京津冀地区就分布 4 个三省毗邻区域,因而东—东类型的毗邻区域个数相较于中—中类型更多。从区域分布看,可以将跨板块区域进一步划分为跨两大板块区域和跨三大板块区

①   东部地区包括北京、天津、河北、上海、江苏、浙江、福建、山东、广东和海南 10 个省市;中部地区包括山西、安徽、江西、河南、湖北和湖南 6 个省份;西部地区包括内蒙古、广西、重庆、四川、贵州、云南、西藏、陕西、甘肃、青海、宁夏和新疆 12 个省市区;东北地区包括辽宁、吉林和黑龙江 3 个省份。

域两类。其中,东—中、中—西、西—东北三类跨两大板块区域的毗邻区域数量依次递减,毗邻区域数量分别为 9 个、7 个和 2 个,东部和中部及中部和西部交界地带分布的毗邻区域数量较多,跨区域协调难度更大。同时,存在东—中—西、东—西—东北两个跨三大板块区域的毗邻区域,其为横跨多个板块区域的省际协调发展提供了"试验田"。分区域来看,尽管东—东类型毗邻区域的数量和面积都较小,但地区生产总值排名第一,常住人口仅次于东—中类型毗邻区域,体现出东部毗邻区域发展的领先性和带动性。

表 1—2　　　　　　　　　　中国三省毗邻区域空间区位类型

空间区位类型	毗邻区域	行政区域面积（平方千米）	生产总值（万元）	常住人口（万人）
东—东(5)	沪苏浙、京津冀	17 121.27	10 064.07	1 417.80
中—中(3)	鄂皖赣、鄂皖豫、鄂湘赣	24 643	2 182.79	565.08
西—西(13)	陕宁蒙、渝贵川、青藏新、青甘新、青藏川、青川甘、甘宁蒙、陕甘川、陕甘宁、川云藏、川云贵、川陕渝、贵云桂	966 417	5 762.89	1 239.96
东—中(9)	湘赣粤、赣闽粤、赣闽浙、豫晋冀、豫冀鲁、豫鲁皖、苏浙皖、苏鲁皖、浙皖赣	49 475	8 275.59	1 534.01
中—西(7)	晋陕豫、陕鄂渝、渝贵湘、渝湘鄂、贵湘桂、陕晋蒙、豫陕鄂	59 887	3 895.37	725.57
西—东北(2)	辽蒙吉、吉蒙黑	39 418	607.49	213.27
东—中—西(2)	湘粤桂、晋冀蒙	15 948	591.70	163.21
东—西—东北(1)	辽蒙冀	10 881	450.32	142.46

注:少数民族自治县均采用简称;括号内为三省毗邻区域数量;各三省毗邻区域相关数据根据《中国县域统计年鉴 2021(县市卷)》计算所得,常住人口数据来源于各县市第七次全国人口普查公报,下表同。

从四大板块涉及的毗邻区域个数看,西部、中部、东部、东北毗邻区域个数依次降低,依次为 25 个、21 个、17 个和 3 个。可以看出,超过一半的毗邻区域与西部和中部地区有关,加快中西部省际毗邻区域协调发展已经成为推动构建新发展格局的重要举措。从不同板块毗邻区域的类型结构看,东部、中部和东北三大板块涉及的毗邻区域空间区位类型以跨板块区域为主,且东部和中部互为首位毗邻区,即东部和中部的三省毗邻区域主要集中分布在两大板块的结合地带。而西部地区三省毗邻区域的分布主要集中在板块内部,其跨板块毗邻区域集中在中西部结合地带。因此,无论从单个板块区域还是从跨板块区域看,三省毗邻区域空间区位类型均呈现广泛化分布特征(如表1—3所示)。

表1—3　　　　　　　　　　　四大板块三省毗邻空间区位类型分布

区域	空间区位类型	行政区域面积 (平方千米)	生产总值 (万元)	常住人口 (万人)
东部	东—中(9)、东—东(5)、东—中—西(2)、东—西—东北(1)	93 425.27	19 381.67	3 257.49
中部	东—中(9)、中—西(7)、中—中(3)、东—中—西(2)	149 953	14 945.44	2 987.88
西部	西—西(13)、中—西(7)、东—中—西(2)、西—东北(2)、东—西—东北(1)	1 092 551	11 307.76	2 484.47
东北	东—西—东北(1)、西—东北(2)	50 299	1 057.80	355.73

注:括号内为三省毗邻区域数量。

（二）经济发展差异化

夜间灯光值是衡量区域经济发展水平与活跃度的重要指标。本部分以通过整合 DMSP-OLS 和 SNPP-VIIRS 数据得到校正后的 2020 年类 DMSP-OLS 数据[①]表征区域经济活跃度(如图1—3所示)。对三省毗邻区域县域经济空间格局进行分析发现,全国三省毗邻区域发展呈现一定的边缘化特征,各县域经济活跃度较高的区域通常分布在县域中心地区,大致以省界线为轴线向左右扩展;而靠近省界线的地区夜间灯光值较低,呈现一定的连片低集聚度分布,表明当前毗邻区域省际边界效应特征表现突出,行政壁垒仍阻碍着区域间的要素流动与经济合作。此外,三省毗邻区域发展存在明显的区域差异,经济活跃度呈现一定的梯度分布特征。分板块对比来看,经济活跃度自东部沿海地区经中部地区过渡逐渐向西部地区递减,其中以京津冀、江浙沪为代表的三省毗邻区域经济活跃度最高。

由于地区之间经济发展的差异性,部分学者依据毗邻省份的经济发展水平,将省际毗邻区域划分为弱弱结合型、强弱结合型和强强结合型(刘玉亭和张结魁,1999),或经济发达型、较发达型和欠发达型(安树伟,2004)。考虑到毗邻区域通常

---

①　数据来源:Wu Y,Shi K,Chen Z,et al. Developing improved time-series DMSP-OLS-like data (1992—2019) in China by integrating DMSP-OLS and SNPP-VIIRS[J]. IEEE Transactions on Geoscience and Remote Sensing,2021,60:1—14. https://dataverse. harvard. edu/dataset. xhtml? persistentId=doi:10. 7910/DVN/GIYGJU.

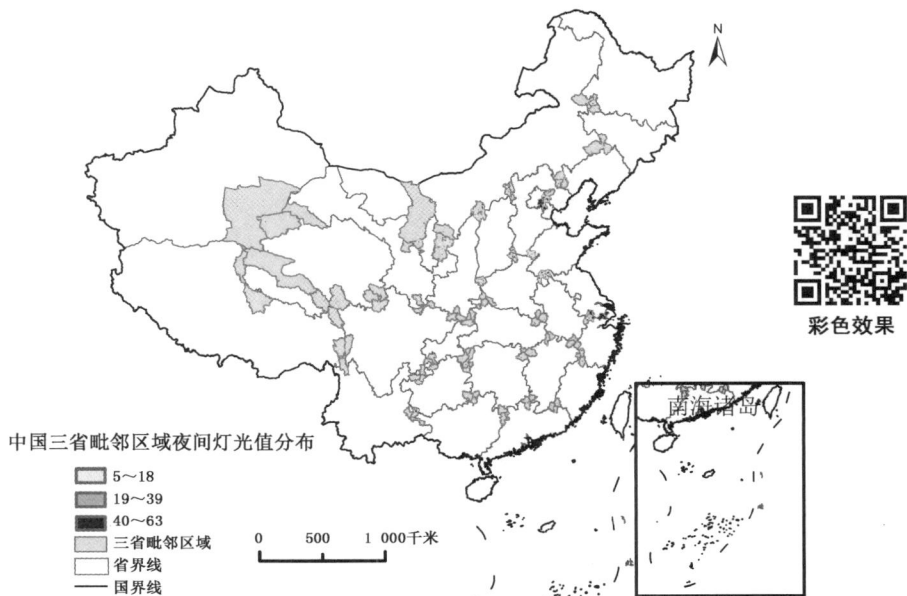

图1—3 中国三省毗邻区域夜间灯光值分布(彩图详见二维码)

处于省际边缘,其与省内中心区域相比存在较大差距,因此,本部分以来源于《中国县域统计年鉴2021(县市卷)》的2020年地区生产总值作为毗邻区域内部经济发展差异的分类标准,计算毗邻区域内发展水平最高区县与最低区县的比值,将比值超过4倍以上的毗邻区域划分为强弱结合型,对比值低于4倍的区域则进一步结合毗邻区域GDP总量划分,若毗邻区域GDP总量超过1 000亿元,则划分为强强结合型,否则划分为弱弱结合型。具体划分结果如表1—4所示。划分结果体现出如下几方面特征:首先,弱弱结合型是中国三省毗邻区域经济特征的主要类型。从数量对比看,弱弱结合、强弱结合和强强结合的毗邻区域个数依次降低,分别为27个、11个和4个,弱弱结合型占比高达64%。这一方面表明毗邻区域发展总体上比较落后,另一方面说明毗邻区域缺少区域中心城市带动,区域内部合作的动力和意愿不强。其次,强弱结合型毗邻区域的合作有待加强。从11个强弱结合型毗邻区域空间分布来看,分布在中西部和东中部结合地带的数量最多,其主要特征是区域内部发展差距较大,经济发展水平最高与最低区域的比值在4~23倍之间,且区域合作强度较弱,尚未形成先发地区带动后发地区的发展格局。

表1—4　　　　　　　　　　　中国三省毗邻区域经济发展类型划分

类型	数量(个)	毗邻区域	最大发展差距(倍)
强强结合型	4	苏浙沪、苏鲁皖、京津冀1、京津冀4	1～4
强弱结合型	11	陕鄂渝、京津冀2、渝贵川、苏浙皖、陕晋蒙、青藏新、湘粤桂、青甘新、晋陕豫、贵云桂、豫晋冀	4～23
弱弱结合型	27	辽蒙冀、湘赣粤、浙皖赣、赣鄂皖、豫鲁皖、豫冀鲁、晋冀蒙、辽蒙吉、青藏川、吉蒙黑、鄂皖豫、贵湘桂、湘赣鄂、陕宁蒙、川云藏、陕甘宁、川陕渝、渝湘鄂、京津冀3、闽浙赣、陕甘川、鄂豫陕、川云贵、赣闽粤、青川甘、甘宁蒙、渝贵湘	1～4

注：由于京津冀地区分布4个三省毗邻区域，为区分不同毗邻区域，将其以京津冀1、2、3、4进行命名。其中，京津冀1特指通州区—武清区—广阳区，京津冀2特指通州区—武清区—香河县，京津冀3特指平谷区—蓟州区—兴隆县，京津冀4特指平谷区—蓟州区—三河市。下同。

(三)人口流失趋势化

参照已有研究(张学良等，2016)，本部分将两次人口普查期间(2010—2020年)区县全域范围内常住人口的下降定义为广义收缩。研究发现，全国42个三省毗邻区域涉及的117个区县中，广义收缩区县数量占比为50%。本部分将三个区县中存在1～2个区县人口广义收缩的毗邻区域定义为局部收缩区域，3个区县均存在人口广义收缩的毗邻区域定义为全局收缩区域。从三省毗邻区域整体上看，发生收缩的毗邻区域有31个，占73.8%，其中发生局部收缩的毗邻区域有22个，全局收缩的区域有9个，而非收缩的毗邻区域有11个(如表1—5所示)。在9个全局收缩的毗邻区域中，有4个与东北地区相关，有3个分布在中西部结合地区。11个非收缩的毗邻区域中，有5个分布在西部地区，有4个分布在东部地区，有2个分布在东部与中部结合地带。西部地区非收缩毗邻区域自然条件较差，人口在保持相对稳定的同时呈现小幅增长，而东部地区非收缩毗邻区域主要分布在大城市周边，人口规模大幅增长。进一步地，本部分将三次人口普查期间(2000—2020年)区县全域范围内常住人口的持续下降定义为持续收缩，将至少存在一个区县持续收缩的毗邻区域定义为持续收缩区域，可以发现，持续收缩的三省毗邻区域主要分布在中西部和东北地区。

表1—5　　　　　　　　　　中国三省毗邻区域人口变化特征

类型	毗邻区域	数量(个)
非收缩	青藏新、青藏川、青川甘、陕甘宁、湘粤桂、陕宁蒙、苏浙皖、苏浙沪、京津冀1、京津冀2、京津冀4	11

续表

类型	毗邻区域	数量(个)
全局收缩	陕甘川、晋陕豫、陕鄂渝、晋冀蒙、苏鲁皖、辽蒙冀、辽蒙吉、吉蒙黑、鄂豫陕	9
局部收缩	青甘新、甘宁蒙、川云藏、川云贵、川陕渝、陕晋蒙、渝贵湘、渝湘鄂、贵云桂、贵湘桂、湘赣粤、湘赣鄂、赣闽粤、浙赣闽、赣鄂皖、鄂皖豫、渝贵川、豫晋冀、豫冀鲁、豫鲁皖、京津冀 3、浙皖赣	22
持续收缩	甘宁蒙、陕甘川、川云贵、川陕渝、晋陕豫、陕鄂渝、渝贵湘、湘赣粤、湘赣鄂、浙赣闽、赣鄂皖、鄂皖豫、渝贵川、豫晋冀、豫鲁皖、晋冀蒙、苏鲁皖、辽蒙冀、辽蒙吉、吉蒙黑、鄂豫陕	21

第二章

中国省际毗邻区域的理论研究

与省际毗邻区域发展相关的理论研究最早来源于行政区经济理论,该理论由刘君德和舒庆在长期的行政区划研究和实践中提出(韩玉刚等,2011)。在行政区经济理论研究中,省际毗邻区域被认为是一种特殊的区域经济类型,是计划经济体制向市场经济体制转变过程中的产物,同时它还伴随着区域经济由纵向运行系统向横向运行系统转变而出现,并具有"行政性、封闭性、两面性、过渡性"等特征(刘君德和舒庆,1996;刘君德和林拓,2015)。在行政区经济理论研究的基础上,安树伟(2004)基于核心—边缘理论提出了行政区边缘经济理论。随后,部分经济学者结合财政分权理论,对省际毗邻区域的合作与竞争开展大量研究,这类研究更加强调财政激励和晋升考核对省际毗邻区域政府行为的影响,同时也更加关注省际边界对区域市场分割和区域一体化发展的影响。同时,随着学者们对跨边界经济行为影响的深入,最早开始于国际贸易领域的边界效应研究被引入区域经济学研究。经过多年的发展,省际毗邻区域的相关理论研究已相对成熟,但作为跨省域一体化发展的"前沿地带",毗邻区域发展不应仅局限于自身特性,而是更加强调发展的全面性和整体性,不断完善新发展理论,以真正推动实现毗邻区域从物理空间相邻1.0版本向发展要素合作2.0版本转变。基于此,本章从系统观念和全局出发,在梳理省际毗邻区域已有理论的基础上,提出以"四高"发展、"多彩"增长、"四化"协同为基础的毗邻区域新发展理论,以期推进省际毗邻区域研究的理论发展。

第一节　毗邻区域经济理论

一、行政区经济理论

行政区经济最早是由刘君德在 20 世纪 90 年代初期明确提出、界定和使用的概念。围绕这一概念,刘君德及其所在的华东师范大学中国行政区划研究中心的学术团队在不同时期做了大量研究,目前这一概念已经被学术界广泛接受和应用。行政区经济理论认为行政区经济是在中国特殊的制度背景下产生,它强调行政区划对于区域经济发展的"空间约束"作用,以及由此产生的一种特殊的区域经济现象和区域经济运行规律(刘君德和林拓,2015)。与经济区经济不同,行政区经济具有多样化的特征,具体体现在行政性、封闭性、双面性和过渡性等方面(刘君德,2004)。其中,行政性更加强调行政区政府对区域经济发展的作用,且这种作用往往是主导性甚至是决定性的,区域经济发展呈现浓厚的行政色彩。封闭性体现在生产要素难以跨行政区流动、地方保护严重等方面,这与行政性高度相关。双面性是指行政区经济不仅具有市场分割、重复建设以及地方保护等负面影响,同时也具有调动地方政府发展经济的积极性以及通过相互竞争提升资源配置效率等正面影响。过渡性认为行政区经济是一种特殊的区域经济类型,其出现在中国由计划经济体制向市场经济体制转轨过程中,并随着市场经济体制的完全确立而逐步瓦解。此外,根据行政区经济理论,行政区经济还具有五大表现,这五大表现分别是地方政府过度干预企业竞争、要素跨行政区流动受阻、行政区内部经济状态呈现稳态结构、行政中心与经济中心高度重合、行政区边界经济具有衰竭性(刘君德和林拓,2015)。

在行政区经济理论的基础上,安树伟(2004)基于核心—边缘理论,提出了行政区边缘经济理论。与行政区经济不同,行政区边缘经济不仅强调行政区划对区域经济发展的刚性约束,同时还强调政府职能和地方政府行为在区域经济发展中的作用以及"边缘效应"的影响,它是行政区交界地带产生的一种特殊的、具有分割性和边缘性的区域经济(安树伟和张素娥,2004)。行政区边缘经济表现出以下三大特征:一是区位的边缘性所导致的经济的欠发达性,二是区域经济行政分割现象明显,三是经济活动表现为一定的冲突性。行政区边缘经济形成的原因主要是地理距离和行政边界两大因素,地理距离体现为行政区交界地带远离省会等政治和经济中心,地理位置偏僻且容易被忽视,而行政边界因素影响着不同区域的要素流动和文化制度的差异性。本书研究的省际毗邻区域,其经济发展表现出行政区边缘经济的特征,区域经济活动受到政府干预明显,生产要素跨区域流动受阻所带来的市场分割以及重复建设和地方保护更加严重。

二、核心—边缘理论

核心—边缘理论是关于城市空间相互作用和扩散的理论,也是解释经济空间结构演变模式的一种理论,由美国著名城市与区域规划学家约翰·弗里德曼(John Friedmann)在 20 世纪 60 年代正式提出。弗里德曼把创新及其空间扩散引入核心—边缘模型,他认为发展将通过一种不连续但逐步累积的过程出现,而发展起源于相互作用潜力比较大的少数"变革中心",创新总是从这些中心向其他地域扩散,因而其把"变革中心"称为核心区,其他区域则为边缘区(Friedman,1966)。在弗里德曼看来,核心区通常具有较高的创新变革能力,外围区则是核心区的腹地,并与核心区维持着较强的依附关系,且这种关系由核心区决定和控制。具体来看,弗里德曼所指的核心区域一般是指城市或城市集聚区,这些区域通常在科技水平、工业化程度、人口密度等方面更具优势。边缘区要依附于核心区,通常分布在城市边缘或者郊区,由于地理距离以及交通落后等因素,其与核心区域的联系不紧密,经济较为落后。因此,弗里德曼认为核心区的增长会扩大核心与边缘之间的差异,从而导致区域发展不平衡或者极化。

在弗里德曼提出核心—边缘理论之后,开始有学者将其应用到企业集聚和产业集聚等方面,最为典型的代表是克鲁格曼在 1991 年提出的两要素、两部门、两区域模型。该模型极大地推进了核心—边缘理论的发展,目前已经成为新经济地理学模型的理论基础。在克鲁格曼提出的核心—边缘模型中,企业趋向于选择较大的市场区作为生产区位,市场规模取决于人口规模和收入水平,而人口规模和收入水平取决于提供就业机会的规模。核心—边缘模型通过数理分析证明了一个最初具有对称结构的经济系统如何通过制造业人口的迁移内生地演化为工业核心区和农业边缘区。

对于本书关注的省际毗邻区域而言,距省会城市远、地理条件差、市场分割和行政边缘化导致这些区域经济发展相对落后,成为典型的边缘区。一方面,由于政治和经济权利集中在核心区,故核心区在资金、技术、劳动力等生产要素资源方面更具优势,更容易通过"虹吸效应"来促使边缘区的资金、人口和劳动力向核心区流动,且这种流动趋势在行政干预下得以强化,构成核心与边缘区的不平等发展格局。另一方面,由于省级行政边界的分割,生产要素在边缘区的流动受阻,边缘区市场分割和地方保护也更加严重,最终使得边缘区与核心区的差距进一步扩大。

三、边界效应理论

边界效应的内涵是从边界的基础上延展而来,不同学科对边界的定义不同。与本书有关的省际边界属于地理学的边界,早期的地理学边界比较侧重于研究边界的空间位置、形成原因和历史,尤其在边界尚未稳定发展的阶段,战争等外部因素以及行政区划调整等内部因素通常使得边界的形成更加复杂多变。进入 20 世纪末,对边界的研究已经转向边界的"功能"和"效应"。地理学者对边界功能的研究更加关注其政治和社会功能,比如边界对国家认同、种族认同、社区认同以及文化认同等方面的影响,以及由此带来的经济活动分布不均衡。在地理学边界定义的基础上,经济学者将边界的内涵进一步拓展,且通常将边界视为人为的空间地理要素,并作为各种资源要素跨界流动的介质,从而探究边界对政府行为和企业决策行为的影响。

从研究发展历程来看,边界效应理论研究属于边界理论研究的分支。边界效应的内涵有广义和狭义之分,广义的边界效应是指边界对边界区经济活动的影响,而狭义的边界效应则是边界带来的关税和非关税壁垒的影响。在经济学领域,早期的边界效应研究更加关注一国边界对边界区域经济活动的影响。比如,麦克卢姆(McCallum,1995)对美国和加拿大的双边贸易关系开展研究,基于引力模型测算发现美国和加拿大国内贸易额远大于两国双边贸易额,因此认为加拿大与美国之间的跨国贸易存在边界效应(McCallum,1995)。然而,格罗德尼申克和特沙(Gorodnichenko & Tesar,2005)基于美国、加拿大和日本的价格数据测算美国—加拿大以及美国—日本之间的边界效应,发现在控制跨国异质性等因素后,美国和加拿大以及美国和日本之间的边界效应几乎可以忽略不计(Gorodnichenko & Tesar,2005)。这意味着边界对区域经济活动的影响是消极还是积极存在不确定性,因此需要针对不同的边界区域制定导向性政策(Barjak F. & Heimpold G.,1999)。

近年来,随着边界效应内涵的延伸和扩展,边界效应理论研究的内容已经从早

期的国际市场分割逐渐转向对区域市场分割、产业市场准入等方面。朱传耿等
(2007)较早提出要重视对"边界效应"理论的研究,部分学者也依据边界的表现形
式将边界效应分类,诸如"屏蔽效应""中介效应""选择效应"与"切变效应"等形式
已经在边界效应理论研究中得到较好的阐述(李铁立,2004;朱传耿,2006;朱传耿
等,2007)。此外,边界效应为理解市场分割和区位选择提供了新的理论视角,已在
经济地理、世界经济、区域经济学与产业经济学等学科中得到广泛应用(朱延福等,
2023)。从边界效应测度方法上看,引力模型是早期最主流的边界效应测度方法
(McCallum,1995),而伴随研究视角的多样化转变,"一价定律"法(Gorodnichenko
Y. & Tesar L. ,2005)、李嘉图模型(Yi,2003)、可计算一般均衡模型(Winchester,
2009)和区域增长模型(Capello et al. ,2018)也被运用到边界效应测度中,且这些方
法为解开边界效应"谜题"提供了坚实的理论基础。

四、财政分权理论

　　财政分权理论最早是由美国经济学家蒂伯特(Tiebout)于 1956 年提出
(Tiebout,1956),其在马斯格雷夫(Musgrave,1959)与奥茨(Oates,1972)等学者不
断完善和拓展后形成了较为完整的第一代财政分权理论。第一代财政分权理论主
要是围绕着地方政府职能以及公共物品的非竞争性和非排他性展开,重点分析地
方政府的竞争行为及其对总体福利水平的影响。第一代财政分权理论认为,地方
政府在掌握居民消费偏好方面更具优势,财政分权能够提高公共物品的供给效率。
与第一代财政分权理论不同,第二代财政分权理论引入了激励机制,并将研究视角
由公共物品转向地方政府行为,更加关注地方政府行为。此外,第二代财政分权理
论认为政府不再以居民的福利最大化作为首要目标,各级政府作为公共政策的制
定者,其本身也存在追求经济利益的动机以及获得激励的需求。地方政府一旦考
虑追求自身经济利益,就有可能从公共政策制定过程中产生寻租动机。因此,第二
代财政分权理论更关注如何设计一个实现地方政府和地方居民利益之间的激励相
容机制。随着委托—代理理论和公共选择理论的引入,以钱颖一、温盖斯特(Wein-
gast)等为代表的经济学家开始关注如何实现对公共政策制定者的激励。其认为在
财政分权改革下,地方政府和官员具有强烈的发展经济的内在动机,而激励机制将
通过影响政府行为选择来影响经济社会运行(Qian & Weingast,1996;Weingast,
1997)。

　　中国财政分权改革开始于 1980 年,历经财政包干体制和分税制。1994 年的分税制改革确实为经济发展提供了重要的经济激励,但同样也导致地方政府为发展经济而展开激烈的竞争。同时,政府官员除了关心地方的财政收入之外,自然也关心其晋升机遇。周黎安等(2005)对地方官员晋升与地方经济绩效的关系研究发现,某个省官员升迁的概率与其经济增长率呈现正相关关系,这意味着在中国政治集权的背景下,地方官员想要获得晋升,就要以经济增长为主要目标,不同地方之间为了发展经济就会产生竞争,而这正是中国经济取得成功的重要原因。傅勇和张晏(2007)的研究认为,在以 GDP 增长为主要考核指标的背景下,地方政府容易以经济增长为首要职能甚至是唯一职能,而地方政府过度追求自身经济增长的行为是导致政府支出结构"重建设、轻服务"的根源。此外,处于政治晋升博弈之中的一些中国地方官员更不愿意与其他地区开展合作,区域之间的要素流动就会受阻,从而导致地方保护主义加剧和重复建设问题出现(周黎安,2004)。部分经济学者结合财政分权理论对省际毗邻区域的合作与竞争开展大量研究,这类研究更加强调财政激励和晋升考核对省际毗邻区域政府行为的影响,同时也更加关注省际边界对区域市场分割和区域一体化发展的影响(皮建才,2008;鲍丰彬和费利群,2008;徐现祥和李郁,2007;周黎安和陶婧,2011)。

　　本书关注的省际毗邻区正好处于重复建设、市场分割以及无序竞争最为凸显的区域。一方面,省际毗邻区之间的地方政府合作动力不足,尤其在基础设施等公共服务方面投入不足。诸如修建跨区域基础设施的决策虽然有利于当地经济发展,但同时也会给属于竞争对手的邻近地区产生正向的外溢效应,而这种正向的外溢在现有的机制下得不到应有的补偿。另一方面,在现有的竞争考核体制下,省际毗邻区的地方政府更多从自身的利益出发,对本地区的经济活动进行强干扰,区域经济发展具有很强的行政色彩。因此,毗邻区域之所以难以开展有效合作,表面看是地区或行政壁垒和市场分割,实质上是因为央地考核关系下尚未形成一个利益共享和风险分担机制,即在财政分权和晋升考核机制下,毗邻区域开展合作的动力不足也是造成毗邻区发展落后的重要原因。

第二节　毗邻区域新发展理论

　　在区域协调发展战略背景下,我国不断完善和落实区域协调发展战略部署,探索形成多层次、多形式、全方位的区域联动格局,在建立健全区域合作机制、推动区域协调发展方面取得一定积极成效。但与此同时,远离省域行政中心、经济发展水平相对落后的省际毗邻区域仍存在发展不平衡不充分、合作机制不健全等制约因素。作为推动要素跨区域流动的重要抓手、促进新型区域合作的重要主体、加快全国统一大市场建设的重要环节、提高国内大循环覆盖面的重要突破口,推动省际毗邻区域发展是全面构建新发展格局、实现全体人民共同富裕的内在要求和重要举措。为此,需要立足中国式现代化国家新征程的阶段性新特征,研究毗邻区域高质量发展的新逻辑,以新的思想认知体系、观念体系、理论体系推动实践的新跨越,为毗邻区域发展提供新的理论支撑。在此背景下,本书以中国特色实践为现实基础,以人民对美好生活的向往为根本,提出毗邻区域发展"四高""多彩"新发展理论,以期实现毗邻区域发展从物理"空间集聚"向要素合作的"化学融合"转变。

一、"四高"发展理论

在省际毗邻区域,实现高质量发展、高水平开放、高品质生活与高效能治理的有机统一,是促进资源优化配置、增强区域竞争力的必然抉择。"四高"发展模式旨在通过提升经济质量效益、深化开放合作、改善民生福祉及优化治理效能,构建协同高效的区域发展格局。高质量发展、高水平开放、高品质生活与高效能治理四者相互依存、相互支撑,共同构成紧密相连、相互促进的有机整体。高质量发展强调创新驱动与绿色发展,为区域可持续发展奠定坚实基础;高水平开放拓宽区域发展空间,促进资源要素的自由流动与优化配置;高品质生活作为发展的根本目的,提升居民的幸福感和获得感;而高效能治理则提供坚实的制度保障与良好的社会环境。四者相辅相成,共同推动省际毗邻区域更加繁荣、和谐、可持续发展,展现出强大的发展潜力和广阔的合作前景。未来,应以"四高"发展模式推动省际毗邻区域不断探索发展路径与治理模式,以实现更高质量、更有效率、更加公平、更可持续的发展。

(一)高质量发展

党的十九大报告中指出:"我国经济已由高速增长阶段转向高质量发展阶段。"高质量发展本质上就是质量和效益替代规模和增速成为经济发展的首要问题,在生态保护前提下,经济发展从"有没有""有多少"转向"好不好""优不优"。习近平总书记多次强调,"高质量发展是全面建设社会主义现代化国家的首要任务""推动形成优势互补高质量发展的区域经济布局"。这一战略导向为省际毗邻区域的发展指明了方向。在新发展格局下,省际毗邻区域作为区域协调发展的前沿阵地,其高质量发展不仅关乎区域自身竞争力的提升,更是推动全国经济转型升级、实现区域协调发展的重要一环。因而,省际毗邻区域应成为高质量发展的试验田和示范区,通过创新区域合作模式,打破行政壁垒,促进要素自由流动,实现产业协同、资源共享、生态共治。一方面,加快构建以企业为主体、市场为导向、产学研深度融合的技术创新体系,推动产业链、创新链深度融合,形成具有竞争力的产业集群。另一方面,要牢固树立"绿水青山就是金山银山"的理念,坚持生态优先、绿色发展,协同推进生态环境保护和经济高质量发展,实现经济效益、社会效益、生态效益的有机统一,推动形成优势互补、互利共赢的区域发展新格局,为全面建设社会主义现代化国家贡献力量。

（二）高水平开放

作为推动要素跨区域流动的重要抓手、提高国内大循环覆盖面的重要突破口,省际毗邻区域是国内国际双循环的重要战略链接,推动省际毗邻区域高水平开放已成为协同发展的重要引擎,为构建国内国际双循环相互促进的新发展格局提供了有力支撑。《中共中央关于制定国民经济和社会发展第十四个五年规划和二〇三五年远景目标的建议》明确提出,要"坚持实施更大范围、更宽领域、更深层次对外开放,依托我国大市场优势,促进国际合作,实现互利共赢"。在省际毗邻区域,这一战略部署的具体实践,就是要在高水平开放的引领下,积极探索形成新发展格局的路径,打造国内国际双循环的战略链接。一方面,省际毗邻区域应充分利用地理位置相邻、产业基础相似的优势,深化区域合作,推动形成统一开放、竞争有序的市场体系。共建自由贸易试验区、跨境电商综合试验区等开放平台,促进贸易和投资自由化便利化,吸引国内外优质资源要素集聚,为区域经济发展注入新动力。同时,加强区域间政策协调,推动制度型开放,为企业在区域内外的自由流动和高效配置创造良好环境。另一方面,省际毗邻区域还应鼓励区域内企业"走出去",积极融入全球产业链、供应链、价值链,提升在国际分工中的地位和竞争力。应鼓励企业引进外资,学习借鉴国际先进技术和管理经验,推动区域内产业转型升级,拓展国际市场空间,形成国内国际双循环相互促进的良性循环,为构建新发展格局贡献重要力量。

（三）高品质生活

高品质生活不仅是人民对美好生活的向往,也是省际毗邻区域协同发展的核心目标。习近平总书记多次强调"以人民为中心"的发展思想,指出"城市是人民的城市""人民城市人民建、人民城市为人民"。"以人民为中心"这一重要论断深刻揭示了城市发展的本质要求,也为省际毗邻区域的未来发展指明了方向。在省际毗邻区域的发展实践中,将"人"作为发展的根本出发点,意味着区域合作与发展的每一项举措都应紧密围绕人民群众的需求和期盼展开。这要求省际毗邻区域在推动经济协同发展的同时,更加注重社会事业的全面进步和民生福祉的持续改善,让区域发展的成果更多、更公平地惠及全体人民。一方面,省际毗邻区域应积极探索建立跨区域的基本公共服务合作机制,推动教育、医疗、社保等基本公共服务资源的均衡配置和共享。另一方面,应坚持"人民城市为人民"的宗旨,加强城市基础设施建设,改善城市人居环境,提升城市品质和形象;加强基层治理体系建设,建立健全公众参与机制,提升基层治理能力。让省际毗邻区域的发展成果真正惠及全体人民,不断增强人民群众的获得感、幸福感,提高人民群众的满意度。

（四）高效能治理

习近平总书记多次强调,"坚定不移走中国特色社会主义社会治理之路""不断完善中国特色社会主义社会治理体系,确保人民安居乐业、社会安定有序、国家长治久安"。加强和创新社会治理,推动形成共建共治共享的社会治理格局,是省际毗邻区域发展的应有之义。对于省际毗邻区域而言,高效能治理不仅是提升区域整体竞争力的关键,也是实现区域协调发展的必由之路。一方面,省际毗邻区域应树立"一盘棋"思想,加强顶层设计和统筹协调,构建跨区域协同治理体系。这要求区域内各方在规划编制、政策制定、项目实施等方面加强沟通协作,形成合力。同时,建立健全跨区域协调机制,如成立联席会议制度、设立协调机构等,确保各项决策和行动能够得到有效执行和落地。另一方面,省际毗邻区域应在基础设施、科技创新、产业协同、生态环境、市场体制等方面深化合作,推动区域治理向更高水平迈进。在基础设施方面,应加强交通、能源、信息等基础设施的互联互通;在科技创新方面,应推动科技创新资源的共享和合作研发;在产业协同方面,应促进产业链、供应链、价值链的深度融合;在生态环境方面,应加强生态环境保护和治理合作;在市场体制方面,应推动市场规则、市场准入、市场监管等方面的统一和协调。通过深化合作、强化法治保障、提升治理能力和注重源头治理等措施,省际毗邻区域实现更高质量、更有效率、更加公平、更可持续的发展。

二、"多彩"增长新发展理论

当今,世界百年未有之大变局加速演变,国际环境日趋复杂,诸多矛盾叠加,风险挑战显著增多。中国站在"第二个一百年"的新起点,在未来"十五五"乃至更长的时间内,将面临艰巨繁重的改革发展稳定任务和经济增长压力。从过去高速增长阶段转向高质量发展阶段,再到进入高质量发展阶段,在中国经济发展进程中具有划时代的重要意义。事实上,增长与发展并不矛盾,不是对立关系。进入新发展阶段,不仅要贯彻新发展理念、构建新发展格局,还要不断完善新发展理论。在中国全面建设社会主义现代化国家新征程即将开启、向着第二个百年奋斗目标进军之际,迫切需要以兼顾质量与速度的"多彩"增长理论为支撑,推进省际毗邻区域高质量发展。在安全底线约束下,深化传统橙色增长、引领创新金色增长、塑造生态绿色增长、传承文化青色增长、深挖公共服务蓝色增长、共筑区域协同紫色增长,是对经济增长模式进行重塑进而推动高质量发展的深刻诠释。

(一)安全底线坚守"红色增长"

在经济发展的新阶段,中国已从过去依赖扩大要素投入规模实现的高速增长模式,转向更加注重质量与效益的高质量发展路径。面对人口红利减弱、土地资源紧张、产业技术壁垒不断提高等挑战,单纯依赖要素投入的边际效益显著递减,对国家经济安全构成了严峻考验。党的二十大报告强调,推进国家安全体系和能力现代化,坚决维护国家安全和社会稳定。2023 年中央经济工作会议也明确指出,必须坚持高质量发展和高水平安全良性互动,以高质量发展促进高水平安全,以高水平安全保障高质量发展。省际毗邻区域不仅是区域经济合作的前沿阵地,也是安全风险防控的关键区域,更应坚持发展和安全的动态平衡,努力实现高质量发展和高水平安全良性互动,坚守安全底线的"红色增长"。这也是省际毗邻区域自身可持续发展的内在需求。在追求经济增长的过程中,毗邻区域必须更加重视对安全因素的考量,通过建立健全安全生产体系、强化安全风险防控能力、提升应急管理水平等措施,为经济增长提供坚实的安全保障,实现更高质量、更可持续的增长。

(二)要素投入深化"橙色增长"

过去 40 多年,中国的重新崛起无疑是最重要的历史事件之一,也持续影响着新世纪的历史进程。土地、劳动、资本等传统要素对经济增长的贡献虽然会随着经济发展阶段不同而发生相应的变化,但当前中国仍然属于发展中国家的事实尚未改变。作为人口的大国、地理的大国、流动的大国，在开启全面建设社会主义现代化国家新征程的道路上，我国应当继续充分发挥物质基础雄厚、人力资源丰富、市场空间广阔、社会大局稳定的优势，进一步深化改革，放开土地、资本、劳动力等要素市场，促进要素投入贡献的"橙色增长"。在中国经济持续转型与升级的背景下，省际毗邻区域要素市场的深度整合与优化配置成为推动"橙色增长"的关键。在此背景下，省际毗邻区域应进一步强化要素市场的开放性与流动性，通过制度创新和政策引导，促进劳动力、资本、技术等生产要素的自由流动与高效配置。这不仅有助于提升区域经济增长的质量与效益，还能为构建新发展格局提供有力支撑。

（三）创新驱动引领"金色增长"

在新一轮科技革命和产业变革的大背景下，国内外发展环境面临深刻复杂的变化。迈入新发展阶段，必须仍然坚持创新在我国现代化建设全局中的核心地位，明确科技创新的关键角色，做好"创新文章"，以实现经久不息的"金色增长"。党的二十大后，习近平总书记明确提出发展新质生产力这一重大任务，强调"发展新质生产力是推动高质量发展的内在要求和重要着力点"。新质生产力以创新驱动为核心，突破了传统生产力的边界，不仅在生产效率、产品质量上实现质的飞跃，更在产业形态、商业模式、社会结构等方面引发深刻变革，为省际毗邻区域实现"金色增长"提供了重要机遇。面对全球科技竞争的新格局，省际毗邻区域更应成为创新驱动发展战略的核心区域，解放和发展新质生产力，通过深化区域协同创新体系建设，引领"金色增长"的实现。一方面，加强跨区域科技合作与交流，构建开放包容的创新生态系统，促进产学研用深度融合，加速科技成果的转化与应用。另一方面，注重高层次科技人才的引进与培养，为区域创新发展提供持续动力。

（四）绿水青山造就"绿色增长"

良好的生态环境是最公平的公共产品，是最普惠的民生福祉。省际毗邻区域发展应当始终坚持绿色发展理念，让良好生态环境成为人民生活质量的增长点和经济社会持续健康发展的支撑点，实现生态环境保护与经济发展的协调统一。不同于传统要素驱动、创新驱动的增长，要将"绿水青山"转变为"金山银山"，做好"生态文章"，一方面，应在理念上深刻变革旧有的生产方式、生活方式、价值观念和思维模式，另一方面，应在产业上充分发挥生态叠加效应，延长生态经济产业链，增加生态经济产品附加值，造就可持续的"绿色增长"。省际毗邻区域应结合自身资源优势，加强区域生态环境保护合作，提升生态系统服务功能。同时，应把生态优势转化为经济优势，推动产业生态化与生态产业化融合发展，构建起绿色、低碳、循环的发展模式,实现经济效益与生态效益的双赢,为省际毗邻区域可持续发展奠定坚实基础。

（五）文化文明承载"青色增长"

青色是人文的底色,文化是国家的终极竞争力。习近平总书记指出:"一个国家、一个民族的强盛,总是以文化兴盛为支撑的,中华民族伟大复兴需要以中华文化发展繁荣为条件。"中华传统文化博大精深、源远流长,塑造了中华民族自强不息、厚德载物的精神品格,使中华民族屹立于世界东方五千多年,仍然充满生机。作为中华文化的重要传承地与创新区,省际毗邻区域文化发展对于国家文化软实力提升具有重要意义。在当前中国世界影响力与日俱增、国际地位不断提升的背景下,省际毗邻区域应深耕人文底蕴,培育新型文化业态和文化消费模式,以科技助力文化产业升级,打造各地特色文化品牌的"世界名片"。省际毗邻区域应通过构建具有鲜明地域特色和时代气息的文化发展体系,为经济社会发展提供强大的精神动力和文化支撑,实现释放文化文明的"青色增长"。

（六）公共服务勾勒"蓝色增长"

公共服务体系的完善与提升是保障民生、促进社会和谐的重要基础。近年来,虽然我国社会领域公共服务投入不断加大,但与群众多层次多样化的需求相比仍显不足,基本公共服务短板亟待补齐,实现基本公共服务均等化亟待稳步推进。特别是以省际毗邻区域为代表的边缘区域,更应加大对教育、医疗、养老等民生领域的投入力度,提高服务质量和效率。未来,省际毗邻区域应在建立健全城乡统筹、分布均衡、保障有力的公共服务体系的基础上,以市场机制实现教育、医疗、养老等公共服务的高品质化,以数字技术实现居民生活的智慧化、便捷化,让公共服务像"抬头见蓝天"一样触手可及,进而实现惠及民生的"蓝色增长"。

（七）区域协同共筑"紫色增长"

双循环新发展格局下,以国内大循环为主体,关键在于区域之间对内开放、加强合作,发挥"1＋1＞2"的叠加效应。在国内大循环背景下,以长三角、成渝双城经济圈、中原城市群等为代表的都市圈和城市群构成了我国区域小循环的空间载体,由这些区域小循环串联而成的长江经济带和黄河流域则构成了我国区域中循环的主要板块。而打通中循环和小循环发展的"任督二脉"关键在于"补短板",变薄弱毗邻区域发展"洼地"为"高地"。因此,毗邻区域更应率先突破,跨越行政壁垒,探索跨区域战略的新型区域合作模式,实现"1＋1＞2"的空间溢出效应。在新发展格局下,省际毗邻区域应充分发挥地理邻近、人文相亲的独特优势,深化区域合作机制创新,推动形成更加紧密的区域经济联系和更加合理的区域发展布局。省级毗邻区域应通过加强城市功能统筹、交通对接、产业与创新协同、公共服务共享、环境共治等方面的合作与交流,促进资源要素在区域间的自由流动和优化配置;同时,积极探索"蛙跳式合作""新型飞地经济""托管式合作"等新型区域合作模式,推动区域协调发展不断向纵深突破,实现区域协同发展的"紫色增长"。

三、"四化同步"理论

省际毗邻区域合作的核心在于传统行政区跨越自然地理边界与区划的约束,在更大范围内进行生产与生活空间的布局。传统的"行政区"是一种集政治、经济、社会、文化职能于一体的综合体,具有决策权、调控权及自身利益追求,代表着自然空间的分界线。与之相比,"经济区"的主导职能体现在经济职能上,这一职能是在市场机制调节运行下得以实现的,强调区域间横向联合与优势互补。为了更好地激发集聚经济的正外部性,不同空间尺度下的区域合作也在各级政府的力推中走向深入,特别是以省际毗邻区域为代表的行政交界地区合作不断走向纵深。从区域合作的目标及实现形式来看,区域合作常见的提法有"同城化""一体化""融合(化)""协同(化)"等。尽管这些概念存在许多相似点,但其在发展阶段、表现形态、空间尺度、重点任务等方面存在较大差异。特别地,对于省际毗邻区域来说,由于不同区域的经济发展水平、市场一体化程度、空间区位条件、地理环境等存在差异,故其在推动区域合作的具体形式上也存在发展阶段和空间范围的差别。本书认为,省际毗邻区域协同化、融合化、一体化、同城化四种区域合作形式,代表着由低到高四种形态,即前提形态、进阶形态、高阶形态、最高形态;从空间范围来看,协同化＞融合化＞一体化＞同城化(如图2—1所示)。

(一)"协同化"是前提形态

"协同化"是省际毗邻区域合作走向更高阶段的前提形态,一般适用于较大空间范围以及较多城市的区际合作。这一时期,不同城市间尽管面临体制机制、地理环境等方面的束缚,在经济动能、产业质量、公共服务、人均收入等方面存在诸多不协调问题,但由于在产业、资本、劳动力、资源等方面各自拥有不同的比较优势,因此有着较强协同(化)发展的经济动机。

"协同化"的重点是突破自然地理边界的束缚,其一般始于交通基础设施的互联互通,这也是实现物质要素跨区域流动的前提条件。"协同化"对于中西部省际

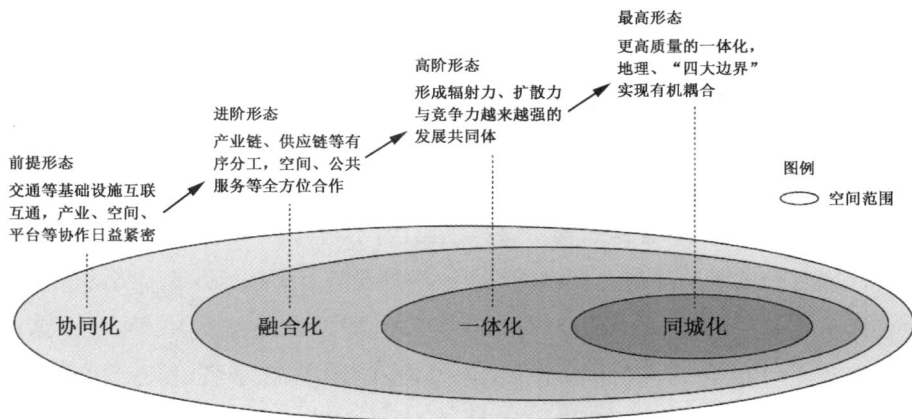

最高形态
更高质量的一体化,地理、"四大边界"实现有机耦合

高阶形态
形成辐射力、扩散力与竞争力越来越强的发展共同体

进阶形态
产业链、供应链等有序分工,空间、公共服务等全方位合作

前提形态
交通等基础设施互联互通,产业、空间、平台等协作日益紧密

图例
◯ 空间范围

协同化　　融合化　　一体化　　同城化

图 2—1　"四化同步"逻辑关系

毗邻地区尤为关键。产业间协同是其中的重点内容,既包括处于相同行业、生产相似产品的企业间的横向联合,也包括产业链上下游的纵向分工。但"协同化"仍然是以较低水平的简单协作为主。

京津冀协同发展是其中最具代表性的案例。2015 年 4 月,习近平总书记主持召开中央政治局会议,通过《京津冀协同发展规划纲要》,并将京津冀交通一体化、产业升级转移、生态环境保护等领域作为率先突破的重点内容。从空间范围看,京津冀协同发展涉及北京、天津两大直辖市以及河北省 11 个地级市,面积达 21.6 万平方千米,人口达 1 亿多人。然而,从发展基础来看,北京是中国的政治、文化、国际交往、科技创新中心,天津则是北方的航运中心和制造业基地。与北京相比,天津在资源配置、产业结构、开放水平、公共服务、人均收入等方面则相对较弱。两市一省的优势互补性较强,这也为其在较大范围内推动产业、空间、平台等方面的协作提供了可能,并为区域范围内小尺度的更高形态的区域合作提供了可能。

(二)"融合化"是进阶形态

"融合化"则是省际毗邻区域合作发展到一定阶段的进阶形态,其适用的空间尺度小于协同化,常见于地级市间的合作中。目前,一部分城市或者县(市)由恶性竞争开始转向深度合作,从基础的交通、产业、要素的硬件协作开始转向体制机制、公共服务等软件协作。此时,经济基础的差距逐步缩小,产业链、供应链、创新链等开始走向有序分工,行政边界和自然地理边界的影响弱化,但各自的独立性仍然较高,尚未形成一个完全统一的经济共同体。

"融合化"的重点是突破经济边界的束缚。在空间、平台(科技、产业等)、设施、机制上的全方位合作,既表现为硬件方面的结合,也表现为体制机制、文化认同等软件方面的结合。设施融合是基础,产业融合是重点,空间融合是支撑,机制融合是保障,功能融合是目标。

洛阳与济源的深度融合则是其中的典型案例。2020 年 8 月,河南省洛阳市与济源市两地签订了《战略合作框架协议》,提出协同推进"33 条"合作措施实施,拉开了洛济深度融合发展的序幕。2021 年 5 月,两地又签订了《推动洛阳济源深度融合发展合作备忘录》,新增"16 条"合作措施,推动洛济深度融合再上新台阶。该备忘录中所涉及的内容,除产业协同、互联互通外,还包含文旅、教育、医疗、生态以及都市圈发展等内容,两地合作逐步向空间布局、体制机制、公共服务等更大范围延伸。特别是其中谈及围绕高端石化上下游关联项目,建设"一基地四园区",这成为两地产业链、供应链、创新链纵向分工的典型示范。

(三)"一体化"是高阶形态

"一体化"是省际毗邻区域合作持续深化的高阶形态,其适用的空间尺度比融合化更小,常适用于都市圈内的毗邻区县。这一时期,城际交通网络体系基本形成,劳动力、资本跨区域流动成为常态,市场化在两地资源配置中发挥更加重要的作用,都市圈经济日趋成熟,区域内各城市间的合作逐步走向制度化、常态化,跨行政区域的示范园区较为常见。

"一体化"的重点是突破行政边界的束缚。随着地区间硬件设施和软件条件的差异持续缩小,两地的地理边界和经济边界逐渐模糊,经济区与行政区既相互重叠又适当分离,形成辐射力、扩散力与竞争力越来越强的发展共同体,都市圈的经济集聚力持续彰显,并开始向区域外城市扩散。

2019 年 12 月,中共中央、国务院印发了《长江三角洲区域一体化发展规划纲要》。作为长三角一体化发展战略的先手棋,长三角生态绿色一体化发展示范区的建设成为推动更高质量一体化的标杆,涉及上海市的青浦区、江苏省苏州市的吴江区、浙江省嘉兴市的嘉善县,跨越两省一市 3 个区县。长三角生态绿色一体化发展示范区将制度创新作为重中之重,以破除体制机制藩篱的约束,对全国各地加快区域一体化进程具有重要的引领示范作用。

(四)"同城化"是最高形态

同城化是省际毗邻区域合作的最高形态,适用于小尺度上的区域合作。其一般表现为单个县甚至镇全方位融入某个大城市,是更高阶的一体化。

　　"同城化"的重点是突破社会文化边界的束缚,并最终实现地理、经济、行政、社会文化"四大边界"耦合。同城化是更高质量的一体化,其不仅体现在直观的市场准入、交通通勤以及公共服务均等化上,更体现在思维理念、语言文化、价值认同、生活方式等深层次的社会文化方面。

　　在区域一体化进程中,小尺度空间的同城化成为引领跨区域合作的重要引擎。在长三角一体化的大空间格局下,上海与近沪区域的同城化已成为大势所趋。江苏省苏州市昆山市的花桥镇,则是同城化进程较为成熟的典型例子,打出了"不是上海,就在上海"的著名口号。这不仅体现在地理空间上的邻近、无差别通勤、创新产业分工上,更体现在身份认同感和社会文化认同感上。在花桥购房为许多工作在上海但无法购房的非上海户籍人士或预算有限的人士提供了一个较为可行的选择方案。此外,在推动广州与佛山全域同城化的进程中,"广州南站—佛山三龙湾—荔湾海龙"先导区以及四个小尺度的试验区,也成为弱化边界约束的重要布局。

　　从区域协调发展的全局看,区域合作的核心在于更大范围地发挥市场配置资源的决定性作用,实现生产要素无障碍流动、生活要素无差别共享,突破各类边界的约束。与此同时,鉴于各地合作基础条件的差异,应该科学选择协同化、融合化、一体化、同城化等形态,并在区域合作整体格局上实现有序统一(如图2-2所示)。

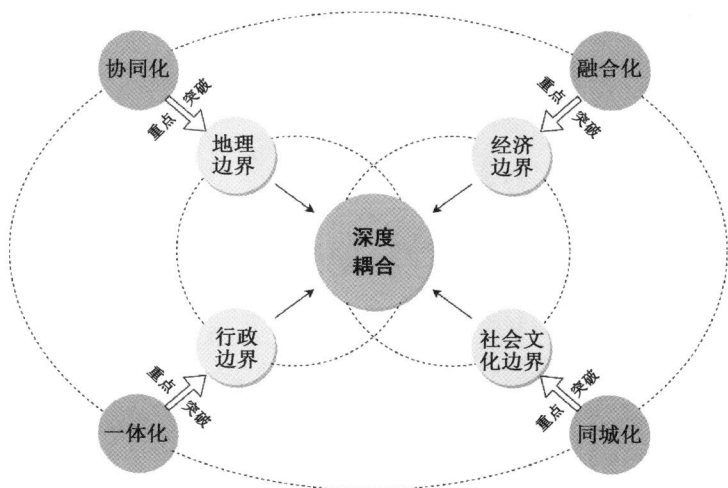

图2-2　"四化同步"突破"四大边界"

　　未来,应以协同化、融合化、一体化、同城化"四化同步",来实现行政边界、地理边界、经济边界、社会文化边界"四大边界"的耦合,从而推动更高质量的区域合作。对于区域合作基础薄弱的地区,应率先以"协同化"重点突破地理边界的束缚,解决城际、区际交通互联互通问题,缩小城乡、区际差距,为要素流动创造条件。对于有一定合作基础的省际毗邻区域,应在协同化的基础上进一步推动区域合作走向"融合化",重点突破经济边界的束缚,实现区域市场的一体化。对于合作基础较为成熟的地区,应推动内部各板块"一体化"发展,最大限度地破除体制机制不协调的坚冰,弱化行政边界的约束,实现设施、平台、载体、机制等全方位一体化。对于合作相当成熟的地区,特别是以特大城市为核心的都市圈,可以推动特大城市与毗邻县市的"同城化",推动社会文化边界的耦合,实现社会公众在心理认知、身份认同等方面的无差别化。四种不同合作基础的地区,共同构成了推动"四大边界"深度耦合的空间载体,也是推动省际毗邻区域合作新布局的重要动力来源。

第 三 章

东部地区长三角生态绿色一体化发展先行示范

　　长江三角洲地区是我国经济发展最活跃、开放程度最高、创新能力最强的区域之一，在国家现代化建设大局和全方位开放格局中具有举足轻重的战略地位。推动长三角一体化发展，增强长三角地区创新能力和竞争能力，提高经济集聚度、区域连接性和政策协同效率，对引领全国高质量发展、形成区域协调发展新格局意义重大。上海、江苏和浙江（以下简称"沪苏浙"），尽管其在行政上各自独立，但作为长三角地区的重要组成部分，其在地理上紧密相连，在文化上相互交融，自古以来就形成了独特的竞合关系，实现了互利共赢、共同繁荣的局面，共同推动区域经济的蓬勃发展，成为全国乃至全球范围内区域合作的典范（张学良等，2019）。2019 年11 月，国务院正式批准了《长三角生态绿色一体化发展示范区总体方案》，标志着长三角生态绿色一体化发展示范区（以下简称"一体化示范区"）建设正式拉开帷幕。2023 年 11 月 30 日，习近平总书记主持召开深入推进长三角一体化发展座谈会，指出要加快一体化示范区建设，完善一体化示范区国土空间规划体系，加强规划、土地、项目建设的跨区域协同和有机衔接，加快从区域项目协同走向区域一体化制度创新。基于此，本章将深入分析一体化示范区生态绿色一体化发展的现实基础，基于区域联动效应剖析当前一体化发展的现状与问题，进而提出未来走向区域一体化制度创新的路径举措。

第一节　沪苏浙毗邻区域基本情况概述

一、地理区位

沪苏浙毗邻区位于上海市、江苏省和浙江省的交界地带,市域毗邻区主要包括上海市、江苏省苏州市和浙江省嘉兴市,共涉及 24 个区、7 个县级市和 2 个县,总面积约为 19 273 平方千米,2022 年常住人口为 4 322 万人,地区生产总值为 75 350 亿元。沪苏浙直接毗邻县域作为一体化示范区的直接空间构成,规划范围包括上海市青浦区、江苏省苏州市吴江区、浙江省嘉善县,面积约为 2 413 平方千米,并选取青浦区金泽镇、朱家角镇,吴江区黎里镇,嘉善县西塘镇、姚庄镇作为一体化示范区的先行启动区,面积约为 660 平方千米。沪苏浙市域毗邻区和一体化示范区示意图如图 3—1 所示。

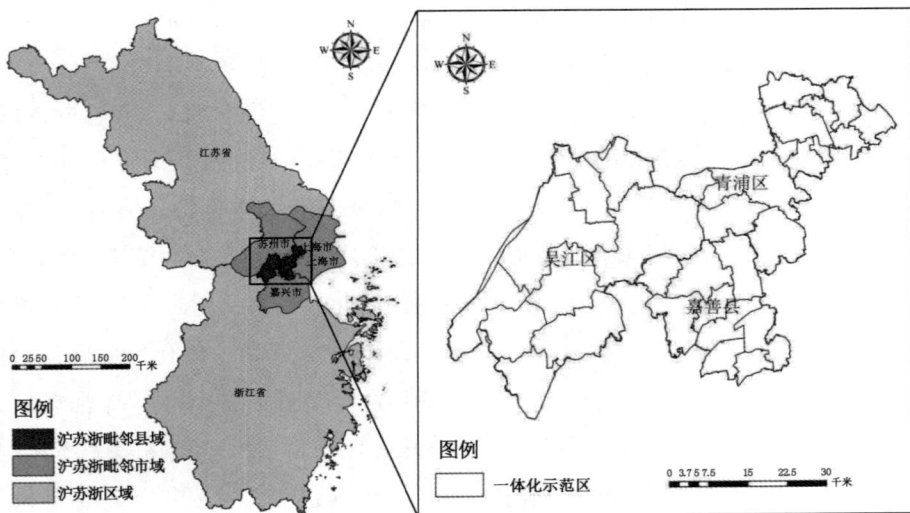

注:基于自然资源部标准地图服务网站下载的审图号为 GS(2020)4630 的标准地图制作,底图无修改。下图同。

图 3—1　沪苏浙市域毗邻区和一体化示范区示意图

二、历史文化

文化和方言的一致性是实现区域一体化的重要基础(丁从明等,2018)。作为江南文化的发源地,长江三角洲地区自古以来就经济富庶、文化繁荣,其东晋以来的经济发展以江河为时代划分,经历了"长江时代""京杭大运河时代""钱塘江时代""太湖时代"和"海洋时代",形成了"江、河、江、湖、海"五个时代。随着这五个时代的变迁,长江三角洲地区的经济重心不断转移,并在不同历史时期至少有南京、扬州、杭州、苏州、上海这五个城市成为经济、文化中心(张学良,2020)。以江南为代表的历史传承,包括财富的传承、文化的传承、从商精神的传承、商业文明的传承都汇聚于此。作为吴文化发展的重要载体,一体化示范区古镇古村众多,文化相依相融,其拥有7座国家级历史文化名镇以及16片省级及以上的历史风貌保护区,展现出深厚的文化底蕴与独特的江南水乡风貌,是江南水乡古镇文化的重要集聚地。青浦被誉为"上海之源",其深厚的文化底蕴可追溯至史前时期,孕育了以崧泽文化为代表的辉煌篇章。崧泽文化是新石器时代太湖地区的典型代表,展示了古代先民的智慧和生活状态。吴江是著名的"鱼米之乡"和"丝绸之府",孕育了诸如蚕桑丝绸文化、水乡古镇文化、千年运河文化、莼鲈诗词文化、国学精髓以及江村富民文化等一系列独具特色的文化瑰宝。嘉善的"善文化"与当地源远流长的文化习俗,在吴越交界地区形成了一种独特的文化形态。

三、经济发展

2019年至2023年,一体化示范区两区一县地区生产总值年均增长5.9%,规模以上工业总产值年均增长8.06%,上市公司数量从44家增至75家,国家高新技术企业数量从1 560家增至3 319家,经济高质量发展成效显著。图3-2展示了2022年一体化示范区以及部分先行启动区的经济发展情况。2022年,一体化示范区GDP为4 529.93亿元,约占三市GDP(75 350.10亿元)的6.01%;工业增加值为1 999.45亿元,约占三市工业增加值(24 768.74亿元)的8.07%。吴江区、青浦区与嘉善县之间呈现出显著的差异,吴江区经济发展情况较好,其GDP规模和工业增加值显著大于青浦区和嘉善县。从人均GDP来看,吴江区与嘉善县的人均GDP水平高于青浦区。

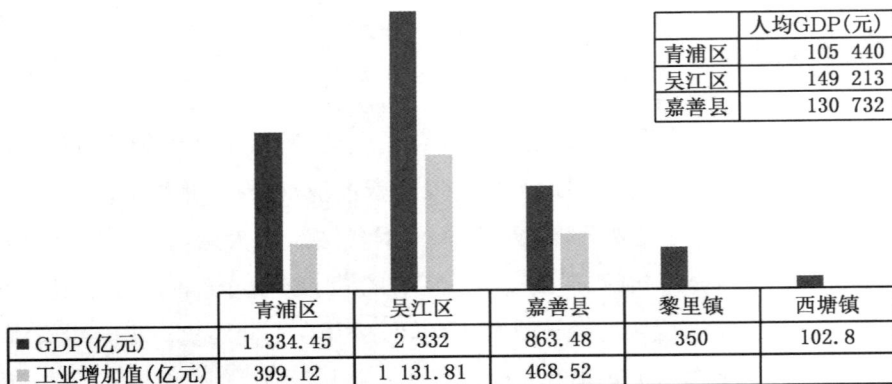

	人均GDP（元）
青浦区	105 440
吴江区	149 213
嘉善县	130 732

	青浦区	吴江区	嘉善县	黎里镇	西塘镇
■ GDP（亿元）	1 334.45	2 332	863.48	350	102.8
■ 工业增加值（亿元）	399.12	1 131.81	468.52		

注：数据根据 2022 年各地区国民经济和社会发展统计公报整理所得。

图 3—2　2022 年一体化示范区及部分先行启动区的经济发展情况

图 3—3 展示了沪苏浙市域毗邻区以及一体化示范区三次产业占比情况。2022 年，上海市、苏州市的第三产业在经济结构中占主导地位，嘉兴市仍然以第二产业发展为主。在两区一县中，青浦区第三产业增加值为 906.64 亿元，占 GDP 的 67.9%；吴江区以丝绸纺织、电子信息、光电通信、装备制造为重点的第二产业主导地位突出，占 GDP 的 52.30%。嘉善县作为浙江省接轨上海市的前沿阵地与门户，其地理区位优势显著，但经济总量相对较小。虽然嘉善县在与其他两个地区的产业发展程度存在差距，但是三者仍存在互补空间。

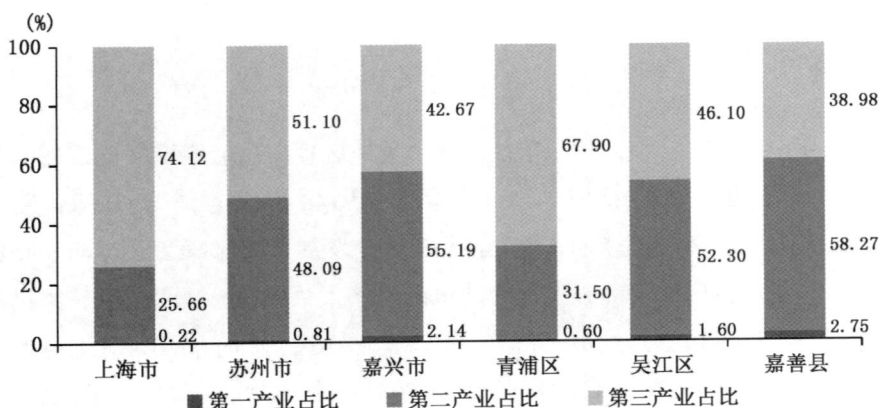

注：数据根据相关统计年鉴整理、计算得出。

图 3—3　2022 年沪苏浙市域毗邻区和一体化示范区三次产业占比情况

四、交通运输

基础设施互联互通是要素高效率流动的前提,也是促进一体化高质量发展的保障,沪苏浙市域毗邻区交通网络如图3—4所示。上海市、苏州市和嘉兴市区域内拥有发达的高速公路网络,如苏嘉杭高速、沪杭高速、杭浦高速、沪渝高速、常嘉高速等。其中,沪渝高速、沪常高速、上海绕城高速、沈海高速、京沪高速、常嘉高速、常台高速、申嘉湖高速、沪杭高速等穿过青浦区、吴江区和嘉善县。高速公路强大的时效优势增强了区域内城市流强度及城市间的空间引力,加速了区域一体化进程。一体化示范区聚焦跨域出行,重点推进了沪苏湖铁路、沪苏嘉城际线、上海轨交17号线西延伸段等重大项目。《长三角生态绿色一体化发展示范区嘉善片区综合交通规则》布局的"2221"轨铁网络体系,全面覆盖了一体化示范区高速铁路、城际铁路、轨道线路及普速铁路四个维度,包括沪杭高铁、通苏嘉甬高铁2条高速铁路,沪杭城际、沪嘉城际2条城际铁路,上海17号线延伸线、苏州10号线延伸线2条轨道线路,以及沪杭铁路1条普速铁路。上海17号线延伸至嘉善南站,途经嘉善站、西塘站、水乡客厅站等重要节点;苏州10号线延伸至水乡客厅站,同时在嘉善境内规划嘉兴北站至西塘站的轨道支线,构建起更加紧密、高效的区域交通体系,极大地提升了一体化示范区内交通的便捷度与连通性。在铁路交通方面,区域内铁路交通联系紧密,拥有沪昆高速铁路、京沪高速铁路、沪宁沿江高速铁路、沪宁城际铁路、沪苏通铁路、吴泾铁路等多个铁路线。随着高铁网络的不断完善,一体化示范区内的时空距离进一步缩短,为区域一体化高质量发展注入了强大动力。

五、空间特征

一体化示范区传承"水、城、文、绿、乡"相融的江南水乡空间特色,具有"两核、四带、五片"的整体空间结构和"水乡客厅、小镇网络、风景链接"的特色功能体系。本部分利用ArcGIS软件展示一体化示范区的空间特征。

图3—5展示了一体化示范区人口空间分布。一体化示范区人口呈现出空间不均衡现象:青浦东北部是人口最为密集的区域,最高单位密度可达每平方千米8 711人;嘉善东南部和吴江北部也是区域内人口相对密集的区域,在所在区县中显示出相对集中的空间态势,当然,这也与其城市建成区空间格局相吻合。值得注

注:道路和铁路数据来源于 Open Street Map。

图3—4　沪苏浙市域毗邻区交通网络(彩图详见二维码)

意的是,一体化示范区的直接交界处呈现出人口稀少的整体特征,这在一定程度上表明,省际毗邻区是空间布局的弱势区域,面临相对严苛的先天发展基础。

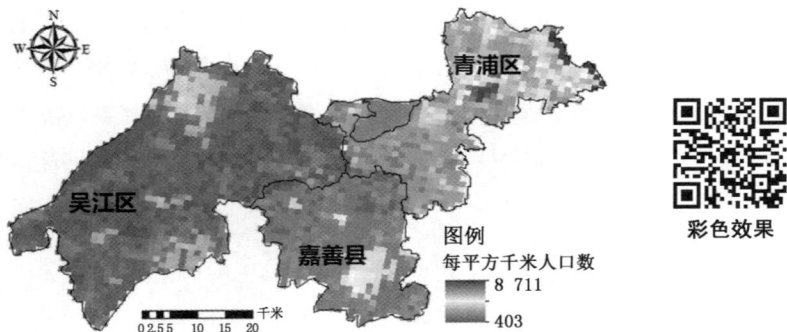

注:人口栅格数据来源于 Landscan 全球人口动态统计分析数据库。

图3—5　一体化示范区人口空间分布(彩图详见二维码)

图3—6展示了一体化示范区城市建成区空间分布。城市建成区是城市的重要空间区域,反映了生产生活的所在地,体现了政府规划的空间取舍。从图3—6可见,建成区空间范围与人口空间分布展现出较高的一致性,建成区承载了大量的城市人口,在一体化示范区的其他地域内,也有零星的建成区域和人口分布,但都

体现了非连续、大分散的整体特征。与人口空间分布特征相类似,在一体化示范区县域和乡镇的直接交界处并未出现大面积的城市建设,这在一定程度上反映了行政交界区是过去一段时间政府进行空间布局时忽视的区域,各区域政府并未将城市的主要生产生活空间规划于省际毗邻区域。

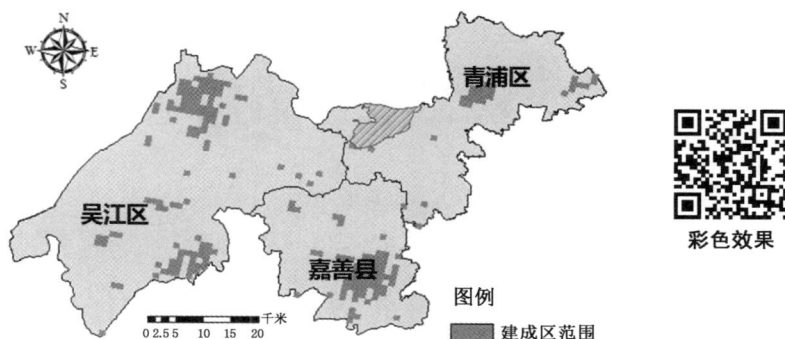

注:建成区数据来源于中国科学院资源环境科学数据中心。

图3—6　一体化示范区城市建成区空间分布(彩图详见二维码)

区域内的企业分布反映出了其生产的主要空间,图3—7展示了一体化示范区企业空间分布。一体化示范区内企业空间呈现出"大分散、小集聚"的空间特征,除了在城市建成区内大量企业集聚外,在非建成区,特别是直接交界处出现了一定数量的企业集聚,这是企业在生产环节上关联的直接作用结果。企业在空间上的集聚可以降低中间成本、提高配置效率,同时企业可以共同利用区域劳动力市场,形成有序分工体系。与人口和建成区空间部分不同,企业的空间分布反映了生产的真实需求,因此,一体化示范区内的企业集聚是自发的,也是必然的。从企业生产视角来看,打造一体化示范区、破除省际行政阻碍,是符合市场发展规律,且有利于企业生产行为改善的重要手段。

夜间灯光指卫星拍摄下的城市夜晚光亮数值。大量的学术研究发现,夜间灯光是经济活动的良好表征,一定程度上反映了区域的经济特征,与一个地区的GDP存在较强关联。从图3—8一体化示范区夜间灯光分布情况可以看到,一体化示范区展现出了较高的经济活动强度,在两区一县都存在密集的经济活动。其中,青浦区的主要经济区域在毗邻上海中心城区的地区;嘉善县则呈现出建成区、人口密集区、企业集聚区、经济活跃区耦合的整体特征;而吴江区则呈现出经济活动空间均匀的特征。此外,相比于两区一县城区,一体化示范区的直接交界乡镇经济活动呈

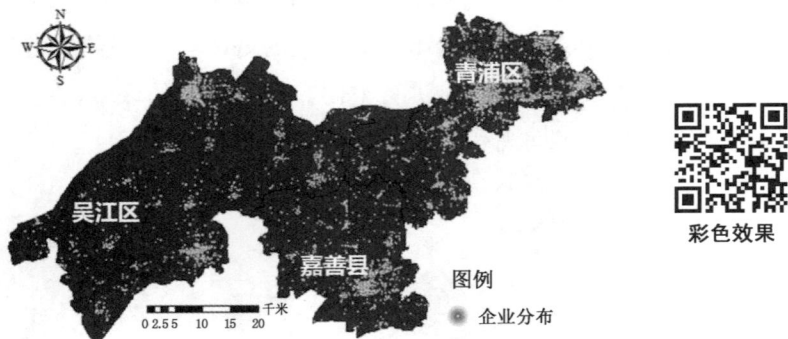

注:企业数据来源于中国工业企业数据库。

图3—7　一体化示范区企业空间分布(彩图详见二维码)

现衰弱态势,特别是青浦区和嘉善县,在行政边界出现了经济活动的骤减。

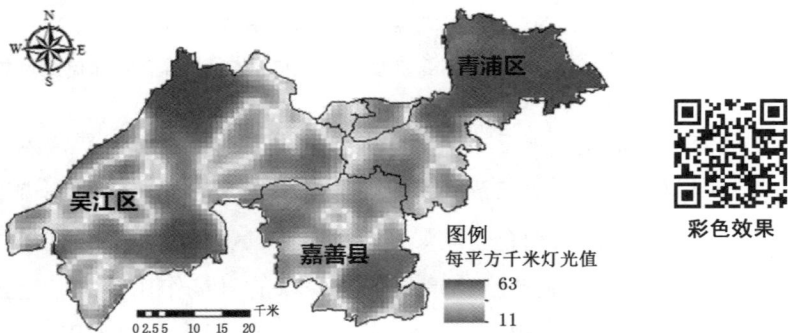

注:灯光数据来源于 DMSP/OLS 夜间灯光数据。

图3—8　一体化示范区夜间灯光分布(彩图详见二维码)

第二节　沪苏浙毗邻区域一体化发展的现实基础

一、行政区划的历史渊源

一体化示范区地理位置相近、水系相连,民间交往频繁,形成了紧密的经济和文化联系。追踪行政区划的历史渊源可以发现,一体化示范区行政区划的变迁是一个复杂而丰富的过程,涉及多个行政边界的调整和变迁。秦朝时期,郡县制的设立使得吴江、青浦和嘉善共属于会稽郡(郡城驻于首县吴县);唐朝时期,三地同属苏州;宋朝时期,吴江隶属于苏州,青浦和嘉善隶属于秀州(今嘉兴市);元朝时期,三地分属不同行政区划,但都隶属于同一个高层政区江浙行省的北部。随着近代中国的政治变革和社会发展,一体化示范区的行政区划也发生了显著变化。1912年1月,中华民国成立,上海隶属于江苏省,有上海、华亭(后改名松江)、嘉定、宝山、川沙、南汇、奉贤、金山、青浦、崇明10县。1938年12月,江苏省川沙、南汇、奉贤、崇明、宝山、嘉定等县和上海县浦西地区划归上海市政府管辖。1949年新中国成立后,嘉兴专区成立,下辖包括嘉兴县、海盐县、桐乡县等多个县。此时,嘉兴专区与苏州专区(后改为苏州市)在行政区划上是并列的。1958年,为了拓宽上海市的行政版图,增强其作为经济中心的综合支撑能力,并有效安置各类企业与工厂,江苏省的宝山县、嘉定县、上海县这三个县域被首批并入上海市。紧接着,松江专区被行政调整撤销,其下辖的松江县、川沙县、南汇县、奉贤县、金山县、青浦县六个县域则划归江苏省苏州专区管辖。但这一区划格局仅维持了10个月。1958年11月,青浦县与其他5县连同江苏省南通专区的崇明县,再次被划入了上海市管理。这一调整使得上海市的管理面积大幅扩大,形成了当代上海市的外围区划轮廓。图3—9为一体化示范区行政划分时间轴。

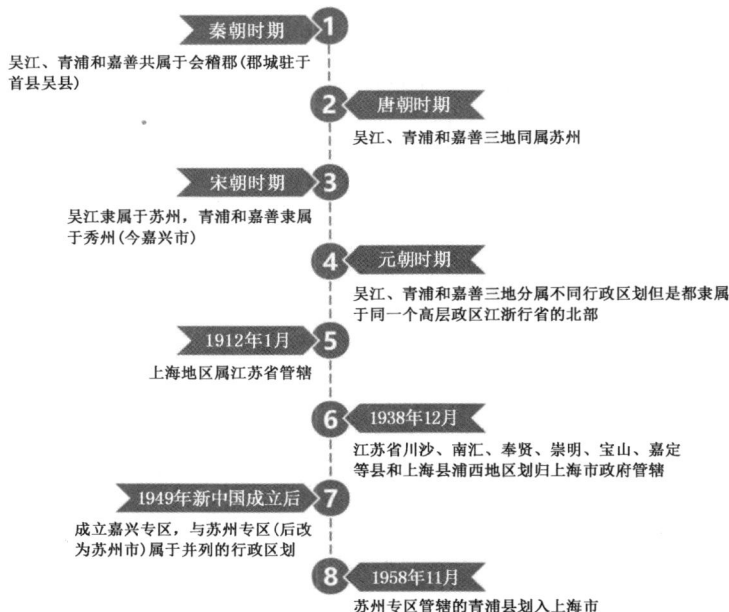

图3—9 一体化示范区行政划分时间轴

二、体制机制的优化完善

一体化示范区是长三角一体化发展国家战略的先手棋和突破口,旨在率先探索区域协同发展的实践路径和制度创新。为了深化政策协同效应,一体化示范区聚力体制机制优化,建立形成"协同立法、共同决策、统一行动"的一体化工作体系。

两省一市人大开展协同立法,共同推进一体化示范区立法工作。2024 年 3 月 27 日、29 日,沪苏浙两省一市人大常委会分别表决通过了《促进长三角生态绿色一体化发展示范区高质量发展条例》,于 5 月 1 日起在三地同步施行,这是《中华人民共和国立法法》修订以来国内第一个综合性跨省域创制性立法项目。立法明确了一体化示范区理事会、执委会的职责,依法授权执委会行使省级项目管理权限,巩固深化一体化示范区在众多方面探索形成的一体化制度创新,推动解决一体化制度创新瓶颈问题,为一体化示范区发展提供更好的制度环境和法治保障。

建立健全理事会共同决策机制。一体化示范区建立了"理事会+执委会"层次架构,实行轮值理事长机制,形成共同领导机制。理事会是指导和统筹协调示范区建设的决策平台。一体化示范区通过理事会工作规则,明确共同议事规则,审议规划、年度重点工作安排等重大事项。4 年多来,理事会机制运转通顺,很好地发挥了领导决策作用。

不断完善执委会与三级八方工作落实机制。执委会作为理事会的执行机构、示范区的建设管理机构,其按新型法人机构登记成立,由两省一市共同设立、共建共管。目前,执委会运行基本顺畅有效,发挥了协同三级八方共建示范区的作用。

三、区域合作的创新突破

一体化示范区坚持创新、协调、绿色、开放、共享,致力于打造生态友好型一体化发展样本。为实现共建共治共享共赢,打破行政壁垒,聚焦一体化制度创新,共同探索小尺度跨区域一体化高质量发展新机制,一体化示范区在要素流动、环保共治、民生共享等方面实现了创新突破。

一体化示范区探索从制度、技术、规则上消除阻碍商品和要素流动的体制机制障碍,加强要素流动的统筹规划,优化要素流动制度供给,先后制定出台一体化示范区人才建设若干意见、外国人才工作生活便利化服务若干举措、太浦英才认定细则、产业链强链补链实施意见、一体化示范区知识创新型总部企业及总部集聚区试点工作方案、一体化示范区 5G＋工业互联网一体化融合发展实施方案,以及加快数字经济发展、科创金融、绿色保险、知识产权保护、绿色认证等"一揽子"举措,让人才、资金、技术、数据等要素流动更加畅通。2023 年 7 月,一体化示范区跨省域高新区在示范区开发者大会上正式揭牌。这是全国首个跨省域高新技术产业开发区,规划面积为 20.64 平方千米,初步建立了"联席会议＋分片区管理机构"的组织架构,统筹推进跨省域高新区开发建设工作。开发区将培育发展数字产业、智能制造、绿色新材料三大战略性新兴产业和总部经济、绿色科创服务两大特色产业,形成"3＋2"的主导产业发展格局,力争成为长三角产业链创新链跨区域一体化新园区。

一体化示范区针对跨区域生态环保分而治之以及跨域生态保护标准不一致、监测不一致、执法不一致等难题,制定了《长三角生态绿色一体化发展示范区生态环境治理"三统一"制度建设行动方案》,建立了以"一套标准"规范管理、"一张网"监测评估、"一把尺"有效监管为重点,跨区域统一的生态环境制度体系,推动生态系统分域难治局面得以转变。示范区针对跨界水体在不同区域的功能定位和管控要求存在差异等难题,出台《示范区重点跨界水体联保专项方案》,明确建立联合河湖长制等工作机制,将一体化示范区以及协调区范围内 47 个主要跨界水体全部纳入联保共治范围,推动重点跨界水体水质持续稳定改善,其中,太浦河跨省界断面水质连续 4 年年均值达到Ⅲ类以上。

一体化示范区持续深化公共服务一体化机制,着力解决跨区域公共服务标准不统一问题,推进公共服务资源跨区域便利共享,提升人民群众获得感和满意度,推动民生服务事项实现跨域无感。围绕群众最关心、最期盼、最有获得感等问题,示范区先后推出四批共 57 项共建共享公共服务项目清单,涵盖卫生健康、医疗保障、教育、养老等领域,持续提高公共服务项目普惠度。以社保卡为载体的"一卡通"覆盖 283 万居民,实现了交通出行、旅游观光、文化体验等方面"同城待遇"。示范区促进公交线路跨界串联、形成闭环,开通 8 条跨省公交线路,累计发送乘客超361.8 万人次。此外,示范区实施医保一卡通,531 家医保定点医疗机构实现门诊、住院、部分门慢特病跨省医保直接结算,926 家定点零售药店已开通跨省医保结算服务,为群众日常就医购药提供便利。

四、跨域治理的探索整合

为回应区域治理的现实需求,统筹推进和法治保障,上海、江苏、浙江两省一市的政府及其相关部门展现出了高度的前瞻性和行动力,率先探索治理模式的突破与创新,促进资源的优化配置与共享,为区域内一体化高质量发展奠定了坚实的基础。

为推动省际薄弱地带焕发生机活力,聚焦解决因规划不统一导致的空间不协调问题,沪苏浙两省一市建立共编、共研、共推、共议的统一编制、联合报批、共同实施的规划管理体制。一体化示范区构建了包括示范区国土空间总体规划、先行启动区国土空间总体规划、若干专项规划和控制性详细规划在内的"1+1+N+X"国土空间规划体系,实现了"一张蓝图管全域"。2023 年 2 月,《长三角生态绿色一体化发展示范区国土空间总体规划(2021—2035 年)》获得国务院批复,其是全国首个获批的跨省域法定空间规划,明确了一体化示范区目标定位、空间战略和底线管控要求,为一体化示范区规划、建设和空间治理提供了基本依据。

为推动跨区域跨部门多主体之间增强工作合力,一体化示范区积极探索"机构法定、业界共治、市场运作"跨域治理模式,建立了"理事会＋执委会"工作机制,推动形成最大共识、凝聚最大合力。理事会充分发挥示范区重大事项决策平台作用,64 家成员单位各尽其责,牵头或参与推动一体化示范区建设重点工作。执委会充分发挥牵头推进和统筹协调作用,同时不断优化与各方共推一体化示范区建设的工作机制。为推进一体化示范区重大项目建设,沪苏浙两省一市共同出资,成立同比例出资、同股同权的一体化示范区新发展建设有限公司。示范区开发者联盟不断发展壮大,从 12 家创始成员扩容到 64 家成员单位,实现融汇资金、技术、人才等各方要素的"强强联手,优势合作"。作为开发者联盟成员之一的三峡集团,与长新公司再合资,成立了水乡客厅公司,实现了"一个主体管开发"。

第三节　沪苏浙毗邻区域一体化发展的联动效应分析[①]

一体化示范区的成立标志着长三角地区一体化发展进入新阶段,其也是推进

---

① 由于部分数据在县级层面难以获取,故产业关联和创新合作区域联动部分采用市级层面数据分析。

区域一体化高质量发展道路上的一次重要尝试。自一体化示范区成立以来，三地紧密合作，聚焦体制机制的创新突破，将生态环保、互联互通、创新发展以及公共服务四大领域作为核心驱动力。4 年来，一体化示范区累计推出一体化制度创新成果136 项，持续推进 145 个重点项目建设，出台先行启动区规划建设导则、跨域财税分享实施方案、建设用地机动指标统筹使用办法等。在规划实施与成效的评估上，示范区紧密围绕生态绿色与一体化高质量发展的核心理念，积极响应并落实"双碳"战略与"共同富裕"的国家目标。从规划设计的蓝图到实际建设，示范区全面展现了作为先手棋与突破口的显著成效。在规划实施与成效方面，一体化示范区紧扣生态绿色、高质量发展主题，回应"双碳战略"和"共同富裕"的落实，从规划建设到实施，全面展现建设成效。经过 4 年的持续推进，一体化示范区建设的"四梁八柱"初步形成，规划"一张图"、环保"一把尺"、市场"一体化"、政务"一网办"、民生"一卡通"等一体化举措推动省际毗邻区域焕发生机活力，促进要素跨区域顺畅流动。

　　与此同时，面对小尺度、跨区域合作的深入推进和产业创新的纵深发展，面向"十五五"规划和 2035 年远景目标，一体化示范区仍然面临着优化产业关联、加强创新合作、完善交通互联和深化政府协同的迫切需求。如何在更大范围探索一体化发展，如何将一体化发展的区域联动效应转化为高质量发展的新动能，是一体化示范区未来的突破方向。以科技创新和产业创新为重点的跨区域协同创造的区域联动效应是一体化发展进程中需要不断探索的关键问题（夏锦文，2023），以交通和政府协同为抓手的联动机制是一体化高质量发展的基础和保障。加速产业、创新、交通和政府合作的联动发展，是促进要素资源跨区域流动和有效配置，实现一体化高质量发展的过程。接下来，我们通过构建"产业关联—创新合作—交通互联—政府协同"的区域联动分析框架，分析沪苏浙市域毗邻区和一体化示范区一体化发展的区域联动效应。产业的互补与整合不仅能够促进资源跨区域流动和高效配置，对提高区域内产业的整体竞争力也具有重要意义。科技创新作为经济发展的主要引擎，在区域一体化高质量发展中发挥着至关重要的作用。应加速推动创新要素在跨区域、多功能层级间的优化配置（包括识别并弥补创新体系中的短板），同时强化并凸显各区域的创新特色，以构建更为强健的内生创新生态系统，汇聚形成具有全球领先地位的多元知识集群，为提升产业基础能力与核心竞争力奠定坚实基础。交通互联是一体化高质量发展的基础设施保障。高效便捷的交通网络通过压缩时空距离，促进要素和信息的自由流动。政府协同是一体化高质量发展的制度保障。政府通过在政策协调、公共服务共享和环境保护等方面加强协同合作，能够有效打破区域行政壁垒,促进要素的互联互通。

基于此,在"产业关联—创新合作—交通互联—政府协同"的区域联动分析框架基础上,我们通过考察区域联动效应,评价区域一体化高质量发展的现实基础。

一、产业投资日益紧密,互联强度仍待加强

产业是地区经济发展的重要载体,产业关联是反映经济联动发展的重要形式,产业之间存在的广泛、复杂和密切的技术经济联系是城市之间联系的本质,更是联动效应的空间体现。基于此,本部分采用 2023 年 8 月前上市公司参控股数据分析一体化示范区的经济联系,如图 3—10 至图 3—12 所示,其中(a)代表以地级市市辖区为空间尺度的总部在异地设立分支机构情况,(b)代表以一体化示范区为空间尺度的外地总部在青浦、吴江和嘉善设立分支机构的情况。

从图 3—10(a)来看,上海市的总部分支机构网络在全国形成了较为密集的合作网络,其中城市间产业合作已经覆盖长江经济带、京津冀城市群、成渝地区双城经济圈和粤港澳大湾区,此外,东北地区和新疆也有所覆盖。从节点城市来看,北京市(575)、苏州市(535)、杭州市(370)和深圳市(369)是上海总部分支关联紧密的城市,其中上海—北京和上海—苏州的产业联系已经成为上海市异地分支机构的重要组成部分,表明与北京市和苏州市的联合是上海市对外产业合作的重要选择。进一步缩小空间尺度,从图 3—10(b)来看,上海市青浦区与深圳市(399)企业总部的联系最为紧密,其次是北京市(41),而青浦区与苏州市的联系强度仅为 5,嘉兴市的联系强度仅为 2,说明在产业区域合作中,以上海市为引领的产业合作更偏重于以北京市为代表的京津冀城市群和以深圳市为代表的粤港澳大湾区,未来应加强嘉兴市嘉善县和苏州市吴江区的产业优势互补,共同推进一体化示范区产业创新协同。

从图 3—11(a)来看,苏州市企业总部在异地设立分支机构的分布范围较为广泛,联系程度相对较强。分区域来看,苏州市在异地设立分支机构主要集中在上海市(200)、深圳市(114)、北京市(101),同时,苏州市与成都市(59)、南通市(46)、南京市(44)、武汉市(44)、重庆市(41)的产业联系也较为紧密。进一步缩小空间尺度,从图 3—11(b)来看,苏州市吴江区目前主要吸引了上海市(43)、大连市(21)、常州市(19)、北京市(15)等地区上市公司在异地设立分支机构,其与嘉兴市的产业关联强度仅为 7。这说明在长三角一体化的推进过程中,苏州市吴江区与嘉兴市嘉善

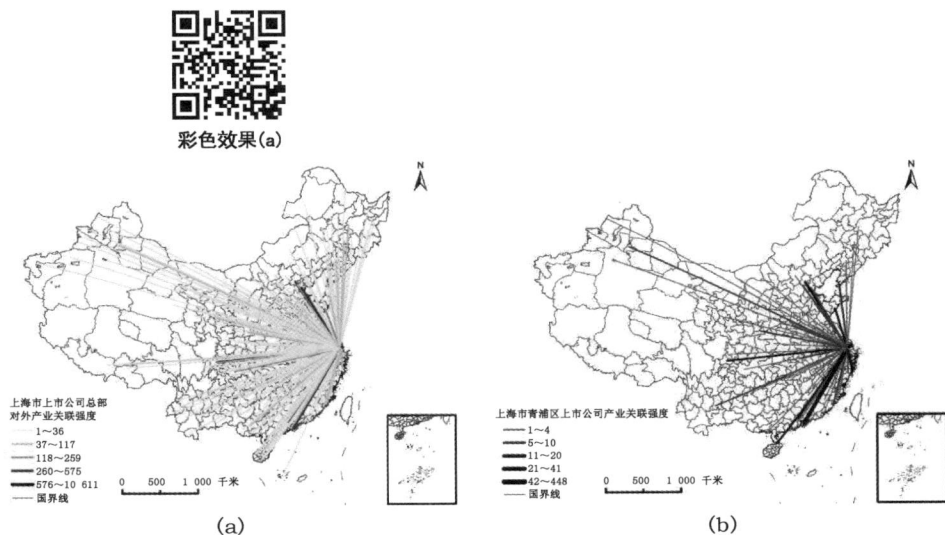

彩色效果(a)

上海市上市公司总部
对外产业关联强度
—— 1~36
—— 37~117
—— 118~259
—— 260~575
—— 576~10 611
—— 国界线

上海市青浦区上市公司产业关联强度
—— 1~4
—— 5~10
—— 11~20
—— 21~41
—— 42~448
—— 国界线

(a)　　　　　　　　　　(b)

注:数据来源于中国研究数据服务平台。

图 3—10　上海市参控股公司关联图(彩图详见二维码)

县的产业关联仍待加强,如何推进产业创新协同更好地释放一体化发展新动能,是其当前面临的重要课题。

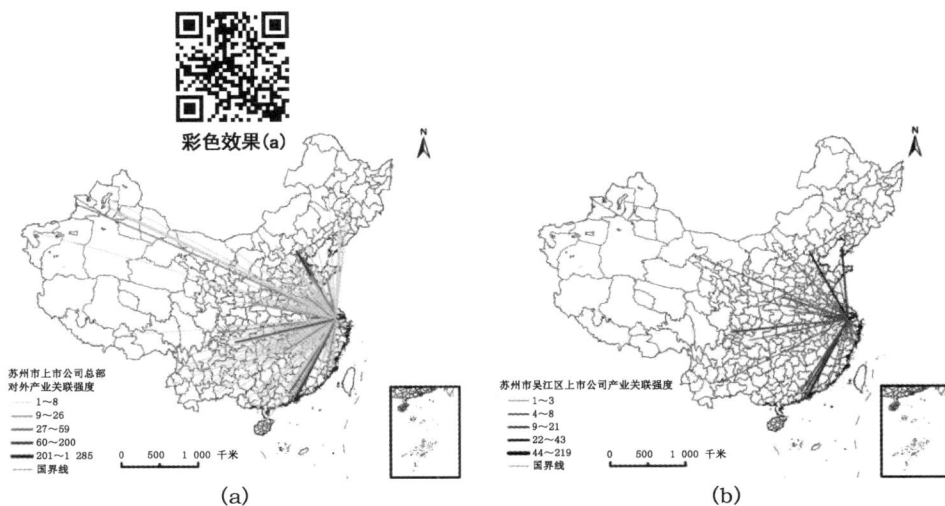

彩色效果(a)

苏州市上市公司总部
对外产业关联强度
—— 1~8
—— 9~26
—— 27~59
—— 60~200
—— 201~1 285
—— 国界线

苏州市吴江区上市公司产业关联强度
—— 1~3
—— 4~8
—— 9~21
—— 22~43
—— 44~219
—— 国界线

(a)　　　　　　　　　　(b)

注:数据来源于中国研究数据服务平台。

图 3—11　苏州市参控股公司关联图(彩图详见二维码)

　　从图 3—12(a)来看,嘉兴市的产业关联强度相对较弱,对外产业关联呈现以东中部范围发散的特征,其中与嘉兴市异地产业联系最为紧密的是上海市(27)和杭州市(21)。嘉兴市与苏州市的产业关联强度(7)有待加强。从图 3—12(b)来看,廊坊市和上海市是嘉善县异地设立分支机构最多的城市,分别为 35 和 25,苏州市仅为 1。嘉善县在对接长三角一体化过程中与上海市联系紧密,产业关联强度较好,但嘉兴市与苏州市和吴江区的产业联系有待加强。

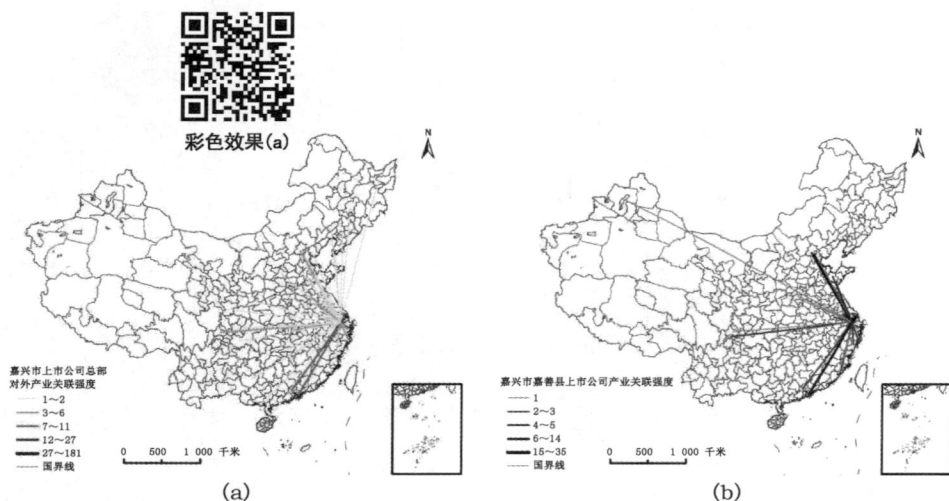

注:数据来源于中国研究数据服务平台。

图 3—12　嘉兴市参控股公司关联图(彩图详见二维码)

二、创新联系不断增强,但是协同创新效应尚待发挥

　　在知识经济时代,创新是推动经济高质量发展的源泉和动力,推进跨区域创新合作、构建城市创新网络是实现经济高质量发展、建设创新共同体的迫切需求。专利作为创新活动的核心产出之一,是展现创新能力与成果的关键标志,同时也是评估区域创新实力的重要指标。尤其是专利联合申请和专利转移,反映了申请人间的创新合作关系。以 2022 年地级市联合申请发明专利数据及专利转移数据来衡量上海、苏州和嘉兴之间的创新合作水平,并与长三角内部区域中心城市进行对比分析。就专利联合申请量而言,如图 3—13 所示,上海—苏州、上海—无锡、上海—杭州、杭州—嘉兴、苏州—南京的专利联合申请量相对较高,近距离面对面交流对

于知识、技术共享和交流合作依然十分重要。此外,城市较强的经济基础、丰富的创新资源也是有效创新合作的重要前提。从毗邻区视角来看,上海—嘉兴、苏州—嘉兴的创新联合水平并不占优势,这也从侧面反映了沪苏浙市域毗邻区的合作创新水平有待提高,跨区域创新共同体仍待加强建设。

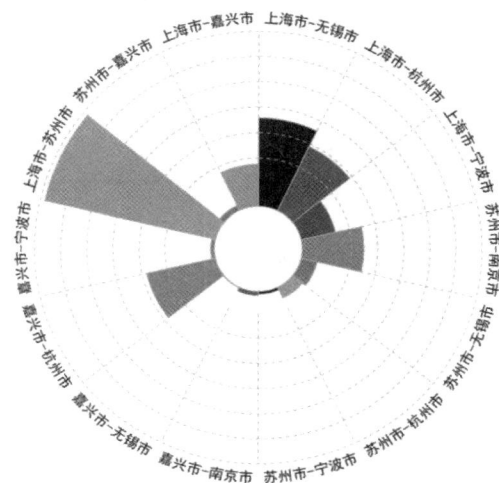

注:数据来源于国家知识产权局专利数据库。

图3—13　发明专利合作申请一览

从发明专利转移总量比较来看,如图3—14所示,发明专利异地转移排在前列的是上海—苏州、南京—苏州、杭州—嘉兴、嘉兴—杭州、杭州—上海、苏州—上海。由此可见,上海、苏州、南京、杭州等城市的创新联系较为密切。这其中涉及沪苏浙市域毗邻区的是上海—苏州城市对。而上海—嘉兴和嘉兴—苏州城市对的专利转移总量虽然大于样本中位数(29),但是远不及与杭州、南京等合作城市的创新联系。这说明当前沪苏浙市域毗邻区虽然有一定的创新联系基础,但是创新合作的主体依旧是省内城市,毗邻区的协同创新效应发挥仍有提升空间。

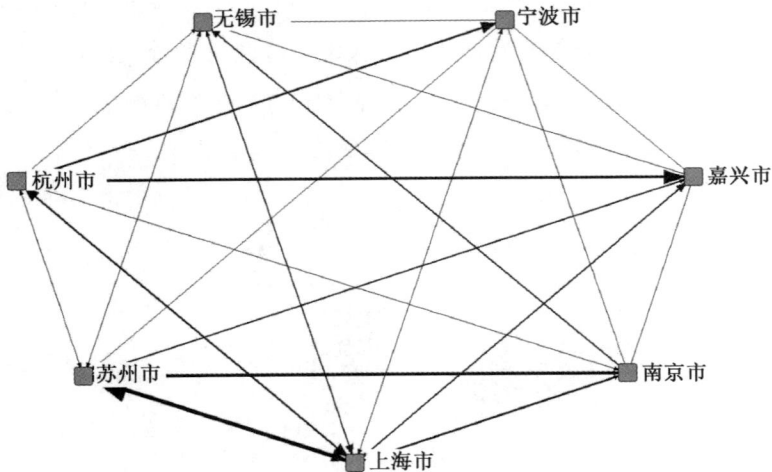

注：数据来源于国家知识产权局专利数据库。

图 3—14　发明专利转移总量比较一览

三、交通网络初步形成，但是支撑互通联动能力仍待深化

从交通可达性来看，交通基础设施的互联互通深刻影响跨区域合作发展的各个方面。交通可达性显著提升了不同区域间的空间可达性，加快要素自由流动和促进交易成本下降是实现一体化高质量发展的重要前提。从一体化示范区路网密度来看，如图 3—15 所示，吴江区（3.77 千米/平方千米）、青浦区（6.42 千米/平方千米）的路网密度远不及苏州市（5.25 千米/平方千米）和上海市（9.91 千米/平方千米）的平均水平，嘉善县（4.02 千米/平方千米）的路网密度略高于嘉兴市（3.57 千米/平方千米）的平均值。一体化示范区路网密度有待提升，同时也反映了路网互联互通有待加强。

从铁路基础设施的互联互通来看，当前，上海市、苏州市、嘉兴市形成了复杂的、多线程的高速铁路关联关系。京沪高铁线路、沪嘉甬铁路作为上海联系苏、嘉的黄金铁路线，发挥了举足轻重的作用。目前上海共有火车站 12 个，其中高铁站 6

相城区 3.28
姑苏区 12.46
虎丘区 4.18
昆山市 5.41
苏州工业园区 9.86
太仓市 3.32
吴江区 3.77
吴中区 .70
相城区 4.53
张家港市 3.74
宝山区 6.00
崇明区 1.85
闸北区 19.19
黄浦区 25.34
嘉定区 5.90
金山区 3.42
静安区 13.55
闵行区 8.45
浦东新区 6.23
普陀区 11.41
青浦区 6.42
松江区 4.39
徐汇区 13.00
杨浦区 14.59
长宁区 16.47
海宁市 .15
海盐县 1.58
嘉善县 4.02
南湖区 4.12
平湖市 2.42
桐乡市 5.23
秀洲区 3.51

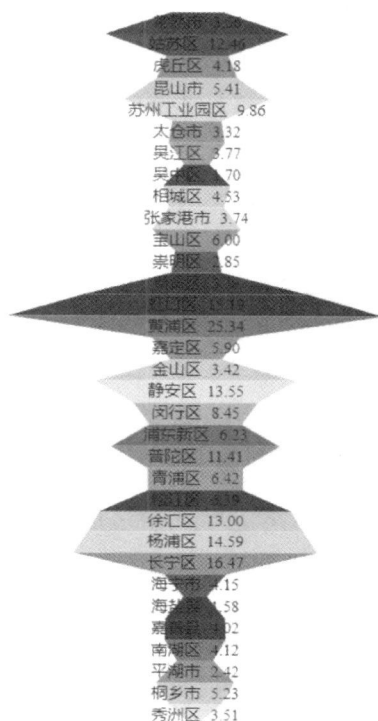

注:路网数据来源于 Open Street Map。

图 3—15　上海、苏州、嘉兴各区县路网密度

个①,苏州市共有高铁(火车)站 11 个②,嘉兴市共有火车站 7 个③。从高铁(火车)班次来看,本部分选取了上海市、苏州市、嘉兴市、杭州市和南京市进行班次频率的对比分析,如图 3—16 所示。分析结果发现,在上海、苏州和嘉兴的高铁联系频次中,上海—南京(316)、苏州—上海(310)、嘉兴—上海(184)的班次联系最为紧密,嘉兴与苏州的班次频率明显不及嘉兴与上海。聚焦一体化示范区可以发现,目前苏州市吴江区和上海市青浦区暂无高铁站,嘉善县高铁站的班次线路以连接

---

① 上海 12 个火车站分别是:上海站、上海虹桥站、上海西站、金山北站、松江南站、南翔北站、安亭北火车站、安亭西站、上海南站、松江站、芦潮港火车站、海湾站;其中上海虹桥站、上海站、上海西站、安亭北站、松江南站、金山北站为高铁站。

② 苏州市辖区 4 个火车站分别是:苏州站、苏州北站、苏州园区站、苏州新区站,各县级市共有 9 个站点,包括昆山南站、张家港站、太仓站、常熟站、阳澄湖站、太仓南站、昆山站、团结站和花桥站。

③ 嘉兴 7 个高铁(火车站)站分别是:嘉兴南站、嘉善南站、桐乡火车站、海宁西站、嘉兴站、海宁站、嘉善站。

上海虹桥为主,一体化示范区的交通依然以公路为主。目前长三角域内正在修建通苏嘉甬高铁线路,在苏州市吴江区设立站点,新增嘉善北站,途经嘉善南站,沪苏湖铁路即将通车连接青浦和吴江,这些将对一体化示范区的铁路网络构建发挥重要作用。

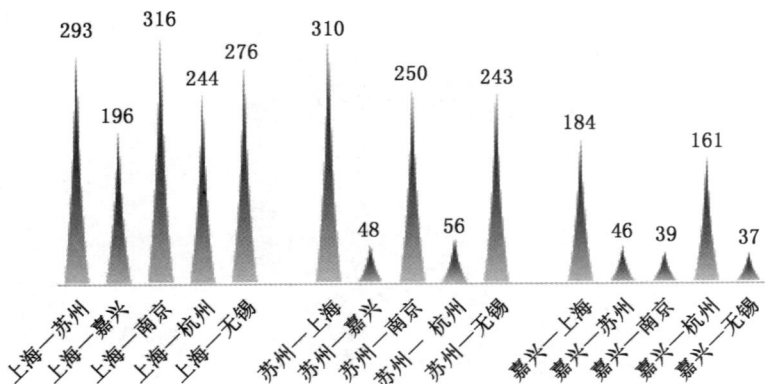

注:高铁(火车)班次数据来自 12306 网站,根据 2024 年 8 月线路运行情况整理所得。

图 3-16　沪苏浙市域毗邻区三市间高铁(火车)班次

四、政府协同日益深化,但是利益分配机制仍待完善

一体化示范区在历史上曾经历多次行政区划变革,其在地理毗邻、文化相依、山水相连形成了"你中有我,我中有你"的发展格局。自 2018 年长三角一体化发展上升为国家战略以来,上海、苏州和嘉兴合作日益深化。2019 年,一体化示范区应运而生,其致力于将一体化发展的理念深度融入创新、协调、绿色、开放、共享的新发展格局,通过打破传统行政壁垒的束缚,促进区域内各方在共建、共治、共享的基础上实现互利共赢,而这背后离不开政府的跨区域合作和创新机制保障。一体化发展的核心在于,在不改变现有行政隶属关系的前提下,跨越行政边界的界限,开辟出一条跨行政区域合作共建、共享成果的新路径。基于两省一市前期的积极探索与实践,一体化示范区成功构建了"理事会+执委会+发展公司"这一高效协同的三层次组织架构,并形成了"业界共治+机构法定+市场运作"的多元化治理格局。这一模式的显著特点在于实现三地联合、业界共治的深度参与,以及通过三地轮值实现统一决策的高效机制,同时赋予各机构充分授权,确保整体运作精简而高

效。作为政府间跨区域协同合作的典范，一体化示范区执委会成员由上海、江苏、浙江两省一市的组织部门精心挑选，致力于商议研究一体化示范区的发展战略规划、制度创新举措、改革推进事项、重大项目规划、支持性政策制定以及实施方案的推进落实。这种跨区域的协同合作模式，为一体化示范区的高质量发展注入了强劲动力。2020年，一体化示范区开发者联盟成立，其核心目标在于催化并强化一体化示范区的发展动能，通过创立新型机制、弘扬前沿理念以及汇聚各类优质资源，为区域发展注入不竭动力。联盟成员单位紧密围绕互联互通、创新产业、生态环保及公共服务四大核心领域展开深入合作，旨在将一体化示范区打造成为制度创新实践的试验田、生态优势向发展优势转化的新标杆、绿色创新发展的引领高地，以及人与自然和谐共生的宜居典范。但是，由于省际利益协调共享机制尚未建立，统一开放竞争有序的市场体系建设仍需发力。由于产业转移和分工合作缺乏内在激励机制，故如何构建毗邻区利益分享机制，特别是形成"投入共担、收入共享"的财税分享机制，成为政府协同的探索方向和聚焦重点。

第四节　沪苏浙毗邻区域一体化发展的路径举措

　　一体化示范区成立以来，通过构建完善的制度体系与体制机制，正以前所未有的力度和速度，迈向高质量发展的崭新篇章。一体化示范区的发展历程，可以视为由"浅表一体化"向"深度一体化"逐步深化的纵向演进过程。这一过程以坚守安全为底线，以产业创新协同为增长点，以青山绿水和新时代人文发展为深刻内涵，以高品质公共服务为基本保障，以区域协调发展为目标，通过基础设施的互联互通、产业创新、各类发展要素的自由流动与配置来促进区域的深度融合，构建统一、高效的治理体系，为一体化高质量发展奠定坚实基础。本节基于沪苏浙市域毗邻区和一体化示范区的基本情况和发展基础，以兼顾质量与速度的"多彩"增长理论为支撑，在生态资源环境和国土安全的红线约束下，深化传统橙色增长、坚持创新金色增长、塑造生态绿色增长、传承文化青色增长、深挖公共服务蓝色增长、共筑区域协同紫色增长，通过"多彩"增长方式实现一体化示范区"三生"融合与"四高"发展，进而成为良性竞合、循环通畅、生态宜居、区域协同的一体化发展典范。

一、坚守"红色增长",打造生态安全和国土安全体系

加强国家层面的顶层设计,严守生态保护红线,形成自然生态共保联治的良好局面,确保区域生态环境得到有效保护。为了实现一体化示范区内生态环境的持续优化与高效利用,紧扣生态绿色、一体化和高质量三个关键词,实施空间分区差异化管控,加快构建一体化示范区"一心、两廊、三链、四区"的生态空间格局,打造以水为脉、林田共生、城绿相依,"点—线—面—基"一体的区域景观自然格局,凸显江南水乡传统生态特征。持续推进跨界水源地生态联合修复,加强太浦河干支流及其连通湖荡水系的水生态保护修复工作。严守国土资源安全底线,实施最严格的耕地保护制度,确保长期稳定利用耕地不减少。到 2035 年,实现一体化示范区耕地保有量不低于 76.60 万亩,其中永久基本农田不低于 66.54 万亩。控制一体化示范区建设用地规模,摒弃依赖投资和要素大量投入、以土地增量扩张为主的传统发展模式,实施建设用地"负增长"策略,促进资源的高效与集约利用。针对省际亟待建设的重大基础设施项目(如断头路)及生态治理工程,积极探索并建立承诺占用耕地、林地等资源的补充机制,确保在推动区域一体化与高质量发展的进程中,能够严格坚守资源安全底线,有效保护生态环境,实现经济发展与环境保护的双赢。

二、深化"橙色增长",促进要素流动与融合

统筹规划数据中心布局,加速推进一体化示范区的信息枢纽港建设进程,以应用场景牵引技术创新,培育数字经济新技术、新业态和新模式,加快新型信息基础设施建设,打造"长三角数字干线"实践引领区。充分利用吴江区"东数西算"长三角算力调度中心、国家工业互联网大数据中心江苏分中心、长三角工业互联网平台创新示范园区等新型基础设施载体,协同推进 5G 网络建设的全面深化和要素的高效流动。深化完善要素流动的机制改革,实施跨省通办综合受理服务机制,开设综合受理窗口和自助终端机,设立政务服务专栏,制定统一的跨省通办事项标准和业务规则,以实现政务事项异地就近和网上便捷办理,进一步优化营商环境。构建公共数据共享机制,制定数据共享操作办法和清单,建立健全共享质量标准体系和权责体系,打破跨域数据壁垒,打通三级八方数据链路,实现一体化示范区内基础信

息资源和公共数据资源的共享互联。推行专业技术人员职业资格互认机制，推动考试标准统一、成绩和证书互认，打破人才跨省执业和工作限制。推进高峰人才激励计划，引入创新创业人才和团队，促进人才要素自由流动。消除行政区域的流动壁垒，夯实人才信息共享平台，发挥市场对人才流动的决定性作用，进一步提高人才一体化效率。

三、强化"金色增长"，推进协同创新引领高质量发展

推动构建一体化示范区科技创新共同体，攻克一系列制约发展的"卡脖子"关键核心技术难题，打造全球原始创新策源地，引领未来科技与产业发展方向。加大青浦区、吴江区、嘉善县以"一区多园"模式建设跨省域高新技术开发区支持力度，加快完善长三角国家技术创新中心在一体化示范区内建设布局，提升一体化示范区技术创新策源能力。持续推动青浦区复旦融合创新中心、西岑科技创新中心以及同济长三角可持续发展研究院的建设，提升区域科技创新能力。以中意产业园建设为契机，统筹归谷智造小镇、同济未来村，以及陶庄、天凝等区域的产业载体，聚焦医疗大健康、芯片研发、通用航空等高新产业，打造中国铁建城创新产业园区，通过整合资源、优化布局，实现科技基础设施的协同增效。持续突破5G超级上行、高精度时间同步、多元感知等技术，加强5G RedCap、5G＋边缘计算等布局研究，扩大通信、新材料等领域的工业互联网解决方案供给池，加强跨域技术协同。同时，充分利用5G、人工智能、区块链、数字孪生等新一代信息技术的强大能力，在一体化示范区内加速智能化要素的汇聚与集中，将一体化示范区塑造成为高新技术产业发展的核心密集带，引领全国乃至全球的高新技术产业迈向新的高度。加强与G60科创走廊的功能性联动，深化共性技术研发领域的合作，并加速科技成果的转移与转化进程。构建产学研用紧密结合的协同创新生态系统，促进一体化示范区域内更广泛领域的产业协同发展，实现优势互补与资源共享，推动长三角地区产业结构的优化升级。

四、坚持"绿色增长"，以绿水青山创造共富共赢

以绿色生态发展为导向，不断优化调整生态产品总值（GEP）核算体系，重点凸显一体化示范区生态环境和自然资源特征，培育绿色发展新动能，持续探索具

有跨域特色和引领效应的生态产品价值实现路径。推动生态审计、生态补偿等改革创新，建立绿色信贷、绿色债券、绿色基金、绿色保险、碳金融等绿色金融体系，搭建产业绿贷平台，为一体化示范区绿色产业发展提供支撑。积极支持绿色技术银行设立绿色产业发展中心，整合"技术＋金融"双重优势，为绿色项目量身定制综合解决方案服务。提供技术创新指导与金融资本的高效对接，助力一体化示范区绿色产业实现快速发展与深度转型升级。加速构建一体化示范区绿色技术创新基地，孵化并培育一批专注于节能环保、清洁能源等领域的绿色技术平台，聚焦于战略性前沿技术及共性关键技术的研发与产业化，推动绿色技术的创新与应用。建立一体化示范区绿色技术产权交易市场，培育专业的第三方服务机构，提供绿色技术的检测、评价、认证等全方位中介服务。进一步激发绿色项目的投资活力与潜力，构建绿色项目投融资服务平台，为绿色产业提供全方位、多层次的金融支持。持续推进绿色认证先行区建设，加大区域特色绿色产品或服务标准供给，加强绿色认证活动跨区域联合监管机制，更好服务一体化示范区生态绿色一体化发展。

五、推动"青色增长"，构建人文创新融合布局

坚持以文化人、以文惠民、以文润城、以文兴业，推动一体化示范区人文与经济良性互动、相得益彰，织就经济繁荣与人文鼎盛的"双面绣"。进一步加强对江南水乡古镇、历史文化街区等文化遗产的保护，通过修缮、恢复和展示，发挥一体化示范区古镇群落与风貌区的独特魅力，融入创新创意元素，打造更具吸引力、更显特色风采的江南水乡文化景观，赋予其现代科技与创新的动力。深度挖掘古镇、江村、丝绸、大运河、太湖溇港等特色文化资源，传承好物质文化遗产和非物质文化遗产，彰显江南文化核心内涵；组织非遗传承人、民间艺人及专业文化团体，共同将非物质文化遗产的展示与丰富多彩的民俗节庆活动深度融合于景区之中。创新互动体验形式，探索新颖的文化传播方式，让传统文化在互动体验中焕发新的生机与活力。同时，加快推进文化产业倍增，完善一体化示范区文体旅产业高质量发展相关扶持政策，对以文化和旅游为主业、融合发展为特色、具有市场竞争优势的骨干文旅企业加大扶持力度。

六、加强"蓝色增长",拓展高品质公共服务供给

公共服务供给是实现人口自由流动的重要保障,也是一体化示范区高质量发展的惠民之举。协同推进跨区域教育、医疗、养老等社会事业的全面发展,有效融合数字技术推动一体化示范区基本公共服务的一体化进程,逐步缩小区域间公共服务发展的差距,促进各城市公共服务共建共享,才能让长三角区域一体化惠及更大区域、更多的人民群众。推进跨省域医联体建设,促进一体化示范区内优质医疗资源共享,通过医联体,实现医疗机构之间的技术、人才、设备等资源的有效整合,提升基层医疗服务能力。依托最新的5G、云计算等信息技术,多维度搭建远程门诊、远程MDT和远程转诊网络,加强一体化示范区智慧互联网医院建设,持续推进区域医疗联合体数据共享、医师跨区域多点执业等工作,依托长三角远程医疗会诊网络平台,进一步提高一体化示范区专科医疗服务能力和可及性。积极引进长三角地区乃至全国的优质教育资源,争取高水平大学在一体化示范区设立分校区、联合大学和研究机构,提升一体化示范区教育水平。结合一体化示范区产业特点,打造产教融合示范区,通过校企合作、产教融合等方式,培养符合市场需求的高素质技能人才。同时,持续推进一体化示范区职业教育一体化发展,加快示范区职业院校及相关行业企业交流互鉴,大力推广优质线上教育资源课堂教学应用试点的先进经验,扩大线上教育资源课堂教学应用案例展示交流范围,深入强化跨省域教学交流,推动科研协作。积极发展异地养老,鼓励优质养老服务机构在一体化示范区整体布局设点或托管经营,通过提供多样化的养老服务,满足老年人不同层次的养老需求。依托信息技术手段,建设智慧养老服务平台,为老年人提供如健康监测、紧急救援、生活照料等一站式便捷养老服务,通过跨区域合作与共享,提升公共服务水平,为一体化示范区内的民众提供更加优质、便捷的服务。

七、创新"紫色增长",促进区域合作协调融通

一体化示范区内打破行政壁垒,建立协商共推渠道,紧密遵循既定规划蓝图,完善区域一体化合作机制,清晰界定各自的功能定位,深入挖掘并发挥自身独特优势,进一步细化分工领域,实现错位发展策略。依托一体化示范区地理区位、交

通设施、资源禀赋,立足生态优势、文化特色和企业分布,强化功能互补、空间复合、创新融合。放大进口博览会溢出效应,进一步提升贸易投资便利化水平,推动对内对外高水平开放,有效连接 G50 沿线重要节点城市的国际贸易产业链,共同打造长三角国际贸易走廊。着力承接虹桥商务区辐射带动效应和"进博会"溢出效应,依托大会展、大物流、大商贸等现代服务业,助力徐泾和华新产业社区、赵巷商业商务集聚区、市西软件园、北斗西虹桥基地等平台提升能级;积极响应上海关于建设商贸服务型国家物流枢纽的战略部署,并全力推进中铁建全国快递物流总部基地的建设工作。依托青浦新城、青浦工业园区的区位优势和产业基础,着力承载科技研发、商业商务、金融服务等高端服务功能,助力电子信息、高端装备、新材料、生物医药等"硬核"产业,打造中国铁建城产城融合标杆区。加强吴江经济技术开发区、太湖新城等原有产业园区载体升级建设,结合区域先进装备制造业、新一代信息技术、新能源、新材料、生物医药等战略性新兴产业布局,打造中国铁建城大数据、软件信息、文化创意等新兴业态产业特色区域。聚焦于吴江高新区、桃源、震泽、平望"一区三镇"纺织产业向绿色、智能、高端升级,着眼于"设计＋制造""低碳＋智能""时尚＋品牌"的区域发展导向,积极承接纺织服装产业的时尚引导力和国际影响力,打造中国铁建城"绿色、智能、时尚"特色纺织园区。做好中新嘉善现代产业园"智能传感谷"配套建设工作,充分利用智能新硬件产业链上下游资源汇集优势,助力智能装备、科技研发、软件信息等特色产业,打造中国铁建城智能传感产业基地。

第四章

中部地区鄂湘赣毗邻区域
战略支点作用凸显

鄂湘赣毗邻区域地处中部地区湖北、湖南、江西三省交界处,主要包含湖北省咸宁市、湖南省岳阳市、江西省九江市(简称"咸岳九")三个地区,对于促进省际区域合作、实现中部崛起、构筑长江经济带重要节点具有重要意义。鄂湘赣毗邻区域自然条件优越、历史文化深厚,具有毗邻区域合作的先行基础。得益于地理位置的特殊性,长江经济带建设、长江中游城市群发展等国家区域战略在此叠加,鄂湘赣毗邻区域战略支点作用日益凸显。它既是长江经济带区域战略与政策实践的重要一环,也是次区域合作示范区的典型实践地。本章从历史、人文、自然等方面,对鄂湘赣毗邻区域的历史过往进行了较为全面的分析。在此基础上,本章基于现实的维度,分析鄂湘赣毗邻区域产业发展、人口概况、生态环境、交通条件、科教文化、消费活力等方面的时空特征。本章基于对现实基础及战略支撑的重点分析,进一步提出鄂湘赣毗邻区域发展的未来路径。未来,鄂湘赣毗邻区域应重点转换经济发展动能、提升对外开放效能、满足品质生活多样化需求、打造全域治理新格局,加快实现毗邻区域高质量发展、高水平开放、高品质生活、高效能治理的"四高"融合发展。

第一节　鄂湘赣毗邻区域的基本情况概述

从三地的地理区位、自然条件和历史文化来看,鄂湘赣毗邻区域既有其整体性特征,也有内部城市各自的优势,这为进一步合作奠定了基础。

一、联动三省的地理区位

"咸岳九"是三省联动的"中三角"。"咸岳九"毗邻区是长江中游城市群三省"大三角"的中心地带,位于湖北的东南部、湖南的东北部和江西的西北部(如图4—1所示)。它不仅与湖北的武汉、荆州、黄石,湖南的益阳、长沙,江西的南昌、宜春、上饶相邻,还与安徽的安庆和池州接壤,是三省联动的"中三角"区域。如表4—1所示,咸宁市由1个市辖区、2个县级市、4个县构成,行政土地面积、人口和GDP均相对最低;岳阳市由3个市辖区、2个县级市、4个县构成,常住人口和2022年GDP规模均位于三市中最高;九江市整体规模相对较大,共包括3个市辖区、3个县级市、7个县,其行政土地面积位于三市之首。

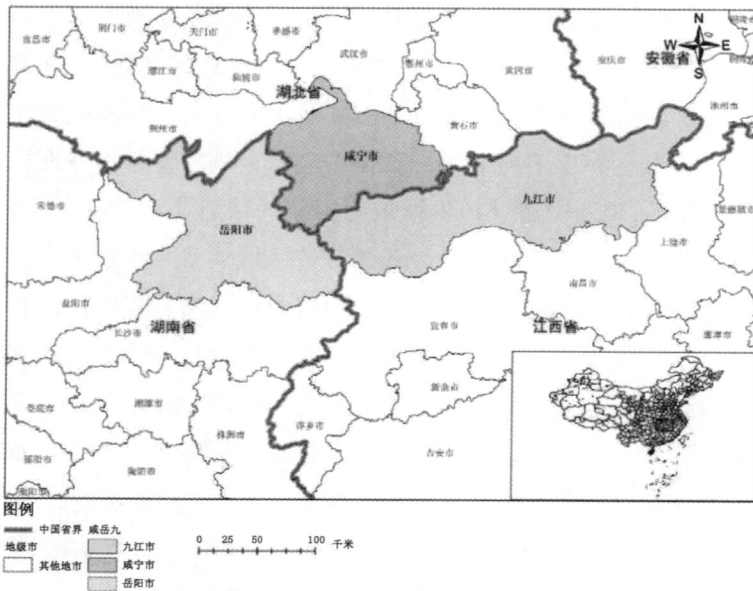

注:基于自然资源部标准地图服务网站下载的审图号为GS(2024)650的标准地图制作,底图无修改。

图4—1　咸宁—岳阳—九江地理区位(彩图详见二维码)

表 4—1　　　　　　2022 年"咸岳九"行政区划及经济社会基本概况

名称	所属省份	行政土地面积（平方千米）	常住人口（万人）	地区生产总值（亿元）	具体构成
咸宁市	湖北省	9 752	261.67	1 875.57	咸安区、赤壁市、嘉鱼县、通城县、崇阳县、通山县
岳阳市	湖南省	14 858	501.75	4 710.67	云溪区、岳阳楼区、君山区、汨罗市、临湘市、岳阳县、华容县、湘阴县、平江县
九江市	江西省	19 085	455.77	4 026.60	浔阳区、濂溪区、柴桑区、瑞昌市、共青城市、庐山市、武宁县、修水县、永修县、德安县、都昌县、湖口县、彭泽县

注：根据《湖北统计年鉴 2023》《湖南统计年鉴 2023》《江西统计年鉴 2023》以及各市统计公报等资料整理得到。

作为"咸岳九"毗邻区的中心区域，"通城—平江—修水"（简称"通平修"）县级毗邻区，也是三省联动的"小三角"区域（如图 4—2 所示）。"通平修"位于湖北、湖南、江西三省交界处，长江中游城市群"大三角"中心地带，包含通城、平江、修水三县，分别隶属湖北省咸宁市、湖南省岳阳市、江西省九江市。在地理区位上，"通平修"县级毗邻区北接湖北崇阳县、通山县和湖南临湘市，西接湖南岳阳县、汨罗市，南接湖南长沙县、浏阳市，以及江西奉新县、铜鼓县，东接江西武宁县、靖安县。通城县城距离武汉市约190 千米，平江县城距离长沙市约 120 千米，修水县城距离南昌市约 200 千米。

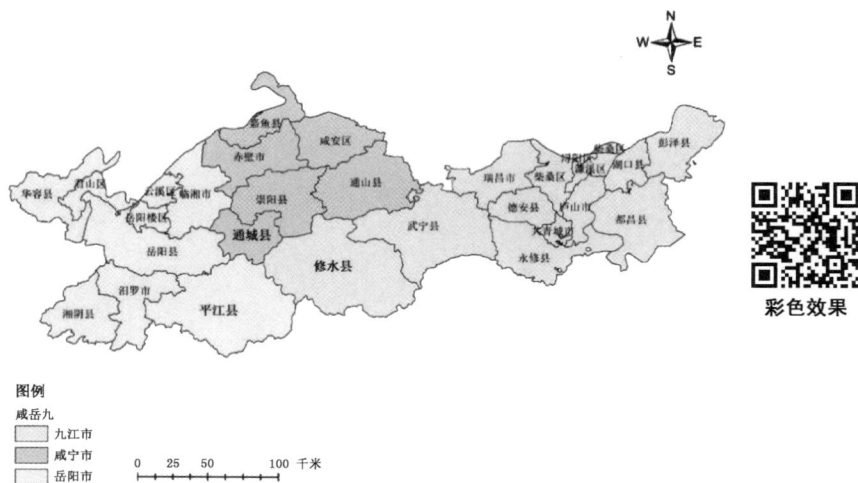

注：基于自然资源部标准地图服务网站下载的审图号为 GS(2024)650 的标准地图制作，底图无修改。

图 4—2　"咸岳九"行政区划构成（彩图详见二维码）

二、得天独厚的自然条件

湘鄂赣毗邻区域地理位置特殊且地形地貌丰富多样，是长江中下游平原与江南丘陵之间的过渡地带，具有重要的地理意义和生态价值。这一区域的地貌可以分为两个主要部分：一是东南部的低山丘陵地带，二是西北部的平原湿地（如图 4—3 所示）。就东南部低山丘陵而言，其中最显著的是幕阜山脉和庐山山脉。幕阜山脉横贯咸宁市，山体连绵起伏，形成了丰富的自然资源和优美的自然景观；庐山位于九江市内，是中国著名的风景名胜区之一，以其秀美的山水和清凉的气候而闻名遐迩。这为湘鄂赣毗邻地区共同开发生态旅游资源、实现经济社会绿色转型提供了优势条件。就西北部平原湿地而言，其主要由冲积形成，土壤肥沃，适合农业生产。洞庭湖位于岳阳市境内，是中国第二大淡水湖，其周边分布着大量湿地和河流，形成了丰富的水生态系统。同样，位于九江市附近的鄱阳湖是中国最大的淡水湖，也是重要的候鸟栖息地之一，对维护区域生态平衡具有重要作用。

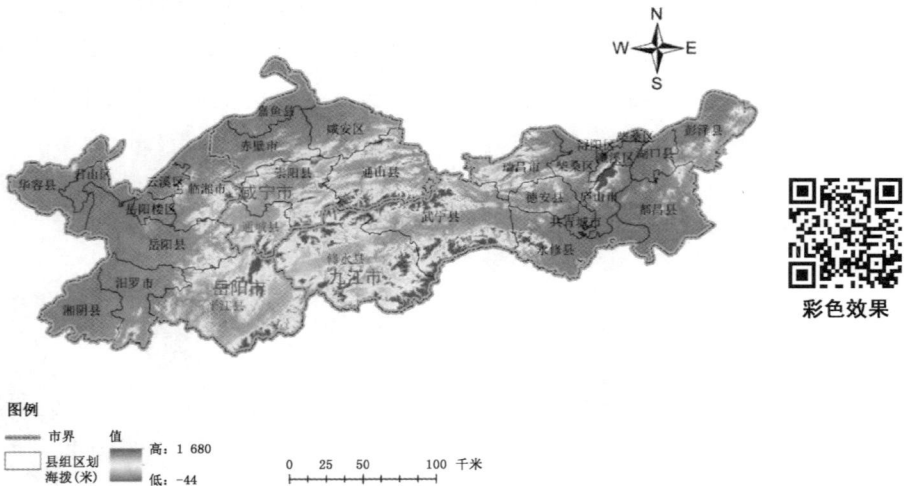

注：DEM 500m 数据下载于中国科学院资源环境科学与数据中心，来源于美国"奋进号"航天飞机的雷达地形测绘（Shuttle Radar Topography Mission，SRTM）的数据；行政区划底图来自审图号为 GS（2024）650 的标准地图，且底图无修改。

图 4—3　"咸岳九"和"通平修"海拔高度（DEM）分布（彩图详见二维码）

湘鄂赣毗邻区的气候和水资源丰富，为区域的生态保护、农业生产、旅游业发展以及居民生活提供了重要支撑。湘鄂赣毗邻区域气候总体为亚热带季风气候，具有温暖湿润、四季分明的特征。该区域年平均气温约为17℃，冬季温和，夏季炎热，年降水量丰富，在1 400至1 600毫米，主要集中在夏季的雨季，形成了适合农业生产和生态环境保护的有利条件。湘鄂赣毗邻区域内河流众多，水资源丰富，拥有陆水、汨罗江、修河等知名河流及其支流，地跨长江水系、洞庭湖水系和鄱阳湖水系（如图4—4所示）。同时，该地区也是长江经济带的重要组成部分，其气候和水资源的合理利用与保护对于整个长江流域的可持续发展具有重要意义。

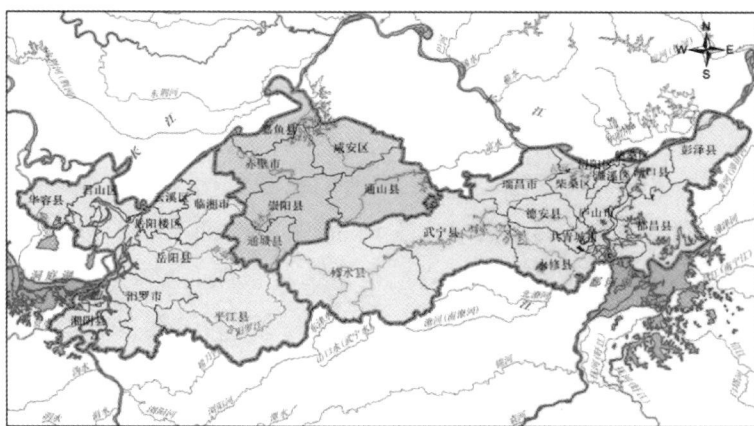

彩色效果

图例

— 河流 咸岳九 ▨ 咸宁市
▨ 湖泊 □ 九江市 □ 岳阳市

0 25 50 100 千米

注：基于自然资源部标准地图服务网站下载的审图号为GS(2024)650的标准地图制作，底图无修改。

图4—4 "咸岳九"河流、湖泊分布情况（彩图详见二维码）

咸岳九地区多样化的地形地貌对经济和社会发展产生了深远的影响。首先，地形地貌有利于农业的多样化发展，也推动了区域内特色农业的形成。平原和河谷地区，尤其是长江沿岸及洞庭湖平原，由于地势平坦、土壤肥沃、水源丰富，是该区域的主要农业生产区。这里适合大规模种植水稻、小麦、油菜等作物，是国家重要的粮食生产基地之一。山地和丘陵地区的地形起伏较大，虽然不适合大规模机械化耕作，却为茶叶、果树、中药材等经济作物提供了适宜的种植条件。其次，该区域有利于矿产与能源产业发展。该地区的山地和丘陵地区蕴藏着丰富的矿产资源，如煤、铁、铜等。资源的开采和加工为当地的工业发展提供了重要支持。例如，咸宁和九江附近的矿产资源开发已经成为推动当地经济发展的重要产业之一。同时,地形的复杂性也为发展水力发电提供了良好的条件,尤其是在山区,河流的落差为水电站的建设创造了有利条件,进而推动了区域内能源产业的发展。最后,该区域的地形特征一定程度上限制了省际经济社会联系以及毗邻区合作。山地和丘陵地区由于地势起伏较大、山脉阻隔,故需要修建隧道、桥梁等基础设施来克服地形障碍,这影响了区域内交通运输的布局和发展。

三、底蕴深厚的历史文化

(一)历史文化遗产丰富

湘鄂赣毗邻地区是中国南方文明的重要发源地之一。该地区自古以来便是楚文化、吴文化和赣文化的交汇地,形成了独特的地域文化。岳阳以其得天独厚的地理位置,孕育了《岳阳楼记》等著名文学作品,岳阳楼也因此成为千古名楼之一。九江作为江南文化的重要代表,历史上是军事重镇和商贸中心,留下了丰富的历史遗迹,如庐山、东林寺等佛教文化圣地。咸宁则以其"温泉之乡"而著称,文人墨客辈出。历史上,湘鄂赣毗邻地区涌现出许多杰出人物,如宋代著名文学家范仲淹、明代哲学家王阳明以及近代革命家黄兴等,他们对中国历史文化的发展产生了深远影响。这些文化遗产和历史人物共同构成了咸岳九地区丰富而独特的文化景观。

在当代,湘鄂赣毗邻地区的历史文化遗产依然具有重要的社会价值和文化意义。该地区通过对历史人物和文化遗产的保护与研究,可以更好地弘扬传统文化,促进文化旅游的发展。与此同时,这些历史文化资源也为当地教育、文化产业的创新提供了丰富的素材和灵感。在全球化背景下,咸岳九地区的历史文化正通过多种形式被传播和弘扬,为区域经济和社会发展注入新的动力。

(二)红色文化传承发展

湘鄂赣毗邻地区在中国革命历史上占据着重要地位,形成了独特的革命文化。辛亥革命时期,黄兴、宋教仁等革命家在这一地区组织发动了多次起义,推动了辛亥革命的进程。特别是九江地区因其特殊的地理位置和历史背景,成为革命活动的重要策源地。咸岳九地区紧邻井冈山革命根据地,井冈山的革命斗争不仅影响了周边地区的革命运动,也推动了咸岳九地区的红色文化建设。抗日战争期间,咸岳九地区成为抗击日军的重要战场之一。岳阳作为湖南的门户,其战略地位极为重要,九江保卫战等重要战役在中国抗战史上占有一席之地;解放战争时期,该地区再次成为人民解放军的重要战场。

湘鄂赣毗邻地区丰富的革命历史资源为红色旅游的发展提供了坚实基础。岳阳、九江等地的红色遗址、纪念馆和革命旧址成为重要的旅游景点,吸引着全国各地的游客前来参观学习。这些红色旅游资源不仅推动了当地经济的发展,也传承了革命精神。

第二节 鄂湘赣毗邻区域发展的现实基础

从现实情况看,尽管鄂湘赣毗邻区域在整体经济、产业结构、人口特征、生态环境、交通设施、科教文化、消费活力等方面基础良好,但该地区整体水平还存在进一步提升的空间。

一、基本经济状况内部分化明显

(一)地区生产总值内部差异显著

从经济规模来看,鄂湘赣毗邻区域整体规模相对较大,但内部分化明显。岳阳和九江两市因其优越的地理位置和较强的工业基础,在 GDP 总量上表现较为突出,总体上保持着"岳阳市>九江市>咸宁市"的位次(如图 4-5 所示)。从空间比较来看,2008—2022 年,岳阳市 GDP 总量始终位居三市第一,从 1 105.7 亿元增长至 4 710.7 亿元,增长了 3.3 倍,年均增长率为 10.9%。其整体经济增长趋势保持平稳,并未出现大起大落的现象。九江市在三市中经济总量尽管位居第二,但 GDP 增速位居第一。2008—2022 年,九江市的 GDP 从 700.6 亿元增长至 4 026.6 亿元,增长了 4.7 倍,年均增长率高达 13.3%。尤其是 2017 年"十九大"以来,九江市的经济增长速度迅猛提升。尽管在 2020 年受到 COVID-19 冲击,其经济增长势头有所放缓,但实力仍不容小觑。咸宁市的经济体量在三市中最小,2022 年生产总值仅为 1 875.6 亿元,不足岳阳市体量的 40%、九江市体量的 47%。相比之下,同年咸宁市常住人口仅为 261.67 万人,仅相当于岳阳的 52%、九江的 57%;行政区域土地总面积为 9 752 平方千米,仅为岳阳的 66%、九江的 51%。咸宁市的经济规模,与其人口规模、空间地域规模不成比例。特别是咸宁市 2020 年受到疫情的冲击较大,经济出现了负增长。因此,初步来看,咸宁市整体经济增长潜力均有待进一步挖掘。

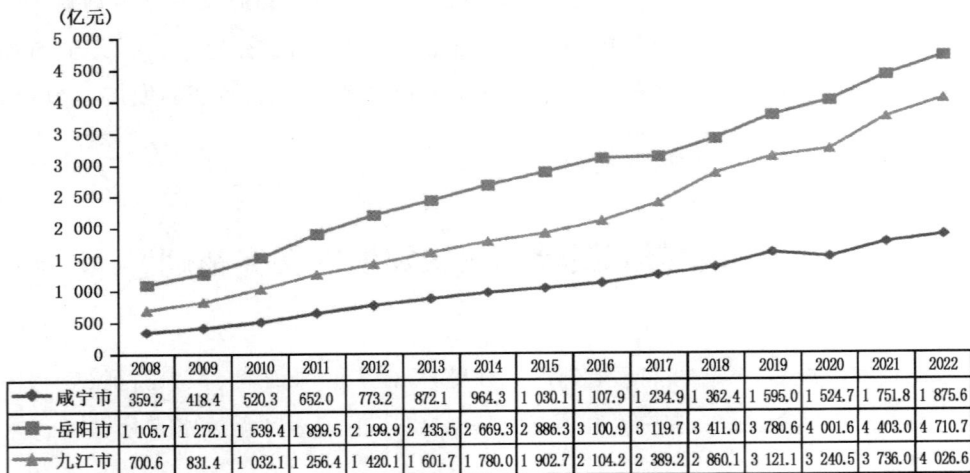

（亿元）	2008	2009	2010	2011	2012	2013	2014	2015	2016	2017	2018	2019	2020	2021	2022
咸宁市	359.2	418.4	520.3	652.0	773.2	872.1	964.3	1 030.1	1 107.9	1 234.9	1 362.4	1 595.0	1 524.7	1 751.8	1 875.6
岳阳市	1 105.7	1 272.1	1 539.4	1 899.5	2 199.9	2 435.5	2 669.3	2 886.3	3 100.9	3 119.7	3 411.0	3 780.6	4 001.6	4 403.0	4 710.7
九江市	700.6	831.4	1 032.1	1 256.4	1 420.1	1 601.7	1 780.0	1 902.7	2 104.2	2 389.2	2 860.1	3 121.1	3 240.5	3 736.0	4 026.6

注:数据来源于 EPS 数据平台。

图 4—5　2008—2022 年"咸岳九"地区生产总值变化

（二）人均经济水平高于省级平均

就人均水平而言,鄂湘赣毗邻区域整体高于湘赣省级平均值,但仍低于全国平均水平。2022 年人均 GDP 排名为:岳阳市＞九江市＞咸宁市,且三市均呈现持续性上涨趋势。如表 4—2 所示,以常住人口计算,2011—2022 年三市整体人均地区生产总值由 3.0 万元攀升至 8.7 万元,累计增幅为 1.9 倍,年均增长率为 10.2%。然而,就绝对水平而言,同期湖北、湖南、江西省级人均 GDP 分别为 9.2 万元、7.4万元、7.1 万元,而全国人均 GDP 则为 8.7 万元。其中,咸宁市的人均 GDP 不仅低于全省的平均水平,而且低于全国平均水平,在咸岳九中经济和产业发展相对偏弱。与之相比,2022 年岳阳市的人均 GDP 高达 9.8 万元,远高于湖南省的平均水平,其原因可能是岳阳的产业基础相对较好,地区生产总值在全省位列第二,仅次于省会长沙。九江市的人均 GDP 则与全省和全国水平持平。

表4-2　　　　2011—2022年"咸岳九"人均GDP及相对水平(以常住人口计算)　　　单位:万元

| 年份 | 咸岳九 | | | 三市整体 | 省域 | | | 中国 |
	咸宁市	岳阳市	九江市		湖北省	湖南省	江西省	
2011	2.6	3.5	2.6	3.0	3.4	3.0	2.6	3.6
2012	3.1	4.1	3.0	3.5	3.9	3.4	2.9	4.0
2013	3.5	4.6	3.3	3.9	4.4	3.5	3.2	4.3
2014	3.9	5.0	3.7	4.3	4.9	3.9	3.5	4.7
2015	4.1	5.5	3.9	4.6	5.2	4.3	3.7	5.0
2016	4.4	5.9	4.3	5.0	5.7	4.7	4.1	5.4
2017	4.9	6.0	4.9	5.3	6.3	5.1	4.5	5.9
2018	5.4	6.6	5.8	6.0	7.1	5.5	5.0	6.5
2019	6.3	7.4	6.3	6.8	7.7	5.5	5.3	7.0
2020	5.7	7.9	7.0	7.1	7.5	6.3	5.7	7.2
2021	6.7	8.7	8.2	8.1	8.6	7.0	6.6	8.1
2022	7.2	9.4	8.8	8.7	9.2	7.4	7.1	8.6

注:GDP、常住人口数据来源于中国经济社会大数据研究平台,并由作者计算得到。

(三)投资规模呈现稳步增长趋势

上市公司在一个地方所设的分支机构数量,在一定程度上能够反映当地的投资吸引力和经济活力。本部分对天眼查平台数据进行整理,得到2010—2020年上市公司在"咸岳九"毗邻区所设的分支机构情况(如图4-6所示)。

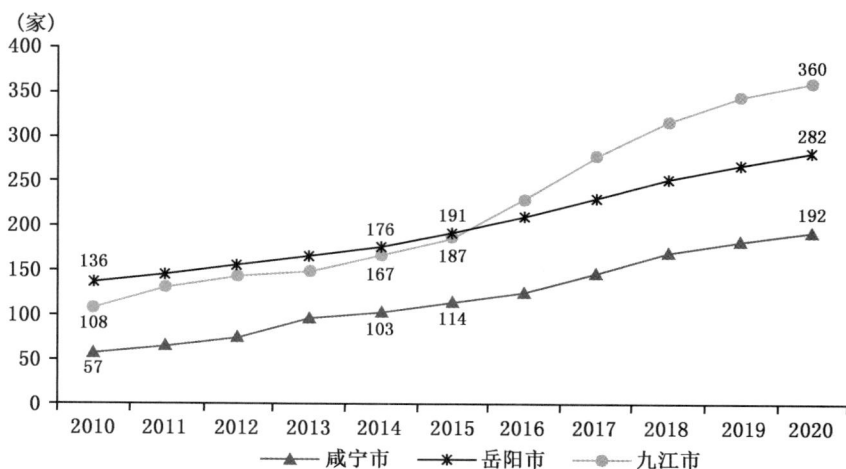

注:数据来源于天眼查平台。

图4-6　2010—2020年上市公司在"咸岳九"毗邻区所设的分支机构数

总体来看,鄂湘赣毗邻区域内三个地级市的上市公司分支机构数量均保持持续上涨的态势,尤其是九江市的分支机构数增长最为迅猛。在2010—2015年,岳阳市的分支机构数始终高于九江市,但其优势逐渐缩小。从2016年开始,九江市的上市公司分支机构数开始超过岳阳市,并迅猛提升,截止到2020年,九江市的上市公司分支机构数已遥遥领先于岳阳市以及咸宁市。相比之下,咸宁市的数量始终低于其他两个地级市,尽管有较大幅度增长,但其与岳阳市大致保持平行增长的趋势,与其他两市的差距并未显著缩小。

(四)夜间灯光呈现"中心—外围"特征

一个城市的夜间灯光强度作为城市经济活力的指标,在一定程度上不仅可以反映当地的城市化水平,也可以反映生产、生活的空间分布情况以及人口的集中水平。本部分利用国家青藏高原科学数据中心发布的夜间灯光数据集,对2020年"咸岳九"区域范围内的夜间灯光强度进行了可视化处理(如图4—7所示)。

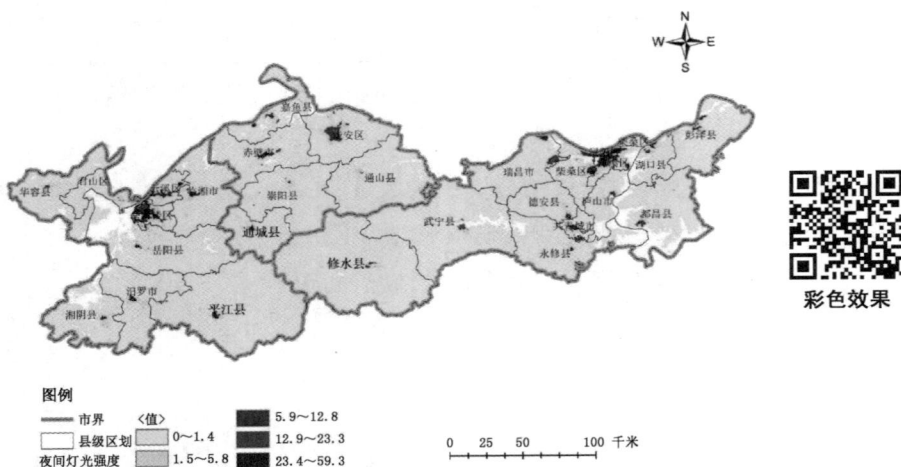

注:数据源于作者绘制,其中夜间灯光数据来自国家青藏高原科学数据中心。行政区划底图来自审图号为GS(2024)650的标准地图,底图无修改。

图4—7　2020年咸宁—岳阳—九江各县夜间灯光强度(彩图详见二维码)

从空间分布上看,鄂湘赣毗邻区域夜间灯光强度保持着"中心—外围"式的格局。该区域夜间灯光分别以咸宁市、岳阳市、九江市的市辖区为中心,呈现面状分布,无论是范围还是灯光强度都高于周边县市。与之相比,其下辖的县和县级市的灯光强度则呈现点状分布,夜间灯光强度较高的地方主要是县城中心,这也是人口相对集中的区域。此外,可以发现"咸岳九"区域北部边界夜间灯光强度明显高于南部区域,其中可能的原因在于,北部边界为长江干流,属平原地形,有利于航运和工农业生产,而南部多山地丘陵地形,地理交通相对不便,因而生产和生活活动相对不便。特别地,"通平修"地区地处湘鄂赣三省交界处,经济合作、人文交流还面临一些体制机制障碍。

二、产业服务化和特色化特征明显

(一)产业结构向服务化转型

鄂湘赣毗邻区域产业结构持续优化,均呈现制造业主导逐步转向服务业主导的趋势,但服务化水平仍较低。如表4—3所示,2015年三市的第二产业增加值占总产值的比重显著高于服务业,而到2022年,咸宁市和岳阳市的服务业占比已赶超第二产业,而九江市的服务业也提升至与第二产业接近的水平。就农业占比而言,三市分化明显。其中,咸宁市下降明显,从2015年的17.3%下降至2022年的13.3%。岳阳市则呈现"U"形走势,从2015年的11.0%,下降至2018年的9.4%,再提升至2022年的10.3%。九江市的农业占比则呈现震荡波动的特征,其2022年农业占比略低于2015年。

表4—3   2015—2022年"咸岳九"三产结构变化

年份	咸宁市			岳阳市			九江市		
	一产	二产	三产	一产	二产	三产	一产	二产	三产
2015	17.3%	48.6%	34.1%	11.0%	50.1%	38.9%	7.4%	53.4%	39.2%
2016	16.6%	47.6%	35.7%	11.2%	47.4%	41.5%	8.2%	49.7%	42.1%
2017	15.7%	48.4%	36.0%	9.7%	43.1%	47.1%	7.5%	50.3%	42.2%
2018	13.7%	48.7%	37.6%	9.4%	41.8%	48.9%	7.0%	50.5%	42.5%
2019	12.5%	44.2%	43.3%	10.1%	40.4%	49.6%	6.8%	48.0%	45.2%
2020	14.3%	41.2%	44.5%	11.5%	40.5%	48.0%	7.1%	47.3%	45.6%
2021	13.5%	40.1%	46.4%	10.5%	41.7%	47.8%	6.6%	47.8%	45.6%
2022	13.3%	39.4%	47.3%	10.3%	41.8%	47.9%	6.4%	47.8%	45.7%

注:数据来源于EPS数据平台以及湖北、湖南、江西统计年鉴。

（二）特色产业初具规模

鄂湘赣毗邻区域的农业基础好且特色鲜明。就特色农业而言,咸宁市拥有茶、油茶、楠竹、蔬菜、生猪、中药材、特色水果等特色农业及相关农产品,岳阳市拥有粮食、蔬菜、水产、畜禽、茶叶、竹木等特色农业及农产品,九江市则拥有优质稻米、蔬菜、优质油菜、特色果业、优质茶业、中医药、畜牧业、水产等特色农业及农产品。三个市特色农业门类众多,不仅包括种植业诸多农产品,也包括林业、水产业、畜牧业等各类产品,农业规模化和产业化较好,逐步培育了多个全国性和区域性农产品品牌。其中可能的原因在于,一方面,鄂湘赣毗邻区域地理位置独特,不仅地跨长江干流、洞庭湖和鄱阳湖水系,还包括幕阜山、连云山等诸多山脉,还有诸多低地平原;另一方面,当地注重农业品牌化经营和一二三产融合,积极推动农业规模化和集约化经营。

鄂湘赣毗邻区域的制造业以传统产业和地区特色产业为主,数字经济和新兴产业尚处于培育、发展阶段。该区域的优势产业主要包括电子信息、石油化工、钢铁有色、装备制造等,还有一些具有地方特色的细分产业。咸宁市拥有云母绝缘材料、陶瓷、砂布、涂附磨具等细分产业类型,岳阳市拥有粽子等特色食品产业,九江市拥有修水茶叶、鄱阳湖水产。

鄂湘赣毗邻区域的服务业呈现蓬勃发展趋势。该区域现代服务业的品质较好,文旅资源较为丰富,生产性服务业对制造业和农业的支撑作用较强,生活性服务业发展较快。"十四五"时期,"咸岳九"致力于发展电商、绿色金融、康养、大旅游、现代物流、体育、家政等诸多细分产业。其中,咸宁市优先发展电子商务、金融服务、现代物流、康养、大旅游"五大"服务业。岳阳市则将现代物流和文化旅游作为关键抓手,致力于推进物流园区建设、多式联运、产业联动、城乡配送、冷链物流,以及旅游景区提质、全域旅游、特色节会品牌、文化魅力展演、红色文化旅游等;着重发展电子商务、研发设计、金融服务、商务咨询等生产性服务业,以及养老服务、托育服务、家政服务等生活性服务业。与之相比,九江市则强调重点发展航运物流、电子商务、服务外包三大生产性服务业,以及文旅、健康养老、体育、家政服务、商贸流通五大生活性服务业。

三、人口问题面临规模与结构双重挑战

(一)城镇化率较高但人口收缩严重

从人口规模来看,"咸岳九"省际毗邻区整体人口规模较大,但咸宁市相对较小。根据表4-4,三市总体人口规模保持在1 200万人以上,其中,岳阳市人口规模接近特大城市(500万人以上)的标准,而咸宁市则仅为200余万。从城镇化率来看,九江市和岳阳市表现最为突出。三市中,九江市城镇化率最高,2020年为61.2%,这一数据相比2000年提升了32.8个百分点,提升幅度最大。

表4-4　　　　　　　　　2000—2020年"咸岳九"人口规模和城镇化水平

地区	城市	常住人口规模(万人)			常住人口城镇化率(%)		
		2000年	2010年	2020年	2000年	2010年	2020年
咸岳九	咸宁市	270.1	246.3	265.8	37.4	42.7	56.7
	岳阳市	501.1	547.6	498.0	31.1	46.0	60.7
	九江市	440.1	472.9	460.0	28.4	42.5	61.2
	合计	1 211.3	1 266.7	1 223.9	31.5	44.1	60.0

注:数据来源于第五次(2000年)、第六次(2010年)、第七次(2020年)人口普查。

从市级变化来看,"咸岳九"三市人口呈现倒"U"形变化,近十年人口收缩问题较为突出。根据表4-5,在2000—2010年的十年间,乡村人口主要向本市转移,"咸岳九"城镇人口的增长高于乡村人口的流失,市区对乡村人口的吸引力较强。然而,在2010—2020年的第二个十年,乡村人口加速流失,市区对乡村人口的吸引力减弱,乡村人口大量向外转移加速,市级层面人口收缩问题变得突出。

表4-5　　　　　　　　　　　"咸岳九"人口收缩情况

地区	城市	七普—六普			六普—五普		
		总人口	城镇人口	乡村人口	总人口	城镇人口	乡村人口
咸岳九	咸宁市	19.57	45.68	-26.11	-23.81	4.19	-28.00
	岳阳市	-49.57	50.53	-100.10	46.47	96.06	-49.60
	九江市	-12.85	80.31	-93.16	32.75	76.26	-43.51
	合计	-42.85	176.52	-219.37	55.41	176.51	-121.10

注:根据第五次至第七次人口普查数据计算得到。

（二）人口年龄结构呈加速老龄化趋势

从年龄结构上看，无论是市级还是县级，都呈现人口加速老龄化趋势。根据国家统计局标准，65 岁及以上的人口占总人口的比重达到 7%，标志着该国家或地区进入老龄化社会。[①] 图 4—8 表明，2000—2020 年间三市老年人口都在持续上升，且自 2010 年以来，老年人口占比上升加速，三市均步入了"老龄化"社会。三市面临着人口收缩问题和老龄化问题的双重压力。

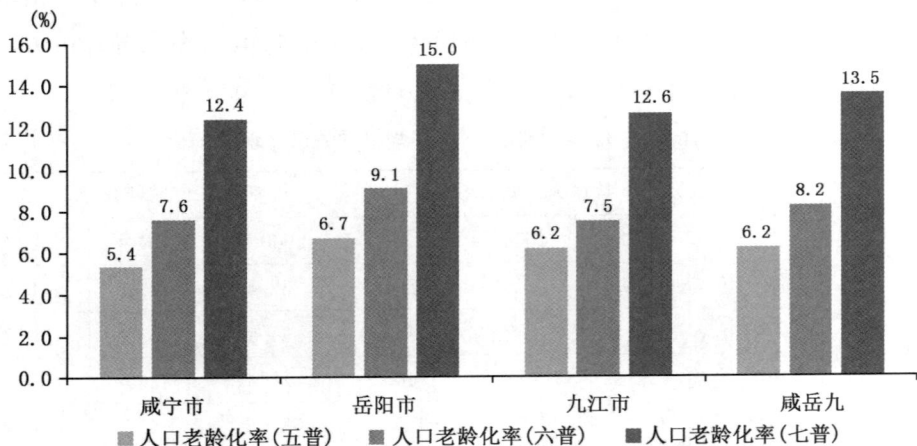

图 4—8　2000—2020 年毗邻区 65 岁以上人口占比（老龄化率）的趋势变化

（三）受教育程度低于全国平均水平

劳动人口的受教育程度往往是一个地区人力资本的重要衡量标准，也是产业结构升级和技术创新的关键要素之一。本部分统计了"咸岳九"市级毗邻区域的大学以上人口占比（如图 4—9 所示）。

从时间趋势上看，咸宁、岳阳、九江三市拥有大学以上人口比重提升迅猛，但仍低于全国平均水平。2000 年，咸宁、岳阳、九江拥有大学以上学历的人口仅为 2.5%～2.6%，而到 2020 年这一比例则提升至 9.1%～13.3%，尤以九江市提升最为迅猛。然而，根据第七次全国人口普查公报，全国大学以上学历人口占比为 15.1%，相比之下"咸岳九"则均低于全国平均水平。人口文化程度偏低，反映当地人力资本匮乏，这可能成为未来制约毗邻区建设现代产业体系、承载高技术产业的

---

① 来源于国家统计局网站《人口老龄化及其衡量标准是什么》，2023－01－01，http://www.stats.gov.cn/zs/tjws/tjbz/202301/t20230101_1903949.html。

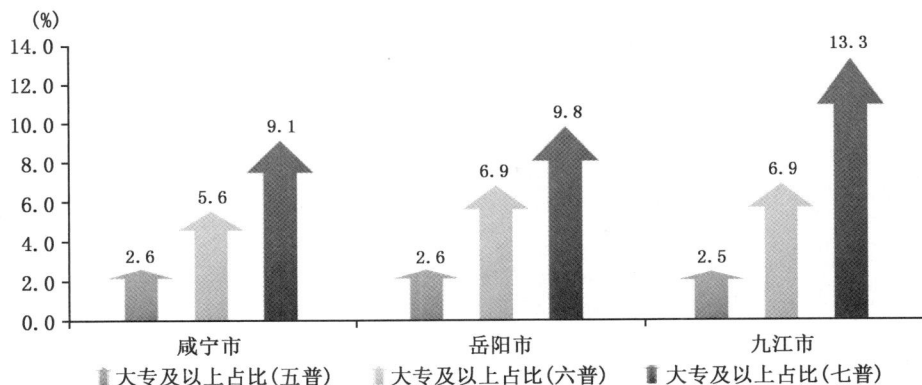

图 4-9　2000—2020 年"咸岳九"大专及以上人口占比

关键短板之一。

四、环境污染攻坚任务仍然艰巨

从市域层面看，鄂湘赣毗邻区域空气质量呈现持续改善趋势，但污染防治任务依然艰巨。根据图 4-10，咸宁市、岳阳市、九江市的空气质量指数（Air Quality Index，AQI）的变化主要出现以下几个特征。第一，三市的 AQI 逐月波动趋势高度一致。2015 年 1 月至 2023 年 12 月，尽管 AQI 随着季节的变化呈现剧烈震荡趋势，但三市的上升与下降具有同步性，峰值和谷值出现的时间大致相同。第二，"咸岳九"空气质量呈现改善趋势，尤以咸宁市改善趋势最为显著。从 AQI 月均值来看，到 2021 年，三市月均 AQI 明显改善，不仅良好天气的数量大幅增加，而且优等级（AQI≤50）的月份也有所提升。这表明随着污染防治攻坚战、环保督察等一系列环境举措的展开，城市空气污染治理的效果也开始显现。图 4-10 中三个城市 AQI 的趋势拟合线也证明了这一点，总体上呈现下降趋势，而且咸宁市下降速度最快。第三，从绝对数值来看，本地的空气污染治理形势仍然严峻。尤其是在每年的秋冬季节，空气质量急剧恶化，峰值依然很高，给当地居民生命健康和绿色发展带来很大威胁。

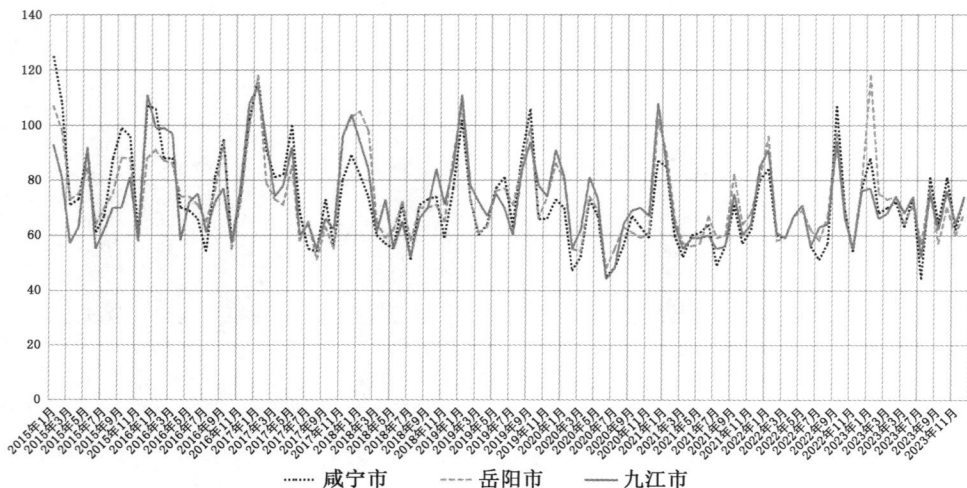

注：数据来源于真气网，https://www.aqistudy.cn/historydata，时间范围为 2015 年 1 月至 2023 年 12 月。

图 4—10　2015—2023 年"咸岳九"空气质量指数逐月变化趋势（彩图详见二维码）

彩色效果

五、交通基础设施和出行方式稳步升级

　　从市域层面来看，鄂湘赣毗邻区域公路交通和民用交通工具均呈现不同程度的上涨趋势。根据表 4—6，2017—2022 年，咸宁市的公路里程数从 1.61 万千米增长至 1.69 万千米，增幅为 5.0%；岳阳市的公路里程数则从 2.04 万千米增长至 2.09 万千米，增长速度在三市中最为缓慢，仅为 2.5%；九江市则从 2.03 万千米增长至 2.39 万千米，并逐步超越岳阳市，其增长速度也最快，达 17.7%。三市的公路里程绝大多数为等级公路里程，在增长速度、里程比较上，也呈现出九江市增长速度最快，并最终超越岳阳市的特征。就公路密度而言，咸宁市密度最高，岳阳市变化缓慢，而九江尽管提升速度最快，但密度仍然最低。这反映了咸宁市相对其他两市在交通基础设施方面具有优势，而岳阳市则存在公路交通发展滞后的问题，九江市则有待进一步提升路网密度，完善交通通达性。在交通工具方面，岳阳市的民用汽车以及私人汽车拥有量均高于咸宁市和九江市。根据表 4—6，尽管在 2017 年岳阳市民用汽车拥有量略低于九江，但到 2022 年岳阳市民用汽车拥有量达到 132.48 万辆，这可能的原因在于岳阳市常住人口为 500 余万，相对于咸宁市和九江

市拥有规模优势,因而其汽车拥有总量更大。就咸宁市而言,其在汽车拥有量方面远小于其他两市,主要是因为当地人口和空间规模相对较小。

表 4—6　　　　　　　2017—2022 年"咸岳九"公路里程及汽车拥有量

类别	城市	2017 年	2018 年	2019 年	2020 年	2021 年	2022 年
公路里程 (万千米)	咸宁市	1.61	1.61	1.65	1.69	1.73	1.69
	岳阳市	2.04	2.06	2.06	2.06	2.07	2.09
	九江市	2.03	2.02	2.42	2.40	2.41	2.39
等级公路里程 (万千米)	咸宁市	1.45	1.46	1.56	1.61	1.67	1.65
	岳阳市	1.96	2.04	2.05	2.05	2.05	2.08
	九江市	1.54	1.54	2.19	2.33	2.34	2.33
公路密度 (千米/平方千米)	咸宁市	1.65	1.65	1.69	1.73	1.77	1.73
	岳阳市	1.38	1.39	1.39	1.39	1.39	1.41
	九江市	1.02	1.02	1.22	1.21	1.21	1.21
民用汽车拥有量 (万辆)	咸宁市	21.09	24.08	26.43	28.55	31.34	32.67
	岳阳市	48.93	57.34	64.62	71.13	124.37	132.48
	九江市	49.50	56.34	62.51	68.51	70.64	78.79
私人汽车拥有量 (万辆)	咸宁市	19.46	22.21	24.56	26.50	29.09	30.48
	岳阳市	46.10	54.22	61.26	67.63	73.55	78.95
	九江市	44.09	51.00	57.35	62.43	65.72	74.15

注:数据来源于咸宁市、岳阳市、九江市三市统计年鉴,以及湖北、湖南、江西三省统计年鉴;公路密度＝公路里程/行政土地面积。

六、科教文化设施"哑铃型"分布

为更加精准地展现省际毗邻区的科教文化水平,本部分呈现鄂湘赣毗邻区的科教文化服务兴趣点(Point of Interest,POI)的空间分布。科教文化服务的主要类型包括会展中心、传媒机构、博物馆、图书馆、培训机构、学校、展览馆、文化宫、档案馆、科技馆、美术馆等(如图 4—11 所示)。

从空间分布来看,左右两侧的洞庭湖平原和鄱阳湖平原的科教文化服务 POI 分布密度显著高于中部幕阜山地区,呈现"哑铃型"特征。这主要是由于上述地区是岳阳市和九江市市辖区所在地,人口相对稠密,因而配套科教文化服务也更加健

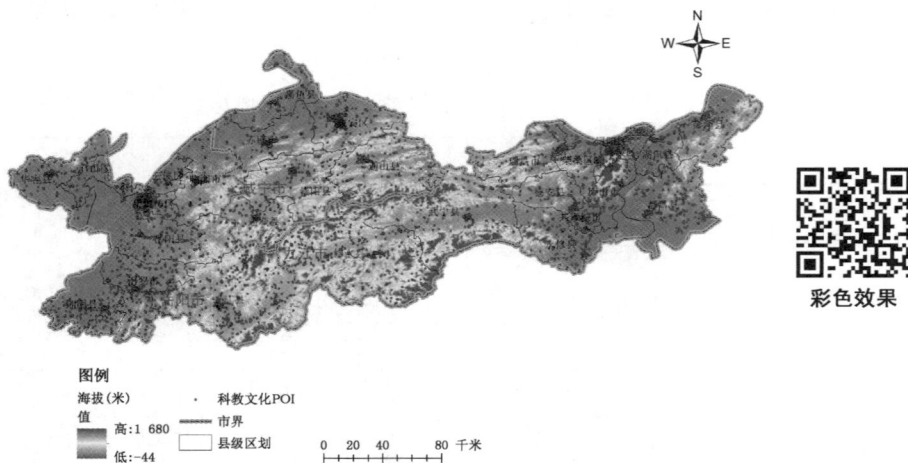

彩色效果

图例

海拔（米）　　　　·科教文化POI
值　　　　　　　 市界
■高:1 680　　　　县级区划
□低:-44

0　20　40　　80 千米

注：作者绘制，POI 数据来源于高德地图。行政区划底图来自审图号为 GS(2024)650 的标准地图，且底图无修改。

图 4—11　2022 年"咸岳九"各区县科教文化服务 POI 的空间分布（彩图详见二维码）

全。此外，由于地形地貌的限制，以"通城—平江—修水"为代表的县域，科教文化服务 POI 呈"条带状"，分布于山地两侧的谷地。

七、消费活力以中心城区和县城为主要引擎

一个地区的消费活力是人民高品质生活的关键标志之一，也是经济活力的重要写照。本部分采用餐饮服务 POI 的数据，来度量鄂湘赣毗邻区内部各区县的消费活力水平（如图 4—12 所示）。其中，餐饮服务包括中餐厅、休闲餐饮场所、冷饮店、咖啡厅、外国餐厅、快餐厅、甜品店、糕饼店、茶艺馆、餐饮相关场所等类型。

从空间分布看，湘鄂赣毗邻区餐饮服务 POI 数量也主要集中于洞庭湖平原和鄱阳湖平原地区，以市辖区和县城最为密集。这一特征与图 4—11 颇为相似，其主要是由于人口集中于市辖区和主要县城，以及自然地理特征所导致的。从绝对量来看，地级市主要市辖区餐饮服务 POI 数量位居前四，而平江县、修水县位居第 5 位和第 6 位，消费活力整体优于通城县。

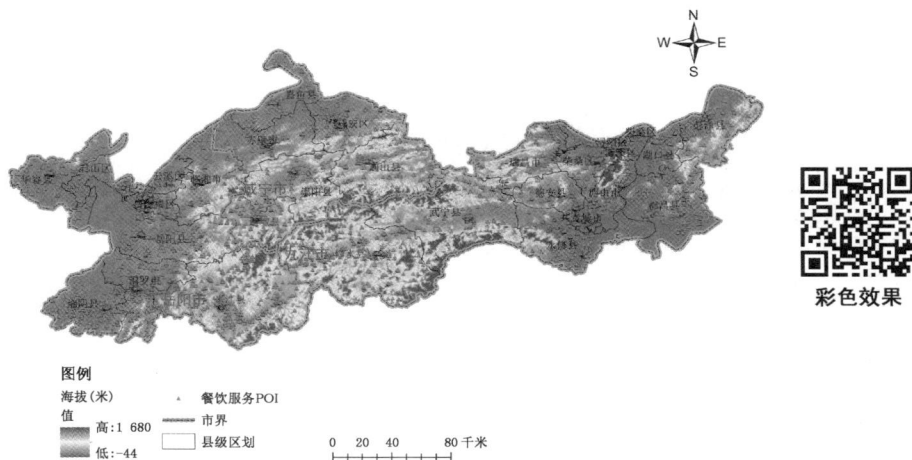

注：基于自然资源部标准地图服务网站下载的审图号为 GS(2024)650 的标准地图制作，底图无修改。

图 4—12　2022 年"咸岳九"各区县餐饮服务 POI 的空间分布（彩图详见二维码）

第三节　鄂湘赣毗邻区域发展的战略支撑

鄂湘赣毗邻区是国家区域战略与政策实践的重要一环，对当地发展具有重要作用。近年来，在省、市、县等多级政府部门努力下，鄂湘赣毗邻区内部的"通平修"次区域合作示范区取得了重要进展。

一、国家区域战略及会议精神

近年来，国家区域战略正逐步跨越传统行政边界的限制，走向跨区域合作。尤其是对于边界毗邻地区的合作与协调发展，国家拟定了政策文件予以支持。2015年，国家发改委印发《长江中游城市群发展规划》，提出要打破行政区划限制，促进省际毗邻城市组团发展，这一规划为鄂湘赣三省积极对接国家战略、抢抓合作发展机遇提供了重要指引。特别地，《长江中游城市群发展规划》明确提出"鼓励和支持通城、平江、修水建设次区域合作示范区"，强调共同加强幕阜山生态保护，全面深化基础设施、产业布局、商贸市场、文化旅游和生态环保一体化发展，使得"通平修"

跨区域合作发展成为国家战略的重要一环。

2016年,《长江经济带发展规划》印发,其突出强调了长江中游城市群以及内部都市圈城市协作的重要性。2017年党的十九大报告明确提出深入实施区域协调发展战略,并再次强调了共抓大保护、不搞大开发的导向,而作为三省重要生态屏障、重点生态功能区的通平修合作示范区在绿色发展、低碳发展上具有天然优势。2018年,习近平总书记在武汉召开的深入推动长江经济带发展座谈会上做出重要讲话,反复强调要深刻理解和推进区域协调发展,实现基本公共服务均等化、基础设施通达程度比较均衡、人民生活水平有较大提高。

2021年,中共中央、国务院印发《关于新时代推动中部地区高质量发展的意见》,进一步指出了推动省际协作和交界地区协同发展的必要性,使得"通平修"次区域合作示范区的建设获得了新的国家规划和政策的支持。2022年印发的《长江中游城市群发展"十四五"实施方案》则再次明确了"通平修"次区域合作示范区的定位,即以幕阜山和罗霄山为主体,打造长江中游城市群"绿心"。

"通平修"毗邻区合作发展相关规划及会议精神如表4—7所示。

表4—7　　　　　　　　　"通平修"毗邻区合作发展相关规划及会议精神

年份	发文机构	文件名称	主要内容
2015	国家发改委	《长江中游城市群发展规划》	打破行政区划限制,促进省际毗邻城市组团发展。咸宁—岳阳—九江:立足区位优势和合作基础,重点推进跨界流域治理、省界市场建设、路网联通和扶贫开发,鼓励和支持通城、平江、修水建设次区域合作示范区,共同加强幕阜山生态保护,全面深化基础设施、产业布局、商贸市场、文化旅游和生态环保一体化发展
2016	中共中央国务院	《长江经济带发展规划》	长江经济带"一轴、两翼、三极、多点"的发展新格局,"一轴"是以长江黄金水道为绿色发展轴,"三极"是长江三角洲、长江中游和成渝三个城市群
2017	中共中央	党的十九大报告:《决胜全面建成小康社会,夺取新时代中国特色社会主义伟大胜利》	实施区域协调发展战略,以城市群为主体构建大中小城市和小城镇协调发展的城镇格局,加快农业转移人口市民化。以共抓大保护、不搞大开发为导向,推动长江经济带发展

年份	发文机构	文件名称	主要内容
2018	中国政府网、新华社	习近平总书记在深入推动长江经济带发展座谈会上的讲话	要深刻理解实施区域协调发展战略的要义，各地区要根据主体功能区定位，按照政策精准化、措施精细化、协调机制化的要求，完整准确落实区域协调发展战略，推动实现基本公共服务均等化
2021	中共中央 国务院	《关于新时代推动中部地区高质量发展的意见》	推动省际协作和交界地区协同发展。围绕对话交流、重大事项协商、规划衔接，建立健全中部地区省际合作机制
2022	国家发改委	《长江中游城市群发展"十四五"实施方案》	提升城镇带互通协作水平，推动省际毗邻城市合作，持续推动湘赣边区域合作示范区、洞庭湖生态经济区建设。共建多元共生的生态系统，以幕阜山和罗霄山为主体打造长江中游城市群"绿心"
2023	中共中央	党的二十大报告：《高举中国特色社会主义伟大旗帜，为全面建设社会主义现代化国家而团结奋斗》	深入实施区域协调发展战略、区域重大战略、主体功能区战略、新型城镇化战略，优化重大生产力布局，构建优势互补、高质量发展的区域经济布局和国土空间体系
2024	中共中央	党的二十届三中全会：《中共中央关于进一步全面深化改革，推进中国式现代化的决定》	完善区域一体化发展机制，构建跨行政区合作发展新机制

二、地区实践

2015年12月，长江中游城市群"通平修"次区域合作示范区首届联席会议在平江县举行，三县共同签订了《"通平修"共建长江中游城市群次区域合作示范区框架协议》和示范区交通、旅游合作备忘录，携手共谋发展。

2018年3月，第二届"通平修"次区域合作示范区建设高层联席会在湖南平江召开。会议签署了首个国内次区域合作示范区建设总规——《通平修次区域合作示范区建设总体规划》，还签署了"绿心"建设、旅游发展等多个行动计划。

2020年11月，通城县发起成立"湘鄂赣毗邻地区文化旅游产业发展联盟"，平江县、修水县积极响应。湖北通城县与湖南省浏阳市、平江县、江西省修水县（三省四县市）将通过幕阜山连片绿色产业综合开发、自驾文化旅游廊道、建设湘鄂赣毗邻地区旅游集散中心和智慧旅游平台等九大举措，将湘鄂赣毗邻地区文旅合作示范区打造成全国一流的旅游目的地。

2021 年 6 月,湘鄂赣三省科技部门签订长江中游区域协同创新合作框架协议。同年 9 月,"长江中游三省协同推动高质量发展座谈会"上,江西、湖北、湖南三省经协商一致,决定在通城、平江、修水三县全域共同建设长江中游三省"通平修"绿色发展先行区,重点实施生态环保、基础设施、产业发展、城乡协调、公共服务五个一体化工程。三省计划到 2025 年,绿色发展先行区主要功能框架基本形成,示范辐射长江中游协同发展的作用初步发挥。

2022 年 5 月,江西省修水县检察院与湖南省平江县检察院、湖北省通城县检察院联合印发《关于建立"通平修"绿色发展先行区检察司法保护跨省区划协作机制的意见》(下称《协作机制》),标志着"通平修"三地检察机关跨省司法协作机制正式建立。

第四节　鄂湘赣毗邻区域发展的未来路径

从未来发展来看,积极推进鄂湘赣毗邻区转换经济发展动能、提升对外开放效能、满足品质生活多样化需求、打造全域治理新格局等,加快实现高质量发展、高水平开放、高品质生活、高效能治理,将成为未来鄂湘赣毗邻区域发展的重要路径。

一、高质量发展:因地制宜发展新质生产力,转换经济发展动能

以轻资本型、轻资源型和轻环境污染型的新质生产力与科技引领型的创新结合,探索长江中游城市群"绿心"发展新质生产力的新模式、新路径。一是以绿色产业厚植新质生产力的发展底色。绿色发展是高质量发展的底色,新质生产力本身就是绿色生产力。紧抓新一代信息技术变革机遇,结合湘鄂赣资源禀赋特点,突出新技术应用、新领域拓展,发展壮大低碳绿色工业、清洁能源、现代物流等特色产业规模,加快形成新增长点,培育发展新动能。支持传统制造业绿色改造升级,加快行业结构低碳化、制造过程清洁化、资源能源利用高效化、园区建设绿色化,构建覆盖全产业链的绿色制造体系。二是以数字经济铸造新质生产力的重要引擎。以"数实"深度融合为目标,加快产业数字化转型。加快推动传统产业在生产、管理、营销等各环节优化升级、提高效率,降低资源消耗和环境污染,从而获得更高的市

场竞争力。深化 5G 应用、人工智能、区块链等新一代信息技术广泛应用，通过在线平台构建，打破传统产业地域限制，实现全球范围内的资源高效配置和流动，以要素全球配置孕育市场空间，促进不同地区产业间的合作与融合。

重点布局县域富民型产业体系。富民型产业是指在注重人民与生活的基础上更加关注收入水平的提高，以促进人的全面发展为目标、以人民共同富裕为价值导向、以产业为实施载体的，能够有效提高人民收入水平和就业水平、改善人居环境、提升人民文化素质、优化公共服务和基础设施、提升社会治理效能的，与人民生活息息相关的产业门类。其是在共同富裕和中国式现代化的背景下界定的。结合鄂湘赣毗邻区的产业基础和比较优势，布局县域富民型产业体系可以从如下几个方面着手。一是促进劳动密集型制造业集群式发展。以劳动密集型产业为代表的传统制造业，对促进就业和改善民生发挥着重要作用。在扎实推动劳动密集型制造业转型升级的同时，形成一批主导产业突出、产业集群明显的制造业"冠军县"，将其"稳就业"的重要作用充分发挥出来。二是发展高标准化的特色种养业。顺应消费升级和需求转变潮流趋势，聚焦食品原材料的绿色、有机、营养等综合质量，倒逼传统种养业加快提质升级步伐。建设高标准特色农产品基地，以品种培优、品质提升、品牌打造为重点，发展规模化、集约化、生态化的种养模式。搭建联合种养专业合作社等平台载体，带动帮扶广大农户改良种养方式、转变生产方式，吸纳农户就近务工、就地致富。三是发展生态资源型融合产业。发挥三次产业融合的"乘数效应"，优先发展生态循环农业、清洁能源和节能环保产业、全域旅游业，构建生态良好、生产发展、生活富裕的绿色发展体系。四是擦亮全域文旅名片。依托鄂湘赣毗邻区厚重的历史文化资源和独特的自然生态优势，叫响"咸岳九"品牌，打造全域旅游示范区。

二、高水平开放：夯实区域一体化基础，提升对外开放效能

以"通平修"次区域一体化助力全国统一大市场建设。2020 年 4 月 10 日，在中央财经委员会第七次会议上，习近平总书记强调要构建以国内大循环为主体、国内国际双循环相互促进的新发展格局。2021 年 3 月，构建"双循环"新发展格局被明确写入了国家"十四五"规划及 2035 年远景目标。立足于新发展格局，2022 年中共中央、国务院颁布了《关于加快建设全国统一大市场的意见》，提出要打破地方保护和市场分割，打通制约经济循环的关键堵点，促进商品要素资源在更大范围内畅通

流动。区域一体化,尤其是以"通平修"次区域合作为代表的省级毗邻区的合作,将有利于打破传统行政边界、地理边界、社会文化边界、经济边界的束缚,通过交通、产业、基础设施等硬件设施的共建共享,体制机制、文化等软件条件的共融,解决地区间生产、流通、消费等环节的问题。以区域一体化来促进全国统一大市场的建设,将成为未来的一个重要方向与抓手。

推进开放合作体制机制创新。探索鄂湘赣毗邻区整体性深度融入长江经济带的新机制、新路径。区域主动接受武汉、长沙、南昌等大城市辐射带动,创新参与长江经济带产业链分工的模式,主动承接产业转移,密切在产业经济、农业农村、生态保护等方面的联系。以建设长江中游城市群"绿心"为依托,推动鄂湘赣毗邻区主动加强与周边城市、都市圈的协作,统筹航运、铁路、公路、航空等多式联运。积极融入国家共建"一带一路"倡议,主动拓展海外市场,指导外贸企业搭乘中欧班列在境外建厂设仓,推动优质生态产品搭乘中欧班列远销海外,促进国际国内两个市场、两种资源有效对接。

以开放合作拓展产业链协作宽度。强化资本形成、劳动力投入、人力资本等传统要素开放合作,充分激发要素投入贡献的"橙色增长"。抓紧绘制三市的"三图"(产业地图、产业链基础资源图和产业链断链风险图),加快"三清单"(合作清单、建议清单和揭榜清单)编制,引导"招商招人"。注重建链强链、延链补链,依托重点产业链链长制,围绕产业链图谱"有中促优""无中生有",实行"产业链长＋工作专班＋配套政策＋考核办法"工作机制,从单纯招商引资、招才引智向"人、财、项目"打包引进的模式转变,推动全产业、链条化、集群式招商。推动品牌共建共享,探索建立品牌合作平台与载体,凝聚成统一品牌,打组合拳。

以开放合作保障创新驱动不竭动力,共促技术创新的开放合作。组织实施一批科技创新合作重点项目,探索与发达地区先进技术联合孵化、跨境加速和产业化落地推动的新模式。积极完善"成果中关村、转化鄂湘赣"的常态化合作机制。以世界视野、开放姿态集聚高端创新资源要素,打造科研"国家队"。高标准规划建设一批开放式创新平台,加大国际研发机构、高校研究院、人才培养基地、技术研究中心等创新平台引进力度。鼓励鄂湘赣毗邻区有实力的研发机构积极参与国际科技合作,提升其吸纳全球科技知识的能力。实施技术转移机构培育计划,加快建设专业化技术转移人才队伍。深化与国家部委、科研院所和知名高校的科技合作,积极推动高水平科技成果在毗邻区转化。

三、高品质生活：筑牢基本生活屏障，满足品质生活多样需求

实施基本民生补网行动，筑牢品质生活安全屏障。一是推动义务教育优质均衡。统筹义务教育学校布局结构调整，促进学校布局建设与人口流动趋势相协调。实施义务教育质量提升工程，继续做好义务教育薄弱环节改善与能力提升工作，改善乡村小规模学校和乡镇寄宿制学校条件，有序增加城镇学位供给。积极实施中小学教师"县管校聘"管理改革，推动咸岳九毗邻区域内义务教育校长教师交流轮岗，实施乡村中小学首席教师岗位计划、定向培养乡村教师计划、"特岗计划"、优师计划。二是增强医疗卫生服务能力。健全公共卫生应急管理体系，完善紧密型县域医共体和城市医联体，加快形成基层首诊、双向转诊、急慢分治、上下联动的分级诊疗模式。以儿科、全科、精神科等紧缺专业为重点，加强住院医师规范化培训基地建设。三是提升基础养老服务质量。加强乡镇（街道）范围内具备综合功能的养老服务机构建设。实施特困人员供养服务设施和服务质量达标工程，鼓励农村特困供养服务机构在满足特困人员集中供养需求的前提下，将剩余床位提供给经济困难的农村失能、高龄老年人。推进困难老年人家庭适老化改造，开展"家庭养老床位"试点。健全老年人能力评估和长期护理需求评估体系，逐步探索建立长期护理保险制度。四是优化基本住房保障服务。强化城镇住房和收入困难家庭公租房保障，实行实物保障和货币补贴并举，对城镇户籍低保、低收入住房困难家庭依申请应保尽保。推进农村危房改造，对符合条件的农村低收入群体等重点对象住房安全做到应保尽保。加强对工程质量安全的监管工作。

实施公共服务升级行动，满足品质生活多样需求。一是发展"银发经济"。推进老年人适用产品、技术研发和应用，创新"子女网上下单、老人体验服务"等消费模式。探索"物业服务＋养老服务"模式，鼓励各类社会资源为失能老年人家庭提供"喘息服务"，推动养老服务向精神慰藉、康复护理、紧急救援、临终关怀等领域延伸。二是打造婴幼儿照护服务先行区。积极构建"家庭为主、托育补充，政策引导、普惠先行，安全健康、科学规范"的3岁以下婴幼儿照护服务供给体系，加快实现从"幼有所育"向"幼有善育"的跃升。三是促进民生服务人才合理流动。灵活采取对口支援、基层锻炼、挂职服务、多点执业、多点执教以及医联体、医共体、合作办学、委托运营等方式，开辟民生服务重点领域人才跨区域、跨层级、跨机构流动新渠道，建立待遇认定、职务任命、职称评聘等激励机制，让城乡基层具备一定的优质服务

能力。四是培育品质生活消费新模式。将消费品质升级作为加速融入新发展格局的重要驱动力,围绕线上消费、智能消费、绿色消费、体验式消费、健康消费、高端消费等重点领域精准发力,建立健全供给与需求相互促进、投资与消费良性互动的长效机制,以生活性服务业高品质发展促进消费挖潜升级。

四、高效能治理:探索基层治理新模式,打造全域共治新格局

以网格化管理解决"三最"问题,通过"卡口前置"完善诉求表达机制。建立健全多渠道、多平台的诉求表达机制。将上访等疑难诉求与依法终结机制有机结合,推动形成办事依法、遇事找法、解决问题用法、化解矛盾靠法的良好法治环境。健全纠纷解决方式。对因环境项目建设引发的突发事件,应坚持以人为本、就地解决的原则,提升基层职能部门解决纠纷的能力,形成项目审批、风险评估、源头治理、系统治理、综合治理的运行机制。坚持源头治理。对食品安全生产、与有关企业废气废水废料排放等问题的治理,从规划设计与建设阶段坚持"三同时"、生产阶段坚持质量技术标准、食品销售环节留样、专业人员持证上岗等基础制度入手,完善预防预测预警与突发事件应急处置机制。

以智慧化助力服务变革。一方面,利用大数据、云计算、人工智能、区块链等现代科技和信息化手段,推动社会治理智慧化,为基层社会治理提供技术保障和支撑,提高城市治理的运转效率。另一方面,推进信息基础设施联通、网络畅通、平台贯通、数据融通,提升预测预警、风险防控的精准度。在城镇公共服务供给的过程中,通过机械化作业、智慧化管理、精细化服务等内容减轻基层工作负担,提高基层工作效率,为基层社会治理创造更大的价值。

以架构创新为组织赋能。城镇治理受制于历史和经济以及发展等原因,本身存在很多难以解决的问题,且其服务面积大,精细化管理困难,城镇内部关系错综复杂,居民生活习性受文化影响很深。在城镇服务的供给过程中,应统筹兼顾鄂湘赣地区参与主体实际,推动基层治理架构升级,同时精准对标外部环境变化,健全基层治理职能。

第五章

西部地区陕甘宁革命老区
发展呈现新风貌

　　省际毗邻区域在国家版图中位于地理和行政边缘,经济基础较为薄弱。同时,大部分革命老区位于多省交界地区,很多仍属于欠发达地区。革命老区是党和人民军队的根,是中国人民选择中国共产党的历史见证,也是区域协调发展版图中的重要一环。在新发展阶段,毗邻区域与革命老区如何巩固拓展脱贫攻坚成果、增强经济活力、提升民生福祉,是实现区域协调发展的突出短板和薄弱环节。本章选取陕甘宁三省毗邻区域作为研究对象,并对陕甘宁革命老区的历史情况做了简要梳理,通过经济、产业、人口、交通、创新等方面的属性与关系数据,从区域内部发展和区域外部联系的视角以及城市和区县的空间尺度分析陕甘宁毗邻区域时序与空间层面的发展特征。研究结果显示,陕甘宁毗邻区域经济发展内部存在显著差异,发展水平有待加强;毗邻区域产业演进结构缓慢,上市公司总部—分支及供应链网络参与度较弱;整体人口并未收缩,但大部分区县已有人口收缩趋势,城镇化率低下;跨区域交通网络初步形成,但对外开放能级较低;区域内创新能力较弱。针对以上问题,本章从高质量发展、高品质生活、高水平开放、高效能治理四个维度提出相应的路径与举措,为提升省际毗邻区域发展活力、推动跨区域合作提供经验借鉴。

第一节　陕甘宁毗邻区域基本情况概述

　　陕甘宁地区兼具毗邻区域与革命老区的双重身份,梳理其发展的历史、现状及未来趋势,对于谱写中国式现代化新篇章具有重要意义。陕甘宁三省毗邻区域位于我国西部地区,地处我国的几何中心,涉及陕西省榆林市、甘肃省庆阳市和宁夏回族自治区吴忠市三个地级市,在我国从东到西、由南到北逐步推移的经济发展战略中,具有"东引西进""南接北应"的有利条件和优势。本章将以陕西、甘肃和宁夏三个省、自治区的地级以上城市和毗邻三市的所有区县作为研究单元,其中地级市单元 29 个、区县单元 216 个。纵观国家战略,陕甘宁三省毗邻区域位于中部地区崛起和西部大开发战略交汇地,是黄河流域生态保护和高质量发展、革命老区振兴发展等战略的主体范围。着眼城市群与都市圈规划,陕甘宁三省毗邻区域处于关中平原城市群、呼包鄂榆城市群、兰州—西宁城市群和宁夏沿黄城市群四大城市群和以省会城市为中心的西安都市圈、兰州都市圈和银川都市圈三大都市圈围合之处(如图 5—1 所示)。立足毗邻市县,陕甘宁的三省毗邻市为陕西省榆林市、甘肃省庆阳市和宁夏回族自治区吴忠市,三省毗邻县为榆林市定边县、庆阳市环县和吴忠市盐池县。

注:该图基于自然资源部标准地图服务网站下载的审图号为 GS(2024)0650 的标准地图制作,底图无修改。

图 5—1   陕甘宁地理区位

2022 年,陕甘宁毗邻区域(榆林市、庆阳市和吴忠市)经济实力位于三省前列,以 735 万常住人口,创造了 8 733 亿元的 GDP。从三次产业占比来看,榆林市、庆阳市和吴忠市的第二产业占比最高,分别为 72.67%、53.99%和 52.06%,表明毗邻三市仍处于工业驱动阶段。

表5-1　　　　　　　　2022年陕甘宁毗邻三市经济发展比较

省份	城市	地区生产总值(亿元)	人均地区生产总值(元)	第一产业占比(%)	第二产业占比(%)	第三产业占比(%)
陕西省	榆林市	6 844	180 816	4.56	72.67	22.76
甘肃省	庆阳市	1 022	47 351	12.21	53.99	33.80
宁夏回族自治区	吴忠市	867	62 126	13.86	52.06	34.09

注:数据来源于《2023中国城市统计年鉴》。

锚定革命老区,《陕甘宁革命老区振兴规划》[①]范围涵盖了陕甘宁三省毗邻区域全域(如图5-2所示)。陕甘宁三省毗邻区域在历史上是相互关联的战略要地,地缘相亲,共同孕育了黄土高原文化,具有共同的内部经济社会特征。

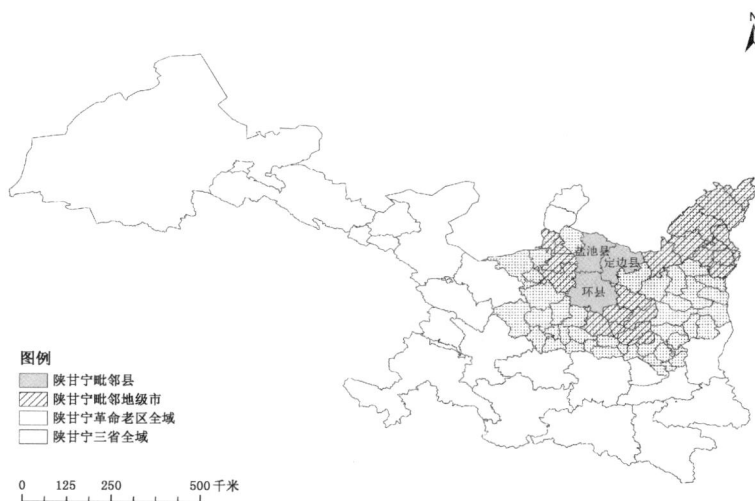

注:该图基于自然资源部标准地图服务网站下载的审图号为GS(2024)0650的标准地图制作,底图无修改。

图5-2　陕甘宁毗邻市县、革命老区范围

---

① 《陕甘宁革命老区振兴规划》范围包括:陕西省延安、榆林、铜川,甘肃省庆阳、平凉,宁夏回族自治区吴忠、固原、中卫8个地级市,以及陕西省富平、旬邑、淳化、长武、彬州、三原、泾阳,甘肃省会宁,宁夏回族自治区灵武9个县(市)。

　　革命老区内部发展呈现明显的梯度差异(如表5—2所示)。2022年,陕甘宁革命老区生产总值达1.5万亿元,与2012年相比增长了近2.4倍。陕北地区(包括榆林、延安、铜川市及富平、三原、泾阳县)的生产总值达到1.02万亿元,约占革命老区GDP总额的66.81%;陇东地区(包括庆阳、平凉市及会宁、长武、彬州、旬邑、淳化县)的生产总值为2 440.39亿元,占革命老区GDP总额的16.02%,宁东南地区(包括吴忠、固原、中卫及灵武市)的生产总值为2 616.58亿元,占革命老区GDP总额的17.17%。在8个地级市中,榆林市和延安市生产总值最高,二者之和占比近70%,其中榆林市生产总值超过其他7个地级市的总和。在9个县/县级市中,宁夏灵武市生产总值最高,达到775.58亿元,随后是陕西的彬州市和三原县,分别为326.26亿元和248.87亿元,这三个县(市)的生产总值占革命老区所有县/县级市GDP总和的62.89%。在革命老区的8个地级市中,榆林市工业经济最发达,其依托丰富的煤炭、油气等自然资源,大力发展能源化工产业,第二产业增加值达到4 973.54亿元,占地区生产总值的72.67%。其次是延安和庆阳市,它们与榆林市一起,构成了革命老区工业引领经济发展的"铁三角"。固原、铜川和平凉市的第三产业比较发达,占比分别为59.77%、48.50%和46.63%。

表5—2　　　　　　　　2022年陕甘宁革命老区各地级市经济发展比较

城市	地区生产总值(亿元)	人均地区生产总值(元)	第一产业占比(%)	第二产业占比(%)	第三产业占比(%)
铜川市	506	71 709	7.10	44.40	48.50
延安市	2 232	98 390	10.15	62.79	27.07
榆林市	6 844	180 816	4.56	72.67	22.76
平凉市	642	35 182	23.65	29.72	46.63
庆阳市	1 022	47 351	12.21	53.99	33.80
吴忠市	867	62 126	13.86	52.06	34.09
固原市	410	35 624	18.26	21.97	59.77
中卫市	564	52 323	14.15	46.62	39.23

注:数据来源于《2023中国城市统计年鉴》。

第二节 陕甘宁革命老区发展的基本情况

为加大对革命老区的支持力度,2012 年以来,国务院先后批准了支持赣南等原中央苏区和陕甘宁、左右江、大别山、川陕等革命老区振兴发展的政策文件,部署实施一批支持措施和重大项目,助力革命老区如期打赢脱贫攻坚战,持续改善基本公共服务,发挥特色优势,推进高质量发展,为全面建成小康社会做出了积极贡献。陕甘宁革命老区的范围涵盖了三省毗邻市及周边区县,革命老区的发展对于推动毗邻区域发展至关重要。

一、革命老区的国家战略要求

为深入贯彻落实党中央、国务院决策部署,支持革命老区在新发展阶段巩固拓展脱贫攻坚成果,开启社会主义现代化建设新征程,让革命老区人民逐步过上更加富裕幸福的生活,2012 年 4 月,国家发展改革委印发《陕甘宁革命老区振兴规划》,该规划是国务院批复同意的首个革命老区发展规划。2015 年 2 月,习近平总书记在陕西考察时指出,陕甘宁革命老区在我们党的历史上具有十分重要而特殊的地位,它作为土地革命战争时期创建的红色革命根据地,是党中央和红军长征的落脚点,也是党带领人民军队奔赴抗日前线、走向新中国的出发点。革命老区是党和人民军队的根,我们不能忘记自己是从哪里来的,而是永远都要从革命历史中汲取智慧和力量。2019 年,习近平总书记在甘肃考察时指出,我们党在陕甘宁地区的革命活动,建立了光照千秋的历史功绩。2019 年 5 月,随着延安、宜川完成脱贫攻坚任务,延安这一革命圣地告别了绝对贫困。脱贫摘帽不是终点,而是新生活、新奋斗的起点。2021 年 1 月,国务院印发《关于新时代支持革命老区振兴发展的意见》[①],这份纲领性文件为新时代革命老区的全面振兴绘制了清晰的蓝图,明确了具体任务与要求。

---

① 参考链接:国务院关于新时代支持革命老区振兴发展的意见,https://www.gov.cn/zhengce/content/2021-02/20/content_5587874.htm。

随后,国家发展改革委也出台了《"十四五"特殊类型地区振兴发展规划》[①],支持欠发达地区、革命老区、边境地区、生态退化地区、资源型地区、老工业城市等特殊类型地区更好地解决自身困难,持续增强内生发展动力,不断增进民生福祉,开拓振兴发展新局面。《"十四五"支持革命老区巩固拓展脱贫攻坚成果衔接推进乡村振兴实施方案》[②]从健全帮扶长效机制、推动城乡融合、发展特色产业、完善政策体系等方面提出了十六条创新性政策,进一步延展了新发展阶段支持革命老区振兴的政策空间。

随着国家新一轮西部大开发战略的深入实施与全面建设社会主义现代化国家新征程的加速推进,陕甘宁这一承载着深厚革命历史底蕴的老区,其整体发展面貌正经历着前所未有的巨大蜕变与飞跃。然而,尽管取得了令人瞩目的成就,但由于复杂的历史遗留问题、严酷的自然条件以及独特的地理环境等多重因素的交织影响,陕甘宁革命老区的部分市县仍面临发展相对滞后的挑战,这些地区的人民在生产条件改善、生活水平提升等方面仍面临诸多困难。

在国务院印发《关于新时代支持革命老区振兴发展的意见》之后,陕西、甘肃、宁夏三省区积极响应,紧密围绕国务院的战略部署,结合各自革命老区的实际情况与独特优势,再次明确了新时代下的发展目标与宏伟蓝图。陕西省作为陕甘宁革命老区的重要组成部分,明确提出了分阶段、有重点的发展规划。至 2025 年,陕西省致力于确保革命老区的地区生产总值与居民人均可支配收入增速稳步提升,力争达到或接近全省平均水平,显著增强老区的内生发展动力与自我造血能力。同时,红色文化将成为推动陕西省经济社会发展的重要力量,其影响力将跨越地域限制,广泛传播,成为提升地区软实力的重要标识。此外,陕西省还致力于持续改善生态环境质量,让绿水青山成为老区人民幸福生活的坚实支撑。展望 2035 年,陕西省革命老区将携手全国,共同迈入社会主义现代化建设的新阶段,实现共同富裕的美好愿景。甘肃省针对革命老区的特殊性与复杂性,制定了详细而具体的发展目标。至 2025 年,甘肃省将全面巩固并拓展脱贫攻坚成果,确保居民收入增长幅度高于全国平均水平,逐步缩小与全国的人均差距,使老区人民的生活品质得到显

---

① 参考链接:"十四五"特殊类型地区振兴发展规划,https://www. ndrc. gov. cn/xxgk/zcfb/ghwb/202111/t20211126_1305254. html。

② 参考链接:国家发展改革委等部门关于印发《"十四五"支持革命老区巩固拓展脱贫攻坚成果衔接推进乡村振兴实施方案》的通知,https://www. gov. cn/zhengce/zhengceku/2021 - 12/01/content_5655189. htm。

著提升。在此基础上,甘肃省还将不断深化乡村振兴战略,推动城乡融合发展,为老区注入新的活力与希望。至 2035 年,甘肃省革命老区将紧跟全国步伐,基本实现社会主义现代化,开启老区人民幸福生活的崭新篇章。宁夏回族自治区则结合自身特色,提出了独具特色的发展路径。至 2025 年,宁夏不仅将巩固脱贫攻坚成果,还将全面推进乡村振兴与新型城镇化建设,实现基础设施与基本公共服务的显著改善。同时,宁夏将充分发挥红色文化资源优势,持续扩大其影响力,与生态环境质量的提升相辅相成,共同促进人民生活品质的全面改善。至 2035 年,宁夏革命老区将与全国同步实现社会主义现代化,经济总量与居民收入迈上新台阶,基本公共服务实现均等化,城乡区域发展更加协调,形成一幅红色文化繁荣、生态环境优美、基础设施完善、产业发展兴旺、居民生活幸福、社会和谐稳定的美好画卷。

二、革命老区的历史事件简介

陕甘宁革命老区作为土地革命战争时期创建的红色革命根据地,承载着中国共产党与人民军队艰苦卓绝的奋斗历程,其不仅是党中央和红军长征途中至关重要的落脚点与避风港,更是党带领人民军队奔赴抗日前线、走向新中国的出发点。党中央在这里 13 个春秋,以延安为中心领导全国革命,制定实施了一系列正确的路线方针政策,实现了革命力量大发展,领导抗日战争取得最终胜利,为新民主主义革命胜利奠定了坚实基础(习近平,2021)。

1935 年 10 月,中央红军主力长征到达陕北后,建立了中华苏维埃人民共和国中央政府西北办事处,标志着陕北正式成为引领中国革命走向新阶段的中心根据地。1937 年 9 月,根据国共两党关于国共合作的协议,中国共产党将陕甘苏区改名为陕甘宁边区,并成立了边区政府。1949 年 6 月,陕甘宁边区政府由延安迁至西安。1950 年 1 月,陕甘宁边区政府在完成其历史使命后,光荣地退出了历史舞台,陕甘宁边区政府撤销。边区东依黄河之滨,北抵长城之畔,西连六盘山脉的巍峨,南临泾水的悠悠,南北绵延近 500 千米,东西横跨约 400 千米,延安、绥德、三边、关中和陇东五大分区紧密相连,20 余个县星罗棋布,养育着约 150 万人民,总面积近13 万平方千米。

抗日战争时期,陕甘宁边区不仅是中共中央运筹帷幄、领导全国人民英勇抗战的坚强核心,更是八路军、新四军等敌后抗日武装力量的智慧中枢与坚实后盾。陕甘宁边区政府在东线日寇进犯,以及南、西、北三面国民党军队实施严密包围与经济封锁,加之内部土匪特务破坏的情况下,创造性地实施了"三三制"政权建设,即抗日民主政权中共产党员、左派进步分子与中间派力量各占三分之一。这一创举极大地增强了政权的广泛代表性和民主性,为团结一切可以团结的力量共同抗日奠定了坚实的基础。同时,边区政府还积极推行减租减息政策,减轻农民负担,激发民众抗日热情;实施精兵简政,提高行政效率,确保资源有效利用;坚持拥军优属、拥政爱民,构建起军民鱼水情深的和谐关系。此外,大生产运动的蓬勃开展,不仅有效缓解了边区的经济压力,还促进了农业、工业、文化等多领域的全面发展,为抗战胜利提供了坚实的物质保障和精神支撑。在军事斗争方面,陕甘宁边区的驻军——八路军留守处(后发展为后方留守兵团,并入陕甘宁晋绥联防军),在边区人民及人民自卫军的鼎力支持下,英勇无畏地投入抗击日寇、保卫家园的战斗。他们不仅成功肃清了内部的土匪势力,还多次击退日军对黄河防线的侵袭,有效遏制了敌人的嚣张气焰。面对国民党军队的军事挑衅与经济封锁,边区军民更是同仇敌忾,以坚韧不拔的意志和灵活多变的战术,一次次粉碎了敌人的阴谋,巩固了边区政权,维护了社会秩序的稳定,确保了中共中央和中央军委领导机关的安全。陕甘宁边区是抗日战争时期中国共产党领导下的模范抗日根据地。解放战争开始后,毛泽东、周恩来、任弼时等老一辈无产阶级革命家,继续在这片热土上指挥全国的解放战争,领导边区军民以更加昂扬的斗志和更加坚定的信念,成功粉碎了国民党军队对边区的重点进攻,为解放战争的最终胜利奠定了坚实的基础,书写了中国共产党领导人民革命斗争的壮丽篇章。

第三节　陕甘宁毗邻区域发展的现状特征

交通是区域协同发展的先决条件,工业是区域协同发展的基石,人口是区域协同发展的重要主体,科技是区域协同发展的基础,文化是区域协同发展的重要载体,合作关系是区域协同发展的重要保证。本部分将从经济、产业、人才、交流、科技五大维度,研究陕甘宁三省的毗邻地区协调发展能力,即以功能定经济、以产业引人才、以人口促科创、以交流建通道,共同促进陕甘宁毗邻地区的协调发展。

一、区域内部差异显著,经济发展有待增强

本部分将从陕甘宁各市 GDP 数据和夜间灯光数据、毗邻市各区县的夜间灯光数据来分析三省毗邻区域的经济发展情况。

陕甘宁毗邻区域经济发展有待提升,次增长极地位逐渐凸显。从统计数据来看,毗邻区域经济发展势头良好。2022 年陕甘宁毗邻地级市(即榆林市、庆阳市和吴忠市)的地区生产总值分别为 6 844 亿元、1 022 亿元和 867 亿元(如图 5-3 所示),虽相较于各自省、自治区的省会/首府尚有一定差距,但均稳居各省、自治区内的第二位。榆林市的人均地区生产总值超过 18 万元(如图 5-4 所示),位居陕西省第一,彰显了榆林市在能源化工等主导产业方面的强大竞争力与高效产出能力。庆阳市和吴忠市的人均地区生产总值分别为 4.74 万元和 6.21 万元,居于各自所在的省级行政区的中游水平。榆林市和吴忠市的地区生产总值增长率位于各自所在的省级行政区前列,庆阳市地区生产总值增长率较低(如图 5-5 所示),在经济发展动能上还需进一步挖掘与增强,激发新的增长点。

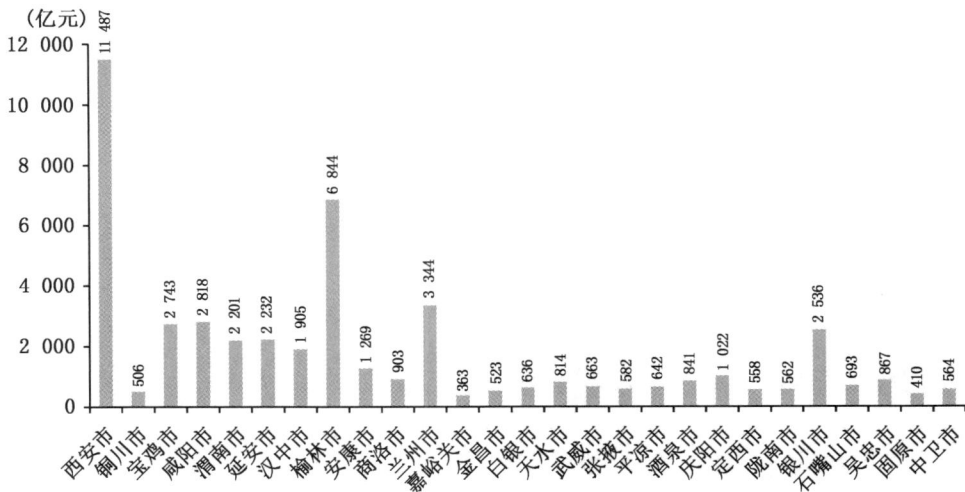

注:数据来源于《2023 中国城市统计年鉴》。

图 5-3 2022 年陕甘宁各市 GDP

GDP 统计数据的真实性或准确性近年来逐渐受到媒体、机构与学界的质疑(徐康宁等,2015)。为了最大限度地消除人为因素对统计数据的干扰,接下来使用国

（元）

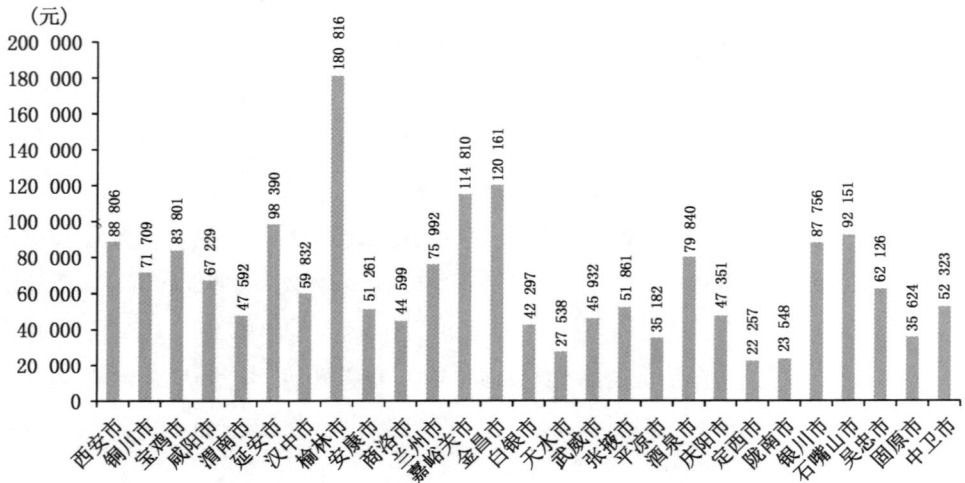

注：数据来源于《2023 中国城市统计年鉴》。

图 5—4   2022 年陕甘宁各市人均 GDP

（%）

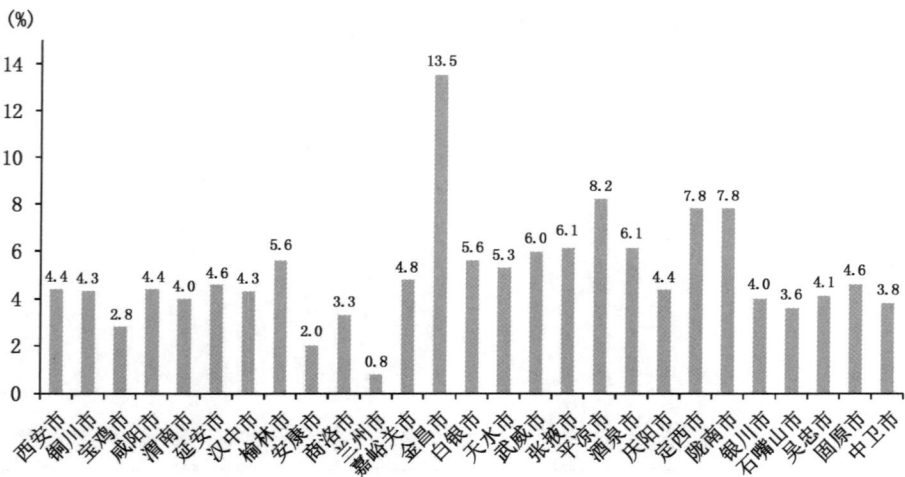

注：数据来源于《2023 中国城市统计年鉴》。

图 5—5   2022 年陕甘宁各市 GDP 增长率

家地球系统科学数据中心更新发布的中国"类 DMSP-OLS"1 千米夜间灯光遥感数据来衡量陕甘宁毗邻区域的经济发展情况。经济活动越密集、繁荣的区域，其夜间灯光的亮度越明显。从 2020—2022 年的夜间灯光数据来看，毗邻区域与其他地区存在发展差距(如表5-3所示)。其中,甘肃省嘉峪关市的夜间灯光值最大,兰州市次之,庆阳市排名第三,显示出强劲的经济增长势头。宁夏和陕西则是首府/省会城市夜间灯光值最大,吴忠市和榆林市位于全省/自治区中游水平,显示出一定的经济发展基础与潜力。

表5-3 　　　　　　　　2020—2022年陕甘宁各市夜间灯光数据

省份	城市	2020年		2021年		2022年	
		灯光均值	在该省排名	灯光均值	在该省排名	灯光均值	在该省排名
甘肃省	白银市	1.17	9	1.57	9	4.37	9
甘肃省	定西市	1.30	8	1.67	8	4.64	7
甘肃省	甘南藏族自治州	0.28	13	0.41	13	1.27	13
甘肃省	嘉峪关市	10.30	1	10.77	1	14.43	1
甘肃省	金昌市	1.74	7	2.28	7	4.51	8
甘肃省	酒泉市	0.27	14	0.32	14	0.86	14
甘肃省	兰州市	6.18	2	6.76	2	9.60	2
甘肃省	临夏回族自治州	2.11	4	3.21	4	6.83	5
甘肃省	陇南市	0.76	10	0.91	10	2.86	10
甘肃省	平凉市	1.98	5	2.66	5	6.88	4
甘肃省	**庆阳市**	**3.73**	**3**	**3.57**	**3**	**7.12**	**3**
甘肃省	天水市	1.86	6	2.37	6	6.08	6
甘肃省	武威市	0.72	11	0.83	11	2.16	11
甘肃省	张掖市	0.57	12	0.75	12	2.01	12
宁夏回族自治区	固原市	1.95	5	2.33	5	6.24	4
宁夏回族自治区	石嘴山市	6.50	2	7.76	2	12.32	2
宁夏回族自治区	**吴忠市**	**3.28**	**3**	**3.97**	**3**	**7.77**	**3**
宁夏回族自治区	银川市	14.43	1	15.57	1	19.27	1
宁夏回族自治区	中卫市	2.32	4	2.67	4	5.70	5

续表

省份	城市	2020 年		2021 年		2022 年	
		灯光均值	在该省排名	灯光均值	在该省排名	灯光均值	在该省排名
陕西省	安康市	0.88	9	1.12	9	3.08	10
陕西省	宝鸡市	2.67	7	3.12	7	5.37	7
陕西省	汉中市	1.39	8	1.63	8	3.28	8
陕西省	商洛市	0.77	10	0.86	10	3.13	9
陕西省	铜川市	4.32	5	5.14	5	8.76	5
陕西省	渭南市	5.49	3	6.20	3	10.84	3
陕西省	西安市	14.61	1	15.20	1	17.59	1
陕西省	咸阳市	8.47	2	9.78	2	13.95	2
陕西省	延安市	3.42	6	3.32	6	6.82	6
陕西省	**榆林市**	**5.43**	**4**	**5.82**	**4**	**10.04**	**4**

注：国家地球系统科学数据中心更新发布的 1992—2022 年中国"类 DMSP-OLS"1 千米夜间灯光遥感数据集；加粗区县为三省毗邻城市。

从毗邻区县来看，毗邻区县的发展态势有所不同。定边县夜间灯光值在榆林市各区县中位列第一，盐池县位于吴忠市的中游水平，而环县处于庆阳市下游水平（如表 5—4 所示）。三县对比来看，2022 年定边县夜间灯光值最高，盐池县次之，环县排名靠后。

表 5—4　　　　2020—2022 年陕甘宁毗邻市各区县夜间灯光数据

城市	区县	2020 年		2021 年		2022 年	
		灯光均值	在该市排名	灯光均值	在该市排名	灯光均值	在该市排名
庆阳市	合水县	7.45	2	5.14	4	7.08	4
	华池县	6.94	3	6.30	2	9.36	3
	环县	**2.25**	**5**	**2.44**	**5**	**5.20**	**7**
	宁县	1.40	6	1.40	7	6.33	5
	庆城县	5.14	4	5.82	3	10.81	2
	西峰区	10.27	1	11.38	1	16.08	1
	镇原县	0.96	7	0.73	8	5.80	6
	正宁县	0.93	8	1.62	6	5.05	8

续表

城市	区县	2020 年		2021 年		2022 年	
		灯光均值	在该市排名	灯光均值	在该市排名	灯光均值	在该市排名
吴忠市	红寺堡区	2.48	4	3.43	4	7.87	4
	利通区	8.33	1	9.77	1	14.32	1
	青铜峡市	5.46	2	6.73	2	10.00	2
	同心县	1.21	5	1.81	5	4.43	5
	盐池县	**3.27**	**3**	**3.58**	**3**	**7.91**	**3**
榆林市	**定边县**	**8.00**	**1**	**7.52**	**2**	**12.00**	**1**
	府谷县	5.60	5	6.48	5	10.42	5
	横山区	3.13	7	4.00	7	7.79	7
	佳县	1.38	10	1.51	10	7.60	8
	靖边县	7.24	2	6.75	4	11.61	3
	米脂县	3.54	6	4.06	6	9.09	6
	清涧县	0.62	12	0.85	12	3.82	12
	神木市	6.30	4	7.52	3	11.45	4
	绥德县	2.45	8	2.88	8	6.33	10
	吴堡县	2.11	9	2.18	9	7.41	9
	榆阳区	7.15	3	7.69	1	11.99	2
	子洲县	0.91	11	1.33	11	4.67	11

注：国家地球系统科学数据中心更新发布的 1992—2022 年中国"类 DMSP-OLS" 1 千米夜间灯光遥感数据集；加粗区县为三省毗邻区县。

二、产业结构演进缓慢，贸易网络有待完善

本部分将根据陕甘宁各市的三次产业情况和上市公司总部分支及供应链数据来分析三省毗邻区域的产业变化情况。

从三次产业产值来看，陕甘宁各地级市呈现"二—三—一"或"三—二—一"的产业结构，产业结构演进较为缓慢（如图 5—6 所示）。毗邻三市均为"二—三—一"产业结构，第二产业占比过半，表明工业在这些城市经济活动中占据核心与主导地位。工业不仅是推动这些城市经济增长的主要动力，也是创造就业机会、提升居民

收入水平的关键因素。其中,2022 年榆林市的第二产业产值比重高达 72.67%,居三省各市之首,庆阳市和吴忠市的第二产业占比超过半成。榆林市依托丰富的煤炭、油气等矿产资源,大力发展能源化工产业,形成了较为完整的产业链条,为当地经济的快速增长提供了强有力的支撑。庆阳市依托其独特的地理位置和资源优势,正努力打造以石油化工、煤化工为主导的现代化工业体系。而吴忠市则通过优化产业布局、提升技术水平等措施,不断推动工业经济向高质量发展迈进。

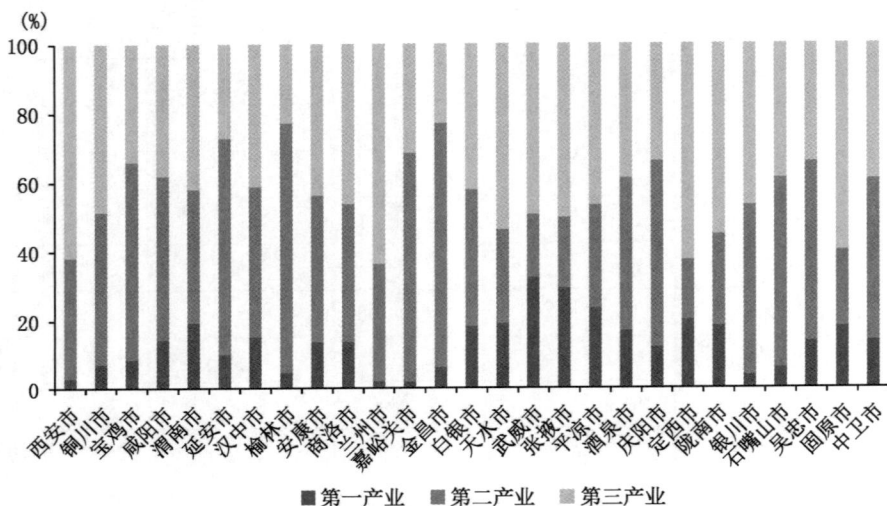

注:数据来源于《2023 中国城市统计年鉴》。

图 5—6　2022 年陕甘宁各市产业占比

　　陕甘宁毗邻三市在上市公司的总部—分支与供应链网络中参与度较低。从上市公司总部—分支设立情况来看,榆林市和吴忠市仅分别有 1 家上市公司总部,庆阳市则无上市公司总部布局(如表 5—5 所示)。毗邻三市总部公司数量总和仅占三省上市公司总部的 1.56%。同样,庆阳市的上市公司子公司数量较少,为 33 家,吴忠市为 162 家,榆林市为 259 家,三市子公司总和占三省的 6.55%。除省会/首府城市以外,榆林市较好地参与了上市公司供应链网络,上游供应商企业为 61 家,供应商采购额达 177.77 亿元,下游客户企业为 92 家,客户收入达 286.43 亿元。吴忠市也在一定程度上积极融入上市公司供应链网络,上游供应商企业为 23 家,供应商采购额达 19.87 亿元,下游客户企业为 38 家,客户收入达 30.35 亿元。庆阳市的上市公司上游供应商企业和下游客户企业均为 4 家,供应商采购总额为 1.69 亿元,客户收入为1.11亿元,说明其尚需开拓相关市场,参与上市公司供应链分工与协作。

表5—5　　　　　　陕甘宁各市上市公司总部分支与供应链数据

城市	上市公司总部数量	上市公司子公司数量	上市公司客户数量	上市公司客户收入（亿元）	上市公司供应商数量	上市公司供应商采购额（亿元）
西安市	60	2746	537	978.06	355	879.03
铜川市	1	73	8	3.24	12	17.24
宝鸡市	5	255	48	72.68	42	25.24
咸阳市	4	348	74	128.57	46	78.05
渭南市	2	239	29	54.60	30	40.32
延安市	2	113	43	242.99	23	177.77
汉中市	1	110	13	28.80	10	4.16
榆林市	**1**	**259**	**92**	**286.43**	**61**	**177.37**
安康市	0	46	5	1.16	1	0.38
商洛市	1	51	18	18.49	14	5.67
兰州市	22	714	163	593.98	144	511.14
嘉峪关市	1	44	10	19.59	7	15.13
金昌市	0	70	19	105.95	16	137.65
白银市	4	101	20	33.81	51	60.27
天水市	2	108	21	9.83	9	2.30
武威市	2	107	37	14.86	14	6.20
张掖市	0	107	5	1.56	8	1.20
平凉市	0	24	3	1.10	9	0.79
酒泉市	4	244	28	61.98	6	0.88
庆阳市	**0**	**33**	**4**	**1.11**	**4**	**1.69**
定西市	0	84	2	0.72	9	1.49
陇南市	3	53	0	0.00	2	0.74
临夏回族自治州	0	0	0	0.00	0	0.00
银川市	8	560	219	920.74	80	74.75
石嘴山市	3	122	20	29.69	40	73.10

城市	上市公司总部数量	上市公司子公司数量	上市公司客户数量	上市公司客户收入（亿元）	上市公司供应商数量	上市公司供应商采购额（亿元）
吴忠市	1	162	38	30.35	23	19.87
固原市	0	37	4	2.15	1	0.69
中卫市	1	126	32	23.32	18	12.19

注：数据来源于中国研究数据服务平台(CNRDS)；加粗区县为三省毗邻区县。

三、人口流失亟需关注，城镇化率有待提高

本部分将根据陕甘宁各市人口与城镇化、毗邻市各区县的人口普查数据来分析三省毗邻区域的人口变化情况。

2022 年，榆林市、庆阳市和吴忠市常住人口数均位于各自所在的省级行政区中游水平（如表 5—6 所示），三市总和为 734 万人，占三省总和的 10.66%。而从城镇化率来看，毗邻三市的城镇化率不足省会/首府城市一半，显示出其在推动城乡一体化、促进农业现代化与工业化深度融合方面仍有较大的提升空间。吴忠市城镇化率为 34.03%，位于宁夏各市中游；庆阳市和榆林市城镇化率不足 30%，居于各自省份末位。

表 5—6　　　　　　　　**2022 年陕甘宁各市人口与城镇化率情况**

省份	城市	常住人口（万人）	户籍人口（万人）	城镇户籍人口（万人）	城镇化率（%）
陕西省	西安市	1 293	1 015		
陕西省	铜川市	71	78	40	51.28
陕西省	宝鸡市	327	373		
陕西省	咸阳市	419	453	200	44.15
陕西省	渭南市	462	536	238	44.40
陕西省	延安市	227	233		
陕西省	汉中市	318	379	153	40.37
陕西省	**榆林市**	**379**	**386**	**88**	**22.80**
陕西省	安康市	248	302	124	41.06

续表

省份	城市	常住人口（万人）	户籍人口（万人）	城镇户籍人口（万人）	城镇化率（%）
陕西省	商洛市	202	248	118	47.58
甘肃省	兰州市	440	337	249	73.89
甘肃省	嘉峪关市	32	21	20	95.24
甘肃省	金昌市	44	44	27	61.36
甘肃省	白银市	150	180	75	41.67
甘肃省	天水市	296	371	159	42.86
甘肃省	武威市	144	186	77	41.40
甘肃省	张掖市	112	130	55	42.31
甘肃省	平凉市	182	231	84	36.36
甘肃省	酒泉市	105	101	51	50.50
甘肃省	**庆阳市**	**216**	**269**	**77**	**28.62**
甘肃省	定西市	251	302	95	31.46
甘肃省	陇南市	239	282	91	32.27
宁夏回族自治区	银川市	289	215	162	75.35
宁夏回族自治区	石嘴山市	75	74	45	60.81
宁夏回族自治区	**吴忠市**	**140**	**144**	**49**	**34.03**
宁夏回族自治区	固原市	115	146	39	26.71
宁夏回族自治区	中卫市	108	122	38	31.15

注：数据来源于《2023中国城市统计年鉴》；加粗区县为三省毗邻区县。

从人口普查数据来看，虽然毗邻区域整体人口不收缩，但其内部区县人口的收缩现象值得关注。近10年来，榆林市与吴忠市常住人口有所增长，庆阳市出现了一定的人口外流（如表5—7所示）。从区县层面来看，毗邻区县（定边县、环县、盐池县）人口出现正增长，而绝大多数县（区）都出现了不同程度的人口外流，即城市出现了一定的收缩。其中，最严重的几个县为佳县（—44.8%）、吴堡县（—28.8%）和子洲县（—20.34%），说明毗邻区内部具有较强的人口"虹吸效应"。

表 5－7　　　　　　　　第七次全国人口普查变化情况　　　　　　　单位:万人

县区/城市	七普常住人口	六普常住人口	变化	增长率	是否收缩
榆林市	362.46	335.15	27.31	8.15%	**不收缩**
榆阳区	96.76	63.76	33	51.76%	不收缩
神木市	57.19	45.55	11.64	25.55%	不收缩
靖边县	38.9	35.59	3.31	9.30%	不收缩
定边县	33.91	31.94	1.97	6.17%	不收缩
横山区	28.39	28.81	−0.42	−1.46%	收缩
府谷县	25.54	26.06	−0.52	−2.00%	收缩
绥德县	25.53	29.61	−4.08	−13.78%	收缩
米脂县	14.13	15.5	−1.37	−8.84%	收缩
子洲县	13.86	17.4	−3.54	−20.34%	收缩
清涧县	11.56	12.89	−1.33	−10.32%	收缩
佳县	11.3	20.47	−9.17	−44.80%	收缩
吴堡县	5.39	7.57	−2.18	−28.80%	收缩
庆阳市	217.97	221.11	−3.14	−1.42%	**收缩**
西峰区	51.39	37.75	13.64	36.13%	不收缩
镇原县	36.12	41.57	−5.45	−13.11%	收缩
宁县	33.63	40.56	−6.93	−17.09%	收缩
环县	30.47	30.29	0.18	0.59%	不收缩
庆城县	23.52	26.19	−2.67	−10.19%	收缩
正宁县	17.32	18.09	−0.77	−4.26%	收缩
合水县	13.59	14.57	−0.98	−6.73%	收缩
华池县	11.93	12.09	−0.16	−1.32%	收缩
吴忠市	138.27	127.38	10.89	8.55%	**不收缩**
利通区	46.08	37.93	8.15	21.49%	不收缩
同心县	32.08	31.82	0.26	0.82%	不收缩
青铜峡市	24.43	26.47	−2.04	−7.71%	收缩
红寺堡区	19.76	16.5	3.26	19.76%	不收缩
盐池县	15.92	14.66	1.26	8.59%	不收缩
毗邻区总计	718.7	683.64	35.06	5.13%	不收缩

注:数据来源于第六次和第七次人口普查公报;加粗区县为三省毗邻区县。

四、交通网络初步形成，开放能级有待提升

本部分将从陕甘宁各市的铁路、城市道路、进出口总额来分析三省毗邻区域的对外开放水平变化情况。

陕甘宁三个省级行政区基本实现全域通高铁（如图 5—7 所示）。根据列车时刻表数据，环县、定边县和盐池县每天分别有 40、28 和 11 班次列车停靠[①]，为毗邻区域对外交流提供了出行保障。从城市路网来看，榆林市的城市道路面积达 1 542 万平方米，道路密度达 22.35 万平方米／平方千米，两个指标均位于陕西省各市前列（如表 5—8 所示）。庆阳市城市道路面积居于甘肃省中游，但其道路密度位居甘肃省第一。吴忠市的道路面积和道路密度则均处于宁夏各市的下游水平。

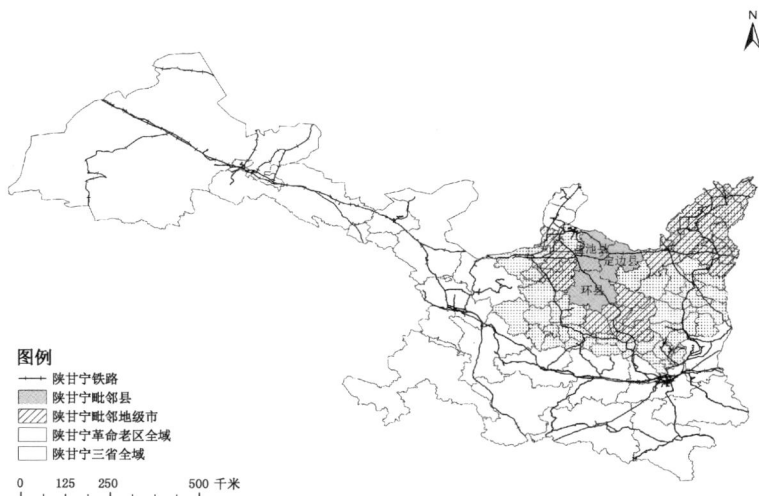

注：该图基于自然资源部标准地图服务网站下载的审图号为 GS(2024)0650 的标准地图制作，底图无修改。数据来源于 OSM 数据库（Open Street Map，https://www.openstreet-map.org）。

图 5—7　陕甘宁三省铁路网

---

① 列车时刻表数据来源于查列车网（https://www.chalieche.com）。

表 5—8　　　　　　　　　　　2022 年陕甘宁各市道路面积及密度

城市	年末实有城市道路面积（万平方米）	排名	道路密度（万平方米/平方千米）	排名
西安市	15 281	1	18.94	2
铜川市	576	7	11.76	8
宝鸡市	1 688	2	14.31	4
咸阳市	539	8	6.91	9
渭南市	181	10	2.15	10
延安市	984	4	13.86	5
汉中市	719	6	13.31	6
榆林市	**1 542**	**3**	**22.35**	**1**
安康市	837	5	18.60	3
商洛市	319	9	12.27	7
兰州市	2 844	1	11.20	11
嘉峪关市	654	9	9.34	12
金昌市	981	4	20.44	2
白银市	1 036	3	15.46	7
天水市	1 066	2	17.77	5
武威市	686	8	20.18	3
张掖市	594	10	12.64	8
平凉市	768	6	18.29	4
酒泉市	772	5	12.45	9
庆阳市	**713**	**7**	**23.77**	**1**
定西市	308	11	11.85	10
陇南市	270	12	16.88	6
银川市	2 909	1	14.99	4
石嘴山市	1 924	2	18.68	2
吴忠市	**607**	**4**	**10.65**	**5**
固原市	827	3	18.38	3
中卫市	586	5	18.90	1

注：数据来源于《2023 中国城市统计年鉴》，嘉峪关市 2022 年的数据缺失，由 2021 年数据替代；加粗区县为三省毗邻区县。

从货物进出口来看,2022年榆林市、庆阳市和吴忠市货物进出口总额为42.81亿元,其中进口额为8.53亿元,出口额为34.28亿元,三市货物出口额均大于货物进口额,反映了三市在对外贸易中出口导向型的特征较为突出(如表5-9所示)。榆林市和庆阳市进出口总额占各自省份的比重均不足1%,吴忠市进出口总额占宁夏回族自治区的3.83%,表明三市在省域经济中的外贸贡献度相对较低,需进一步激发外贸潜力。省会/首府城市是货物进出口的重要城市,其凭借完善的交通网络、丰富的资源禀赋、良好的营商环境以及政府的大力支持,吸引了大量外贸企业和国际合作伙伴的入驻,从而推动了外贸规模的持续扩大和外贸结构的不断优化。西安市、兰州市和银川市的货物进出口总额占各自省份的比重分别为90.57%、29.18%和53.77%。

表5-9　　　　　　　　　　**2022年陕甘宁各市货物进出口总额**

省份	城市	货物进出口总额(亿元)	货物进口额(亿元)	货物出口额(亿元)
陕西省	西安市	4 379.52	1 632.01	2 747.51
陕西省	铜川市	13.18	8.20	4.97
陕西省	宝鸡市	114.37	52.89	61.48
陕西省	咸阳市	183.33	88.05	95.28
陕西省	渭南市	22.68	4.45	18.23
陕西省	延安市	17.38	16.44	0.93
陕西省	汉中市	35.83	5.16	30.67
陕西省	**榆林市**	**33.24**	**6.76**	**26.48**
陕西省	安康市	15.94	0.31	15.63
陕西省	商洛市	19.87	9.72	10.15
甘肃省	兰州市	153.76	94.91	58.85
甘肃省	嘉峪关市	16.80	15.20	1.60
甘肃省	金昌市	232.16	8.01	224.15
甘肃省	白银市	96.09	92.06	4.03
甘肃省	天水市	0.41	0.19	0.22
甘肃省	武威市	7.00	0.02	6.98
甘肃省	张掖市	3.98	0.13	3.85
甘肃省	平凉市	2.13	0.01	2.13

续表

省份	城市	货物进出口总额（亿元）	货物进口额（亿元）	货物出口额（亿元）
甘肃省	酒泉市	7.65	1.12	6.53
甘肃省	**庆阳市**	**1.33**	**0.01**	**1.32**
甘肃省	定西市	2.86	1.74	1.12
甘肃省	陇南市	2.80	0.00	2.80
宁夏回族自治区	银川市	115.69	27.05	88.64
宁夏回族自治区	石嘴山市	55.60	7.67	47.93
宁夏回族自治区	**吴忠市**	**8.24**	**1.76**	**6.48**
宁夏回族自治区	固原市	0.00	0.00	0.00
宁夏回族自治区	中卫市	35.63	16.36	19.27

注：数据来源于《2023中国城市统计年鉴》；加粗区县为三省毗邻区县。

五、专利数量略显不足，创新能力有待突破

本部分将从陕甘宁各市的专利数量和创新指数来分析三省毗邻区域的对外创新能力变化情况。

一个地区的专利授权数和发明专利授权数从一定程度上能够反映出该地区在科技创新领域的投入与产出效率，还间接反映了其产业结构升级、经济转型发展的潜力与趋势。从2022年公布的数据来看，在毗邻三市内，榆林市的专利授权数和发明专利授权数排在首位，其次是吴忠市，庆阳市的数量最少（如表5—10所示）。总体上来看，三省毗邻区专利授权数为6 293件，发明专利授权数为763件，占三省区总数的比例分别为5.62％、3.37％，相较于三省区乃至全国范围内的平均水平而言，仍处于相对较低的水平。可以看出，三省毗邻区的科技创新能力仍然较弱，技术市场层次有待进一步完善，在科技创新、高新技术成果转化等方面仍有很大的提升空间。

表5—10　　　　　　　　2022年三省毗邻区专利授权量

城市	专利授权数（件）	发明专利授权数（件）
榆林市	3 738	601
庆阳市	817	69

续表

城市	专利授权数（件）	发明专利授权数（件）
吴忠市	1 738	93
毗邻三市	6 293	763
陕西省	77 686	19 015
甘肃省	21 926	2 447
宁夏回族自治区	12 451	1 204
三省总计	112 063	22 666

注：数据来源于《2023 中国城市统计年鉴》。

第四节　陕甘宁毗邻区域合作的路径举措

陕甘宁毗邻区域是我国西部地区的省际交界地带之一，其开展区域合作不仅是历史文化相合与地缘相亲的延续，也是当前国家战略要求与区域合作的必然要求。陕甘宁毗邻地区在经济增长、产业结构、人口流失、交通网络与创新能力等方面存在发展不足与困境。打破原有发展模式、变革经济增长模式、创新区域合作模式是陕甘宁毗邻区域在新发展格局下抓住发展机遇、迎接发展挑战的关键问题。本部分将从高质量发展、高品质生活、高水平开放和高效能治理四个方面，提出相应的路径与举措，助力陕甘宁毗邻区域协调发展，打造中国式现代化毗邻区域与革命老区发展示范区和引领区。

一、高质量发展：推进产业转型，加强科技引领

能源化工产业是陕甘宁毗邻区域的传统主导产业。在"碳达峰""碳中和"要求下，毗邻区区域城市需要推进能源供给侧结构性改革，构建现代化能源工业产业体系，进一步提高高效绿色开发科技水平，不断扩展能源化工上下游产业链，深化推动产业中高端环节，形成高效且高端的能源化工产业集群。同时，要构建多元化的产业体系，大力支持以生物医药、新材料和节能环保为代表的新兴产业发展。政府应引导和推进本地企业的培育，实施兼并重组、减免税负等措施，设立专项的产业发展基金，促进半导体、新材料、新能源等高端制造产业的发展，并以此形成一大批

优秀的本地创新型企业。不断扩充农业特色产业,不断优化农业、林业与旅游、文化、教育等产业的融合,尤其是红色文化与旅游产业的融合发展,重点发展休闲旅游业、现代商贸业,积极培育金融业、科技服务业、航空业等高端服务业。陕甘宁毗邻区内三市通过不断优化产业结构,促进产业转型升级,以此实现高质量发展。科技引领和创新驱动是城市发展的重要路径,要以"科技创新"带动毗邻区域各市各领域实现跨越式发展,不断提高城市创新能力。应通过建设国家自主创新示范区、软件园、科技城等形式,共建科创平台,集聚陕甘宁毗邻区内的创新力量。要在培育创新型企业和激发企业活力方面深度合作,发挥毗邻区的空间优势,与知名研究型高校和研究院所搭建创新型空间平台,将研发实验与产业深度融合。

二、高品质生活:激发红色基因,提升民生福祉

聚力增进民生福祉,夯实共同富裕基础。红色文化是陕甘宁革命老区最独特的精神标识和最宝贵的精神财富。要坚定不移弘扬革命精神,擦亮革命老区的红色名片,保护运用好红色资源,着力打造毗邻区域协调发展的"红色引擎"。加速红色资源的开发利用,全面开展革命文物的普查登记工作,有效激活现有红色资源,深化"三百"项目的实施策略。着重推进陕甘边区苏维埃政府旧址、环县山城堡战役遗址、陕甘红军纪念园等关键革命文物的保护修复与活化利用,确保陇东分区纪念馆展览布置顺利完成,并致力于构建国家级红色文化的传承与创新示范区。强化红色文学的品牌塑造,深入挖掘红色文学的核心价值资源,增强红色文化学术研究的力度,催生出一系列高水平的学术著作与研究成果。同时,精心打造多部红色文学经典作品,策划举办多样化的红色文化旅游主题活动,建立多个爱国主义教育基地,以此提升南梁革命根据地的历史地位,广泛传播"红色圣地"的声誉与影响力。提升红色旅游的综合效益,加速推进红色资源的数字化进程,打造沉浸式红色旅游体验博物馆,孵化具有革命特色的文物文化创意产品品牌,丰富"红色旅游＋"跨界融合产品体系。积极融入西北及陕甘宁红色旅游圈,拓展以红色研学教育、休闲体验为核心的精品旅游线路,共同打造陕甘宁红色旅游新高地,引领红色旅游新风尚。巩固脱贫攻坚成果,防止返贫。加强过渡期帮扶政策与机制保障,提升教育、医疗、住房和饮水保障,加大就业和产业支持力度。因地制宜,壮大县域经济。做大县域经济规模,加快提升综合竞争力,构建特色鲜明、优势互补、繁荣兴旺的县域经济发展新格局,提升城镇化水平。建设宜居宜业和美乡村,落实乡村建设行动

实施方案,优化村庄规划布局,推动乡村建设示范行动和农村人居环境整治提升行动。构建全方位、高质量的教育体系,将教育置于优先发展的战略地位,通过前瞻性的规划与布局,促进基础教育、职业教育与高等教育的深度融合与协同发展。对高等教育的投入,特别是中西部地区的高等教育,通过设立改革先行区,以新时代为背景,探索高等教育发展的新路径、新模式,推动中西部高等教育实现跨越式发展,缩小与东部地区的差距,促进全国教育资源的均衡配置。加快补齐民生领域短板,将教育发展与民生改善紧密结合。不断优化教育资源配置,提高教育公共服务水平,努力让人民群众享有更加公平、更高质量的教育机会。

三、高水平开放:完善基础设施,融入内外循环

聚焦基础设施建设,充分发挥投资在推动发展中的关键作用。紧抓扩大内需的政策窗口期,坚持项目引领,精准施策,致力于弥补发展短板、强化基础支撑。强化交通基础设施建设。加速构建与毗邻区域紧密相连的综合交通运输体系主框架,持续优化综合交通网络布局,促进陇东南经济带与周边区域的协同联动。加强与周边四大城市群、三大都市圈以及长三角、京津冀、粤港澳等经济发达地区的产业对接与合作,拓宽发展空间,增强区域经济的互补性和协同性。积极寻求与西安、郑州等国家中心城市在多个领域的深度合作,力求取得实质性进展,共同推动区域经济的繁荣与发展。对标市场化、法治化、国际化标准,复制推广营商环境创新试点改革举措,着力改善投资环境和市场预期,打造市场化、法治化、国际化的一流的营商环境。持续深化"放管服"改革,打通政务服务"最后一公里",打通营商环境痛点、堵点和难点,完善毗邻区域重点项目前期协同推进机制和要素保障清单机制。提升开放能级水平,发挥国际物流集团的集聚带动作用,推动陆港、空港、保税物流、海关指定监管场地等平台整合提升,参与"一带一路"电子商务大市场建设。全面加强招商引资,推动"走出去""请进来"招商推介活动,拓宽境外招商渠道,更大力度地吸引和利用外资,开展跨国公司走进陕甘宁毗邻区域洽谈系列活动。全域统筹招商机制,增强产业韧性。编制陕甘宁毗邻区域产业链招商指导目录,详尽梳理区域内优势产业现状与未来发展潜力,紧密对接国家产业发展战略,引进一批旨在引领产业升级、增强区域竞争力的产业链引擎型项目。推行产业链链长制招商,灵活运用以商招商、以企招商、以园招商和基金招商的方式,强化产业生态的引商作用,构建一个开放合作、互利共赢的招商新格局。

四、高效能治理：明确战略地位，创新合作方式

从经济总量和区位优势来看，毗邻三市均已具备了发展成为区域中心城市和三省区次中心城市的条件。但是，其在增长动能、产业结构、交通网络以及创新能力等方面仍然存在短板，阻碍了城市功能升级。陕甘宁毗邻区域的城市要接轨国家中心城市，以承接国家中心城市、四大城市群和三大都市圈外溢效应为契机，不断更新跨区域合作模式，降低跨区域合作的协调成本，逐渐完善自身城市功能。应在原有革命老区组团发展的基础上，积极探索一条适合陕甘宁革命老区和毗邻区域之间城市功能互补的新路径。以革命老区振兴发展为总抓手，凝聚发展共识，形成发展合力，深入推进全面创新改革试验，形成毗邻区域充满活力的合作和运行机制。建设好陕甘宁革命老区这一共有的文化品牌，以文化赋能产业、科技与民生。建立健全毗邻区域市级乃至省级层面工作推进机制，建立决策、协调、执行三个层级的合作机制。决策层通过每年召开联席会议，审议决定重大合作事项；协调层负责落实决策层联席会议审议决定的重大合作事项；执行层成立专业领域合作机构，负责推进相关专业领域的深度合作。学习借鉴东部毗邻区域经验举措，加强各市合作，共同争取国家重大工程、重大项目、重要平台等落户陕甘宁毗邻区域，优先支持各类项目、资源向投入力度大、行动积极的城市与区域倾斜。

第六章

东北地区蒙吉黑生态经济
合作区初步建立

2023 年 9 月,习近平总书记在新时代推动东北全面振兴座谈会强调:完整准确全面贯彻新发展理念,牢牢把握东北的重要使命,努力走出一条高质量发展、可持续振兴的新路子,奋力谱写东北全面振兴新篇章。近年来,东北振兴进入全新阶段,逐渐由经济产业振兴转变为东北全方位振兴,在区域合作方面逐渐达成了共识,形成了哈大齐工业走廊、环渤海经济圈等区域合作带。但是,东北地区仍处在爬坡过坎的困难时期,依然面临区域经济发展不平衡不充分、体制机制僵化、生态环境脆弱、资源约束收紧等问题,迫切需要发挥比较优势,在高质量发展中实现振兴新突破。在新时代推动东北全面振兴背景下,探索新型区域合作发展模式对于东北区域发展而言至关重要。本章以东北地区为例,选取蒙吉黑省际毗邻区域深入分析。蒙吉黑省际交界区域资源丰富、区位优势明显,但同时也有着 11 个国家级贫困县,面临着人口流失和产业同构等问题。在此基础上,本章基于"四个放在"分析框架,分析了蒙吉黑省际交接区域合作发展的必要性和可能性,同时利用空间分析方法分析蒙吉黑省际交界区的地理边界、行政边界、经济边界和社会文化边界,探索该省际毗邻区的协同发展水平和问题。本章针对发展情况提出"多彩"发展路径,以促进蒙吉黑省际交界区高质量发展、高品质生活、高水平开放和高效能治理。

第一节　蒙吉黑毗邻区域基本情况简介

一、蒙吉黑省际毗邻区的范围与自然地理情况

蒙吉黑省际毗邻区地处我国东北地带,地处内蒙古自治区东部、吉林省西北部和黑龙江省西部,是由内蒙古自治区、吉林省和黑龙江省接壤所形成的省际毗邻区,包括内蒙古自治区兴安盟、吉林省白城市和黑龙江省齐齐哈尔市,共涉及 8 个市辖区、11 个县、5 个县级市和 3 个旗,面积约为 12.36 万平方千米。直接毗邻区为兴安盟扎赉特旗、白城市镇赉县和齐齐哈尔市泰来县(如图 6—1 所示)。蒙吉黑省际毗邻区地处大兴安岭东南麓科尔沁平原、松嫩平原地带,东接东北平原,部分区域位于大兴安岭向松嫩平原的过渡地带,是草原和湿地生态系统、平原黑土地生态系统和森林生态系统过渡带,也是我国重要的生态屏障和国家的重要粮仓。该区域东临嫩江,内有雅鲁河、卓尔河、洮儿河和霍林河流经此地并在此汇入嫩江。江河湖泡众多,湿地资源、水资源相对丰富,是东北地区重要的生态功能区和生态服务区。该毗邻区属温带大陆性季风气候,立体气候特征明显,四季分明,日照充足,风能、太阳能开发潜力大。除此之外,该毗邻区野生动植物资源较为丰富,拥有莫莫格自然保护区、图牧吉自然保护区等多个生态保护区。

二、区位优势明显,交通便利

从战略区位来看,蒙吉黑省际毗邻区地处内蒙古东部、黑龙江西南部、吉林北部的结合地带,是东北地区互动发展、交流合作的直接承载地。该区域北邻哈大齐工业走廊及黑龙江和内蒙古东北部沿边开放带,北向对俄开放;南望沈阳经济区及辽宁沿海经济带,融入环渤海经济圈;东接长吉图先导区,迎向环日本海经济圈;西联蒙东进入蒙古国及欧洲经济体,是中蒙大通道的重要节点,也是联合国开发计划署规划第四条欧亚大陆桥、国家"长吉图"规划主轴线的重要腹地,具有助推深化东北地区振兴发展、面向东北亚沿边开放合作的有利区位条件。

从交通区位来看,图 6—2 展示了区域内高速公路、铁路、国道和省道的联通情况。齐齐哈尔市是东北地区的铁路枢纽,也是中国的铁路交通枢纽之一,是黑龙江

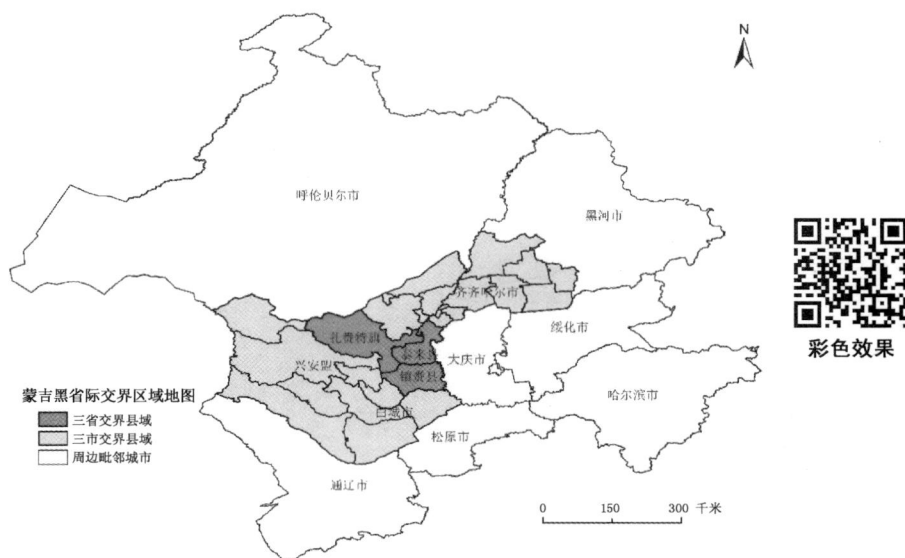

注：基于自然资源部标准地图服务网站下载的审图号为 GS(2020)4619 的标准地图制作，底图无修改。本章下图同。

图6－1　蒙吉黑三省毗邻区域地理位置(彩图详见二维码)

省西部、内蒙古自治区北部、吉林省西部通往外界的重要门户,拥有哈齐高铁、哈牡客运专线以及哈佳高标准铁路等重要通道。同时,该区域公路运输事业发展迅速,绥满高速、齐嫩高速、齐泰高速、齐甘高速以及明海公路、301国道、231国道、202国道交叉过境。其区域内的泰来县是黑龙江省、吉林省西部和内蒙古东部地区物流大通道重要节点,具有承启东西、连接南北的区位优势。G231国道贯穿全县8个乡镇,嫩双高速纵横全县南北,京齐铁路穿境而过,形成了连接"一带一路"东北经济圈的新通道。具体来看,G12和嫩泰高速在区域内部穿过。111国道连接了兴安盟、扎赉特旗和齐齐哈尔,302国道连接了乌兰浩特和白城市。平齐铁路联通白城市、镇赉县、泰来县和齐齐哈尔;白阿铁路联通白城市到兴安盟乌兰浩特。221省道联接泰来县和镇赉县。

三、人口持续外流,城镇化水平总体不高

2022年,蒙吉黑三省毗邻区人口总量为835.32万人,人口密度约为67.58人/

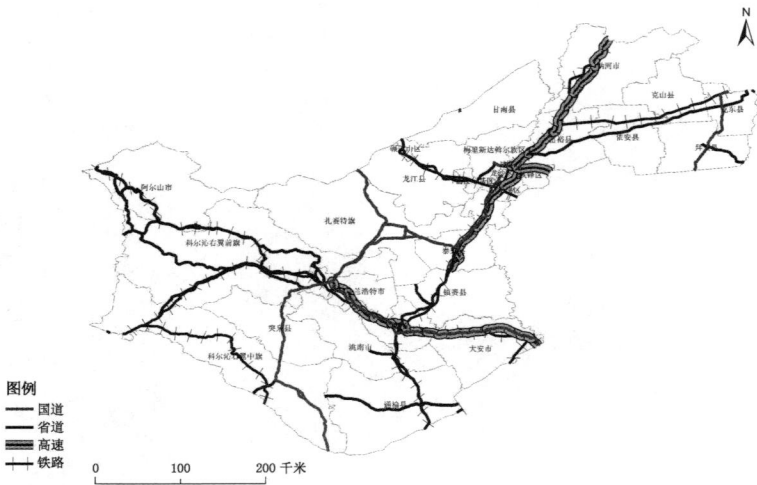

注:数据来源于全国路网。

图 6—2　蒙吉黑省际毗邻区交通网

平方千米,低于全国平均水平 147 人/平方千米和吉林省平均水平 143.9 人/平方千米,略高于黑龙江省人口密度(66.4 人/平方千米)。其中,内蒙古自治区兴安盟为139.6 万人、吉林省白城市为 183.22 万人,黑龙江省齐齐哈尔市为 512.5 万人,人口密度分别为 25.32 人/平方千米、70.47 人/平方千米和 120.68 人/平方千米,其中齐齐哈尔市集聚了众多人口,无论从人口总量还是密度来看均位于毗邻区三地的首位,而兴安盟人口密度较小,地广人稀。

从第六次和第七次全国人口普查数据来看,蒙吉黑三省毗邻区的人口持续流出。张学良等(2016)将人口收缩界定为两次人口普查间人口出现负增长,其在空间尺度上表现为城市或县市的人口收缩。如图 6—3 所示,蒙吉黑毗邻区人口整体处于收缩状态,平均收缩比例为 20.02%。其中,兴安盟人口收缩比例为 12.17%,白城市人口收缩比例为 23.67%,齐齐哈尔市人口收缩比例为 24.21%,均有不同程度的人口流出现象。具体来看,三地所涉及的 27 个区、县、市、旗中,部分区域人口收缩比例较大,如兴安盟阿尔山市人口收缩比例超过 50%,齐齐哈尔市克东县、拜泉县的人口收缩比例接近 50%,其他区域也有不同程度的人口收缩,多数县域的人口收缩程度集中在 10%～30%,占到区县数量的 59.26%(如表 6—1 所示)。仅有兴安盟乌兰浩特市、齐齐哈尔市龙沙区和建华区实现了人口增长,增长幅度分别为8.85%、0.24%和 13.67%。可以看出,蒙吉黑省际毗邻区的人口收缩现象具有全域性、普遍性的特点,小部分人口向市辖区和首府进一步集中(乌兰浩特市是兴安盟的首府),而其他人口则是向毗邻区外流动。

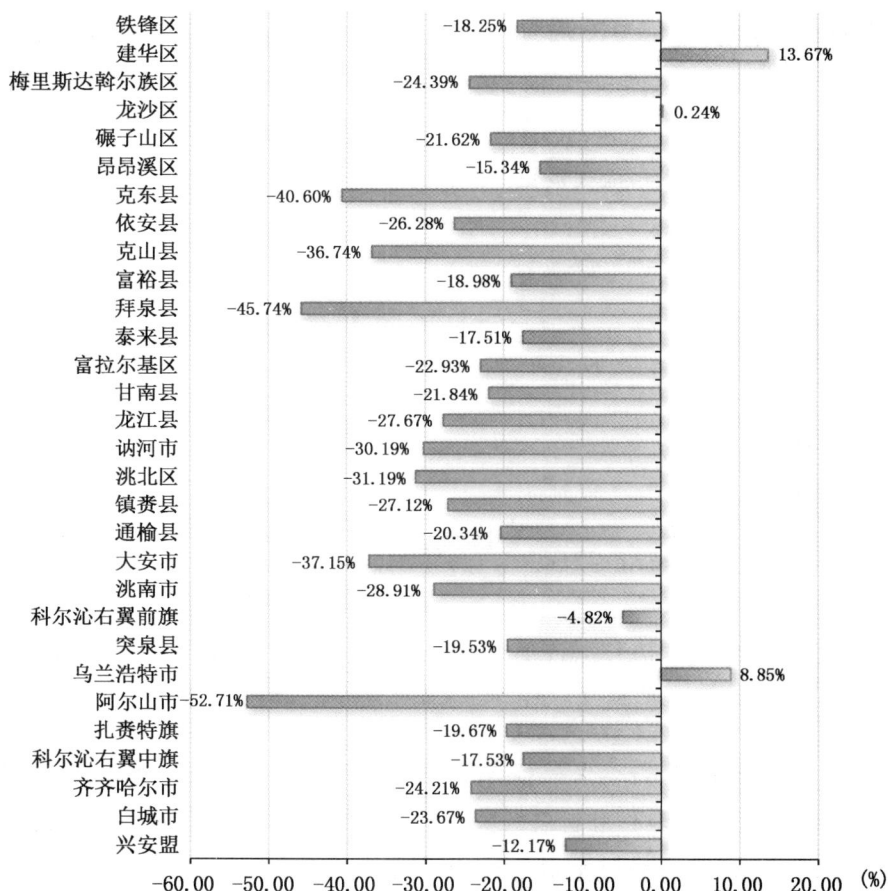

注:数据来源于各市统计年鉴,经计算整理所得。

图 6—3　蒙吉黑省际毗邻区人口收缩比例

表 6—1　　　　　　　　蒙吉黑省际毗邻区县级市人口收缩情况

	收缩 0～10％	收缩 10％～20％	收缩 20％～30％	收缩 30％～40％	收缩 40％及以上
数量	1	7	9	4	3
比例	3.70％	25.93％	33.33％	14.82％	11.11％

注:数据来源于各市统计年鉴,经计算整理所得。

　　从城镇化率来看,在 2015 年到 2022 年期间,兴安盟的城镇化率从 46.24％提升到 54.06％,提高了 7.82 个百分点(如图 6－4 所示)。而白城市、齐齐哈尔市的城镇化率在此期间出现了先上升后下降的趋势,其中白城市自 2016 年起城镇化率出现下降,平均下降速度为 0.39％;齐齐哈尔市的城镇化率自 2018 年出现下降趋势,平均下降速度为 0.26％。目前,蒙吉黑毗邻区的城镇化还处于中期起步阶段,但是表现出整体水平不高和下降的趋势,这在一定程度上证实了该毗邻区存在人口收缩与中心城区的人口流失现象。

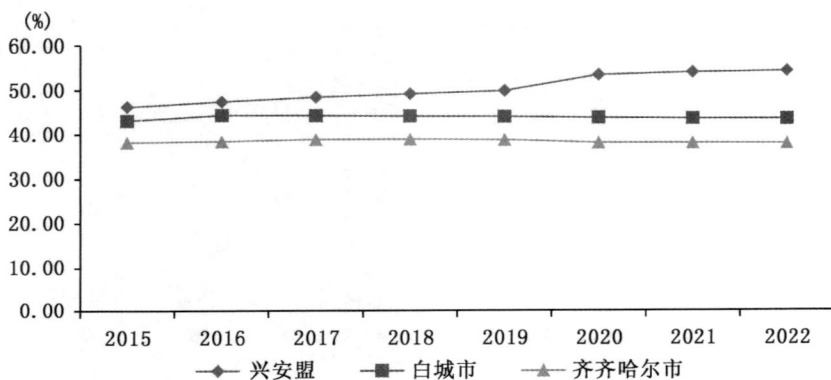

注:数据选取自各城市国民经济和社会发展统计公报;在此统计的是户籍人口城镇化率。

图 6－4　蒙吉黑三省毗邻区城镇化率趋势

　　从第七次全国人口普查来看,蒙吉黑三省毗邻区的区、县、市、旗城镇化进程如图 6－5 所示。城市市辖区和首府的城镇化进程均已超过 70％,进入城镇化的后半程阶段。而周边县市的城镇化率相对较低,部分县域例如依安县、拜泉县,仍然以农业为主。聚焦三省交界县域的扎赉特旗、镇赉县和泰来县,其城镇化率分别为 44.79％、48.76％和 36.95％,均处于城镇化中期阶段,这为毗邻区提供了平等开展合作的基础。

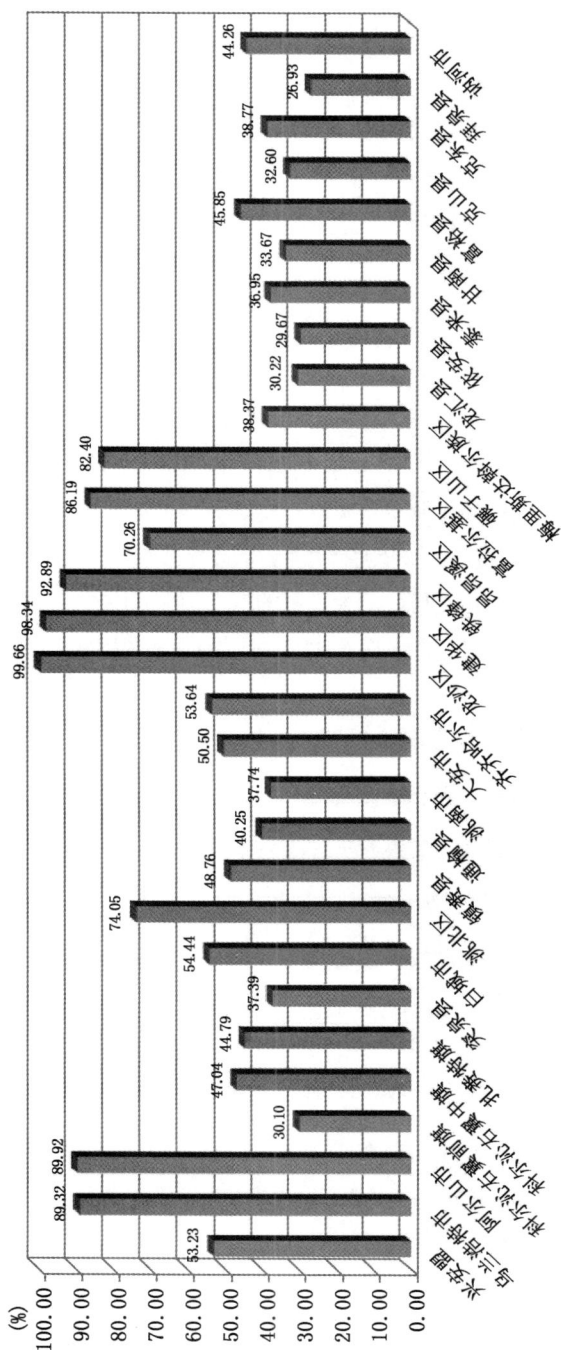

图6-5 蒙吉黑省际毗邻区域区、县、旗城镇化率

注：数据选取自各城市国民经济和社会发展统计公报；在此统计的是户籍人口城镇化率。

四、经济发展相对落后,产业同构现象严重

蒙吉黑毗邻区是东北地区为数不多的毗邻区之一,处于哈尔滨都市圈外围,同时也是哈长城市群发展延伸带的经济低谷区,产业结构不协调,经济发展相对落后。蒙吉黑毗邻区拥有 11 个国家级贫困县[①],其中三省交界县域的扎赉特旗、镇赉县和泰来县均为国家级贫困县。2022 年,蒙吉黑省际毗邻区的 GDP 总量为 2 574.39 亿元[②],与周边中心城市相比差距较大(哈尔滨市 2022 年 GDP 为 5 490.1 亿元;长春市为 6 744.6 亿元),其人均 GDP 为 39 060.98 元,还未达到中等水平。从产业结构来看(如图 6-6 所示),无论是城市或县域,均以农业和服务业为主,工业产业占比较小。部分区域农业占比超过 30%,扎赉特旗的农业比例更是达到了 61.7%。工业产业在蒙吉黑省际毗邻区的占比较小,扎赉特旗工业占比仅为 7%,镇赉县工业占比为 11.99%,产业发展较为落后,缺乏经济发展的工业支撑。从服务业来看,白城市(51.9%)、镇赉县(51.32%)的服务业占比超过 50%,其他区域也均超过 30%,这可能是由该地区城镇化水平低、缺少产业发展支撑所导致的。

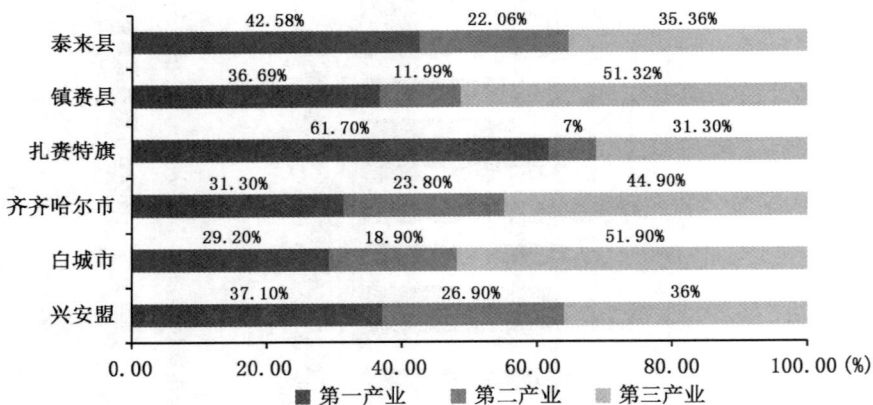

注:数据来源于各市统计年鉴,经计算整理所得。

图 6-6　蒙吉黑省际毗邻区城市和县域产业结构

---

① 蒙吉黑省际毗邻区的国家级贫困县包括科尔沁右翼中旗、扎赉特旗、阿尔山市、突泉县、科尔沁右翼前旗、大安县、通榆县、镇赉县、甘南县、泰来县、拜泉县。

② 数据来源:兴安盟、白城市与齐齐哈尔市 GDP 加总获得。

　　具体分析当地的支柱产业,可以发现蒙吉黑省际毗邻区以农牧业、畜牧业为主导产业,同时兼顾发展清洁能源产业和生态旅游业。装备工业(齐齐哈尔市)、食品加工业(泰来县)和特色中药产业(泰来县)也成为支撑当地发展的重要产业。这些主导产业类型以农业和服务业为主,与当地的农业种植结构息息相关,支撑着当地的经济发展,也从侧面反映了蒙吉黑毗邻区缺少工业产业,经济发展相对落后,产业同构现象严重。

　　综合来看,蒙吉黑省际毗邻区地理区位毗邻,地形地貌相似,自然资源种类繁多,经济发展状况相对平衡,产业结构相似,社会文化风俗同源,具备开展合作的基础和前提,其内在逻辑在于通过跨越行政壁垒在更大的市场范围享受其他城市所带来的空间溢出效应,进而释放经济发展的新动能(张学良和吴胜男,2021)。在中国式现代化和区域协调发展的大背景下,蒙吉黑省际毗邻区的合作发展不仅是实现资源优化整合、促进偏远地区融入国内国际双循环的必然选择,而且能够为情况相似的落后地区提供发展经验借鉴。

第二节　蒙吉黑毗邻区域合作发展的必要性

　　蒙吉黑省际毗邻区地处内蒙古、吉林、黑龙江三地交会处,地理毗邻、人缘相亲、文化同源、资源相似,具有合作发展的天然基础和综合优势。一方面,毗邻区域间的历史联系可追溯到元朝,历史悠久;另一方面,兴安盟、白城市、齐齐哈尔市作为面向对俄开放和中蒙大通道的重要节点,也是第四条欧亚大陆桥经济走廊的重要腹地,民族文化在这里与汉族文明相互交融。此外,这里也是大兴安岭和松嫩平原的过渡地带,自然生态休戚相关。基于此,蒙吉黑省际毗邻区的合作发展是历史传承的必然要求,是对国家战略要求的积极响应,是基于现实情况的迫切需要,是未来发展的必然选择。

一、放在历史维度间

　　蒙吉黑毗邻区曾属同一行政板块,自辽朝开始便有记载。在辽朝时期,齐齐哈尔市、兴安盟和白城市所在地区同属于辽朝政权的管辖范围。该区域在这个时期设立的长春州(现为白城市)是政治中心之一,是地方行政和政治活动的集聚地。

元朝时,白城市、扎赉特旗同属辽阳行省泰宁路管辖。进入清朝康熙时期,齐齐哈尔市改属黑龙江将军管辖,白城市也在光绪年间隶属黑龙江将军。光绪年间,清政府废黑龙江将军,设奉天、吉林、黑龙江三省,白城市和齐齐哈尔市归黑龙江省管辖。在此时期,齐齐哈尔市作为满洲八旗的发源地之一,凭借重要的区位优势,在清朝初期逐渐发展成为交通枢纽,促进了商贸活动的繁荣,推动了城市的经济发展。而白城市和兴安盟地区则在清朝时期属于满洲八旗的一部分,以农耕和牧业为主要经济活动。19 世纪末到 20 世纪初,随着现代化思想的传入和工业化的兴起,齐齐哈尔地区逐渐发展成为一个重要的工商业城市。铁路、煤矿和基础设施的建设推动了当地的工业化进程,带动了工业和商业的兴起。

新中国成立后,东北地区进行了一系列的行政区划调整和重新划分,在这次调整中,白城市与齐齐哈尔市在黑龙江省的行政管辖之下。1954 年,白城市划归吉林省。1969 年,随着内蒙古自治区行政区划的变更,原兴安盟的扎赉特旗随呼伦贝尔盟划归黑龙江省,科尔沁右翼前旗、突泉县划归吉林省白城地区,科尔沁右翼中旗随通辽划归吉林省。得益于东北地区丰富的自然资源以及新中国成立初期国家工业战略布局的调整,蒙吉黑地区特别是齐齐哈尔市优先发展重工业,迅速建立起了以重工业为主体的工业基地。1979 年,内蒙古自治区恢复原建制,扎赉特旗、科尔沁右翼前旗、突泉县划回呼伦贝尔盟,科尔沁右翼中旗仍属通辽。1980 年,经国务院批准,内蒙古自治区恢复兴安盟建制,就此形成了以兴安盟、白城市和齐齐哈尔市为代表的三省毗邻的地理格局。随着市场经济的逐步确立完善,其经济发展重心逐渐转移到东部沿海地区,东北地区逐渐衰落,改革和转型发展困难重重。2003 年,中央提出振兴东北地区等老工业基地,蒙吉黑地区逐渐开启了产业结构调整和经济发展转型的新篇章。这三个地区经历了多次行政区划调整和历史沿革,在不同的历史时期有着不同的行政归属和联系,特别是清朝时期以来就有着一定的行政关联。在行政区划调整变迁中,其共同经历了历史上经济的繁荣衰退与转型,这些历史联系和变迁形成了三地共同发展的历史基础(如图 6—7 所示)。

二、放在国家战略要求下

20 世纪 90 年代以来,随着经济体制的改革和社会主义市场经济体制的确立,东北地区老工业基地发展陷入困境,在计划经济体制下所积累的深层次、结构性矛盾不断爆发,该地区逐渐陷入低迷衰退的境地。与此同时,东南沿海地区的开放促

蒙吉黑三省毗邻区的历史渊源

辽朝(公元907-1125年)
白城市、齐齐哈尔市、兴安盟属同
一行政版块

蒙元时代
白城市、扎赉特旗同属辽阳行省泰宁路管辖

清朝光绪年间
清政府设奉天、吉林、黑龙江三省,
白城市和齐齐哈尔市归黑龙江省管辖

19世纪末到20世纪初
随着现代化思想的传入和工业化的兴起,
齐齐哈尔地区逐渐发展成为一个重要的
商业城市

新中国成立后
东北地区进行行政区划调整和重新划分
白城市、齐齐哈尔市同属黑龙江省管辖

1954年
白城市划归吉林省

1969年
内蒙古自治区行政区划变更
原兴安盟的扎赉特旗随呼伦贝尔盟划归黑龙江省,
科尔沁右翼前旗、突泉县划归吉林省白城地区,
科尔沁右翼中旗随通辽划归吉林省

1979年
内蒙古自治区恢复原建制
扎赉特旗、科尔沁右翼前旗、突泉县划回
呼伦贝尔盟,科尔沁右翼中旗仍属通辽

1980年
三省毗邻地理格局的形成
恢复兴安盟建制,就此形成了以兴安盟、
白城市和齐齐哈尔市为代表的三省毗邻的
地理格局

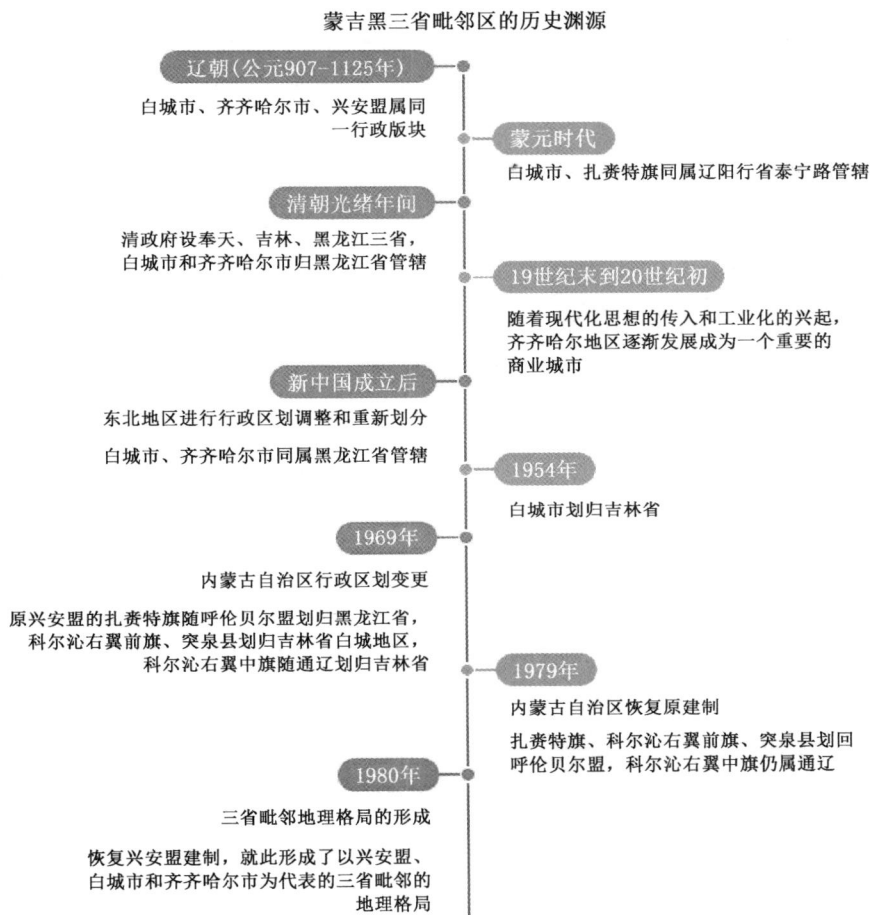

图6-7　蒙吉黑三省毗邻区的历史时间轴

进了经济崛起,区域经济差距不断扩大。2003年,中共中央、国务院发布《关于实施东北地区等老工业基地振兴战略的若干意见》;2009年,国务院又发布《关于进一步实施东北地区等老工业基地振兴战略的若干意见》;2016年,中共中央、国务院出台《关于全面振兴东北地区等老工业基地的若干意见》。这些政策性文件是国家区域协调发展战略的重要组成部分,其一方面是为了加快促进东北老工业基地的调整与改造,另一方面则是鼓励东北地区实行跨省(区)经济合作,推进内蒙古东部地区与东北三省的产业对接和合理分工。随着国家区域协调发展战略的深入推进,2018年,《中共中央 国务院关于建立更加有效的区域协调发展新机制的意见》发

布,该意见指出当前我国区域分化现象逐渐显现,无序开发与恶性竞争仍然存在,区域发展不平衡不充分问题依然比较突出。要深化区域合作机制,加强省际交界地区合作,探索建立统一规划、统一管理、合作共建、利益共享的合作新机制。跨越行政边界的省际合作逐渐成为合作发展的热点(张学良等,2023)。

作为东北地区为数不多的三省毗邻区,蒙吉黑省际毗邻区不仅承担着振兴东北、促进区域协调发展的使命,也肩负着探索东北地区跨区域合作新形势与新机制的使命。在相关省市的"十四五"规划中,吉林省提到拓展合作空间,推进西部白城地区与黑龙江、辽宁、内蒙古合作共建东北地区西部生态经济带。兴安盟指出,要打造经济协作互动新格局。推动兴安盟、白城、齐齐哈尔三地跨省基础设施互联互通,促进兴白齐区域一体化发展。白城市指出要推进东北地区西部生态经济带协同发展。加快促进与兴安盟、齐齐哈尔等重点区域融合发展,共同推进基础设施互联互通、资源要素流动互补、产业发展互利共赢、生态环境共建共保,实现新型城镇化同步推进,公共服务和社会治理一体化发展。齐齐哈尔市则提出要发挥东北地区西北区域中心城市辐射周边、吸引周边、支撑周边作用,打造齐齐哈尔—白城—呼伦贝尔—兴安盟跨省区生态经济合作区,但同时也认识到当前还缺乏区域间合作发展的有效路径。

在中国式现代化与共同富裕的背景下,东北振兴不仅是单纯的 GDP 的增长,而且是经济、社会、文化、公共服务、社会治理的全方位振兴。其关键在于打破行政壁垒,加快要素流动和优化配置,以区域合作为重要抓手,共同探索高质量发展、高水平开放、高品质生活和高效能治理的路径,进而激发内生发展新动能和促进区域协调发展。蒙吉黑毗邻区要抓住自身的区位优势,充分发挥向西联动蒙古国、向北联动俄罗斯、向南融入辽宁沿海经济带和向东接入长吉图先导区的优势条件,积极融入国内国际双循环,发挥自身的比较优势,为东北地区区域合作发展探索有效路径并提供经验借鉴。

三、放在现实基础上

党的二十大报告指出,要坚持"绿水青山就是金山银山"的理念,坚持山水林田湖草沙一体化保护和系统治理,全方位、全地域、全过程加强生态环境保护。

从人口资源与环境的协调发展来看,当前,该区域生态环境脆弱,人口、资源、环境等协调发展的结构性矛盾和深层次问题比较突出。蒙吉黑毗邻区多数城市和县域人口持续收缩,在人口外流和独生子女的社会大背景下,该地区人口老龄化较为严重。根据第七次人口普查数据,兴安盟 60 岁及以上老年人口占比为 18%,接近全国平均水平;齐齐哈尔市 60 周岁以上老年人口占比为 24.13%,白城市 60 岁及以上人口占比为 23.59%,远远高于全国平均水平(18.7%)。在资源利用率方面,三省毗邻区的水资源、土地资源在过去发生了较大变化,齐齐哈尔重工业的用水需求导致超采地下水的问题十分严重,水域面积和湿地面积逐年减少,生态系统服务价值有所下降,其中,这种变化在泰来县最为显著(杨凤海等,2018)。兴安盟的水资源浪费也较为严重,这主要是由农业耕作技术和排灌渠系不配套等人为因素导致(邱作人,1989);白城市的土地可持续利用水平也有待提高(韩锦辉,2018)。这种资源利用效率明显偏低的特点反映了经济增长方式的粗放。在此背景下,蒙吉黑省际毗邻区还尚未形成统一的生态协同治理标准,生态环境执法联动尚未完善。随着资源约束矛盾不断增大,形成生态环境协同治理长效机制、共同探索“绿水青山就是金山银山”的价值转换路径是蒙吉黑三省毗邻区的现实要求。

从交通联系来看,目前蒙吉黑地区形成了以齐齐哈尔为中心、以白城市为次中心的交通联系网,基本形成了以齐齐哈尔为区域交通枢纽,向东北—西南方向辐射的空间格局。但值得注意的是,蒙吉黑三省毗邻区的基础设施联通程度还远远不够,区域内存在多条断头省道,扎赉特旗、突泉县甚至没有铁路规划。这对区域合作的开展提出了挑战。基于 12306 网站查询三座城市之间的铁路班次,可以发现,该区域的铁路班次以普快火车为主,其中齐齐哈尔—白城、乌兰浩特—白城为 8 次/天,齐齐哈尔—乌兰浩特暂未开通铁路客运。众所周知,区域合作的开展依赖于交通基础设施的联通,而互联互通的交通网络不仅能够带动当地的发展,还能促进区域一体化的形成。在此基础上,蒙吉黑省际毗邻区加快推进交通网络的布局和构建不仅是当地经济发展的内在需要,也是开展省际交流合作的现实要求。

从省际毗邻区到东北各省会城市的距离来看,蒙吉黑省际毗邻区距离哈尔滨约 317 千米,距离长春约 380 千米,距离呼和浩特约 1 325 千米,距离沈阳约 615 千米。[①] 结合该毗邻区的地理区位来看,虽然该区域距离东北中心城市均有一定的距离,但是由于靠近边境,是对蒙、对俄开放大通道的重要节点,故在国内板块分化加剧和双循环的背景下,其开展跨区域合作一方面是促进自身经济发展的需要,另一方面也是融入国内国际大循环、加快高水平开放的必然要求。

---

① 距离依据高德地图计算得出,为毗邻区中心到各省会城市人民政府的实际距离。

四、放在未来发展趋势中

其一，东北地区是我国的老工业基地，资源丰富且产业体系较为完备。2023年是东北振兴序幕拉开的第20年，在此期间，东北振兴的内涵从最初的老工业基地振兴逐渐演变为全方位振兴，追求经济、社会、文化、生态的协调和可持续发展。东北振兴战略的确促进了东北地区经济的转型发展，但是也要清醒地意识到，结构性、体制性问题依然存在，东北振兴战略具有长期性、复杂性的特点（梁启东，2023）。从长远来看，东北振兴战略依然是区域协调发展的重要组成部分，国家依然会坚定不移地支持东北的振兴和发展。其二，当前的区域合作正在从城市群、都市圈的抱团发展转向更小尺度的毗邻区合作，以毗邻地区为空间载体的一体化发展具有突破强、见效快、风险小、可操作、能复制等独特优势（吕小瑞，2021），在区域发展实践中更易形成较为健全的区域合作机制与区际利益共享机制，为一体化与协调发展提供新思路（张学良等，2019）。蒙吉黑三省跨区域合作不仅是现实要求，也符合未来区域合作的发展趋势。其三，长远来看，区域板块分化会继续加剧，南北差距特别是东北地区与其他区域的经济差距还会有持续扩大的趋势（盛来运等，2018），同时由于经济增长乏力、体制机制僵化等原因，东北地区的人口收缩、城市收缩问题也会一直存在（刘风豹等，2018），东北地区、蒙吉黑省际毗邻区在面向未来的发展中依旧存在严峻挑战。其四，随着经济的快速发展和污染的不断加剧，以及人民群众对绿水青山的追求和向往，生态约束、自然资源约束会愈加严格，特别是蒙吉黑省际毗邻区位于草原与平原的过渡地带，生态环境脆弱，这就要求其在未来的发展过程中兼顾环境保护，提高资源的利用效率。因此，蒙吉黑三省毗邻区只有通过跨区域合作加强资源整合，提高发展效率，才能在未来实现高质量发展。

第三节 蒙吉黑毗邻区域合作发展的边界效应分析

蒙吉黑三地坐拥多个自然风景区，但同时处于地理过渡带也使得该毗邻区的生态环境脆弱。该地区跨区域合作最早开始于区域旅游合作和生态治理合作，而后逐渐延伸为多方位的一体化合作。早在"十二五"规划期间（2011—2015年），兴安盟提出要主动融入东北经济区，联合周边地区共同打造"阿尔山—乌兰浩特—白城—长春—吉林—图们""阿尔山—乌兰浩特—大庆—齐齐哈尔—哈尔滨"经济走廊。白城市则提出了西进融入"东五盟"、北上融入"哈大齐"构想。"十三五"时期（2016—2020 年），吉林省在规划中提出要建设西部生态经济区，打造吉林西部生态屏障、农田生态系统和绿色廊道。白城市提出以建设吉林西部生态经济区为抓手，建设生态文明制度创新实验区。兴安盟在规划中提到要深化兴白齐区域合作，着力推动兴安盟、白城、齐齐哈尔三个盟市在基础设施互联互通、生态环境联防联治、产业发展分工协作、城镇体系合作共建、基本公共服务共建共享等领域的合作。齐齐哈尔市要强化在黑、吉、蒙三省交界处的中心城市地位与作用。在此期间，兴白齐生态经济合作区的战略构想被正式提出并在全国政协上作为重点提案。2019 年8 月，国家发展改革委、自然资源部、生态环境部、农业农村部联合印发《东北地区西部生态经济带发展规划》，规划区域面积为 93.8 万平方千米，人口约为 3 560 万人，包括了蒙吉黑三省毗邻区。进入"十四五"以来，相关城市县域均提出了推进西部生态经济带建设、推进三地跨省互联互通、促进兴白齐一体化发展、打造跨省区生态经济合作区等发展方向，跨区域合作发展的意愿较为强烈。与此同时，我们也要清醒地认识到，当前蒙吉黑三省毗邻区的跨区域合作还处于初级阶段，虽然其拥有强烈的合作意向与合作方向，但是区域之间缺乏长效联动合作机制和利益共享机制，还没形成行之有效的合作发展路径，地方保护主义和地方竞争所带来的区域边界效应较为明显（龚勤林等，2023）。而跨区域合作正是打破这种边界所带来的壁垒，加速地理边界、行政边界、经济边界和社会文化边界的耦合发展，进而促进要素资源跨区域流动和有效配置的有效手段。接下来，我们将通过构建"地理边界—行政边界—经济边界—社会文化边界"分析框架，对蒙吉黑三省毗邻区的合作发展进行空间分析。地理边界是影响区域合作的天然壁垒，区域间复杂的地形地貌和地理距离影响着地区间经济交流与要素流动（曾冰和邱志萍，2018）。行政边界作为城市界限，直接分割了地理空间（唐锦玥和罗守贵，2022），是行政壁垒的主要因素。出于地方竞争和保护主义，行政区往往会在要素获取、标准互认等方面存在分歧，进而影响跨区域合作进程（安树伟等，2022）。经济边界也是阻碍跨区域合作的重要因素，由于地方政府合作动机激励不足，在边界地区很难产生经济合作，同时保护主义与地方竞争会使区域贸易往来受到行政因素的影响，从而削弱经济交流，进而产生经济边界和市场分割（王文凯和任元明，2022）。社会文化边界在跨区域合作中也发挥着重要作用，社会邻近有助于地区间形成信任关系（贺灿飞和余昌达，2022），对于开展跨区域合作具有重要意义。

　　基于此,在"地理边界—行政边界—经济边界—社会文化边界"分析框架的基础上,我们通过考察蒙吉黑三省毗邻区边界所产生的空间分异,评价蒙吉黑毗邻区的区域协同发展水平。

一、蒙吉黑三省毗邻区有着良好的边界自然属性,但尚未实现地理边界的时空耦合

　　良好的地形条件是开展区域合作的地理基础,也是实现地理边界融合的重要条件。首先,利用 ArcGIS 软件考察蒙吉黑三省毗邻区内部的边界坡度(如图 6—8 所示)。地形坡度图显示蒙吉黑三省毗邻区的西部区域位于山脉与平原的过渡地带,地形坡度相对较陡,但是中部、东北部、南部均位于平原区,特别是三省毗邻县域拥有着良好的边界自然属性,平坦的地形条件为区域联系与合作创造了良好的地理前提。

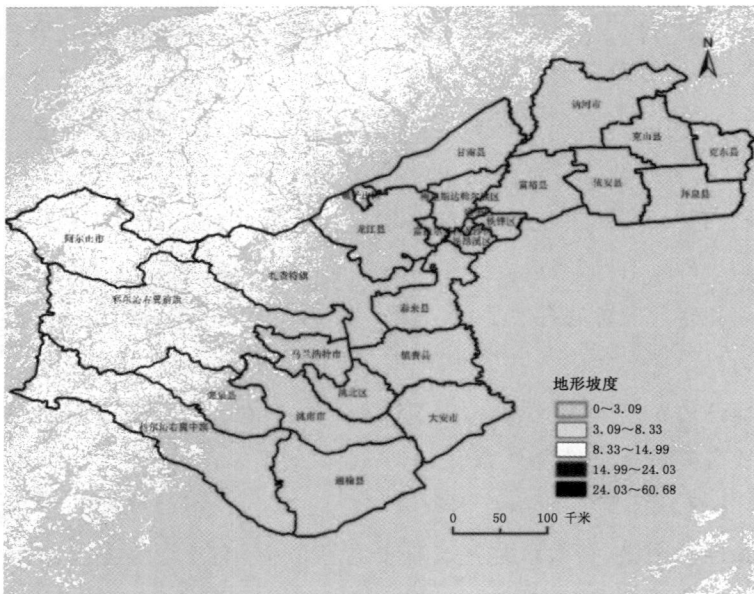

图 6—8　蒙吉黑三省毗邻区地形坡度(彩图详见二维码)

　　其次,交通基础设施的联通改善也有助于缩短区域之间的时空距离,促进毗邻

区域的边界耦合。从路网密度[①]来看,蒙吉黑三省毗邻区域内,白城市与齐齐哈尔市的路网密度分别为 4.73 千米/平方千米和 4.16 千米/平方千米。进一步比较县域内路网密度可以发现,镇赉县路网密度(12.83 千米/平方千米)高于区域内平均水平(5.91 千米/平方千米),扎赉特旗(5.04 千米/平方千米)和泰来县(3.88 千米/平方千米)的路网密度不仅小于平均水平,而且低于多数县域的路网密度,区域路网密度有待提升,同时毗邻区的路网互联互通有待加强。

从铁路基础设施的互联互通来看,蒙吉黑三省毗邻区内拥有铁路站点共计 41 个,其中兴安盟共有 17 个火车站[②],齐齐哈尔市拥有 11 个火车站[③],白城市有 13 个火车站[④],覆盖了市区和大部分县域。但实际上在省际毗邻区的三个县域中,泰来县和镇赉县分别拥有一个铁路站点,扎赉特旗暂未开通铁路。从中国高速铁路线路开通数据来看,截至 2021 年 10 月,蒙吉黑三省毗邻区域内只有齐齐哈尔开通了高速铁路,毗邻区内部尚未形成密切的铁路网络,同时也尚未与哈尔滨、沈阳等区域中心城市构建高速铁路联系。跨区域的铁路通达性水平较低影响了毗邻区地理边界的时空距离,交通基础设施正在成为阻碍区域互联互通和要素流动的重要因素。

二、府际合作意愿明显加强,但隐性行政壁垒所导致的行政边界仍然较为明显

蒙吉黑三省毗邻区在历史上多次经历区划调整,行政边界数次变更,目前该省际毗邻区共涉及 3 个省份、3 个地级市(盟)、19 个县域(旗),其中扎赉特旗、泰来县和镇赉县直接毗邻。由于行政区划不同,特别是该毗邻区分别属于三个不同的省份,因此其在开展交流合作的过程中难免存在利益冲突,行政协调成本较高,行政壁垒较为明显。近年来,随着国家重大区域发展战略的持续推进和区域合作发展模式的转变,蒙吉黑三省毗邻区逐渐打破行政边界,府际合作意愿明显加强。各省

---

① 路网密度通过建成区公路长度除以建成区面积获得,数据年份为 2020 年,数据来源为 EPS 数据平台。

② 兴安盟:乌兰浩特站、哈日努拉站、阿尔山站、阿尔山北站、白音胡硕站、西哲里木站、吐列毛杜站、大石寨站、索伦站、绿水站、五叉沟站、白狼站、葛根庙站、伊尔施站、德伯斯站、归流河站、宁家站。

③ 齐齐哈尔市:齐齐哈尔站、齐齐哈尔南站、富拉尔基站、昂昂溪站、碾子山站、泰来站、富裕站、三间房站、讷河站、龙江站、榆树屯站。

④ 白城市:大安北火车站、洮南站、白城站、镇赉站、通榆站、大安站、两家站、到保火车站、安广站、黑水站、平台火车站、镇西站、海坨子火车站。

(自治区)市(盟)在发展规划和政府工作报告中,多次提到要打造经济协作互动新格局,共建跨省区生态经济合作区,合作行动涉及基础设施联通、生态保护等多个方面。但是在跨区域合作的过程中也暴露出了许多问题:一方面,蒙吉黑三省毗邻区域的交流合作在政府规划文件中多次体现,但是缺乏合作路径,特别是齐齐哈尔市在"十四五"规划中提到缺乏区域间合作发展的有效路径是当前面临的挑战之一。另一方面,三地在生态经济合作区的命名中也存在争议。在各省市的报道和政府新闻中,时常出现将白齐兴生态经济合作区表述为"兴白齐""齐白兴"等,在合作内容中通常也是以"我"为主,缺乏区域合作的大局观念,利益冲突较为明显,还存在较为严重的隐性行政壁垒。

三、蒙吉黑毗邻区经济发展不平衡,区域经济边界尚待打破

为了更好地考察蒙吉黑三省毗邻区的经济边界,首先探讨蒙吉黑三省毗邻区的经济发展特征。本节以 2012—2021 年县域人均 GDP 数据为基础,一方面利用 ArcGIS 自然断点法对蒙吉黑省际毗邻区经济发展的空间特征进行可视化分析;另一方面,利用邻接矩阵和莫兰指数(Moran's I)探讨该区域内的经济集聚情况,各年份的 P 值均在 0.05 以下,通过了显著性检验,分析结果如图 6—9 所示。

彩色效果

(a)　　　　　　　　　(b)　　　　　　　　　(c)

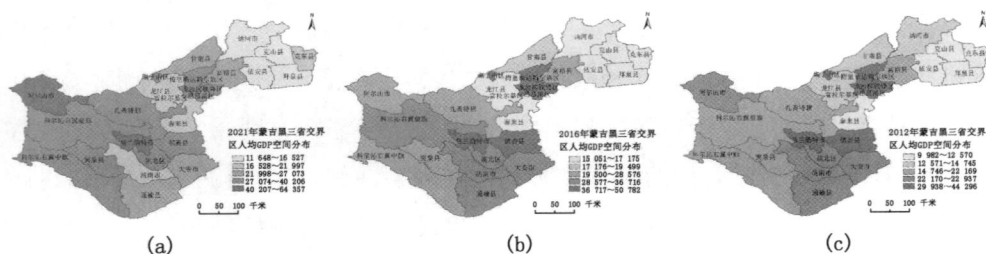

图 6—9　蒙吉黑三省毗邻区人均 GDP 空间分布(彩图详见二维码)

从人均 GDP 的空间分布特征来看,毗邻区域经济发展特征表现为发展不平衡。总体来看,2012—2016 年该毗邻区内部的相对经济发展差距在逐渐缩小,2016—2021 年相对经济差距在逐渐扩大,在此期间,该区域的绝对经济发展差距一直呈现扩大态势,经济发展不平衡的特征愈发明显。从时间特征来看,2012 年,齐齐哈尔市辖区、镇赉县和乌兰浩特市的人均 GDP 处于较高水平,2016 年其依旧领

先于其他县域。2021 年,齐齐哈尔市人均 GDP 水平排在前列,但镇赉县的排名有所下降。从空间特征来看,该省际毗邻区东北部(克山县、依安县、克东县、拜泉县)的人均 GDP 发展水平相对落后,呈现出连片集中分布的发展不平衡不充分的特征。南部区域的发展相对而言较为平衡,但是并未表现出跨越式发展的态势,人均 GDP 的绝对数量还有待提升。进一步观察三省毗邻县域(镇赉县、泰来县、扎赉特旗)的经济发展状况可以发现,三区域发展差距较大,特别是泰来县发展较为落后,表现出了明显的边界差距。

从莫兰指数的计算结果来看,该省际毗邻区人均 GDP 的莫兰指数呈现波动上升态势(如图 6—10 所示)。2012—2014 年,该区域的莫兰指数急剧上升,经济空间集聚程度有所加强;2014—2018 年,该区域的莫兰指数呈现下降态势,在此期间该毗邻区的人均 GDP 空间集聚情况有所减弱,人均 GDP 的空间分布呈现分散的特征。自 2018 年起,蒙吉黑毗邻区的莫兰指数有所回升,各单元经济发展水平空间集聚性有所加强。

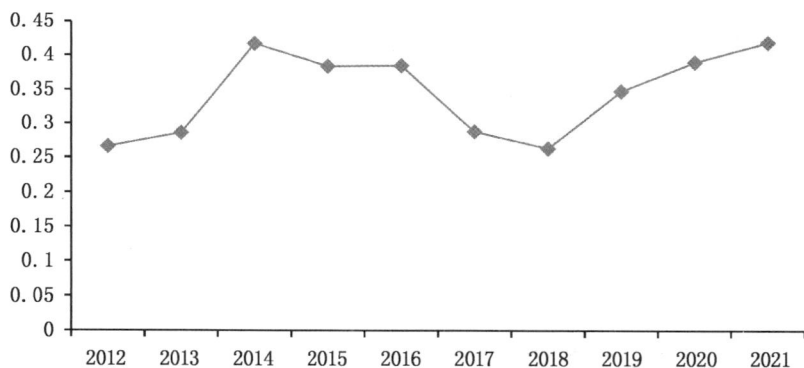

图 6—10 蒙吉黑三省毗邻区人均 GDP 的莫兰指数

为了更好地比较边界差异,分析蒙吉黑省际交界区的边界经济发展特征,计算了局部莫兰指数(如图 6—11 所示)。蒙吉黑毗邻区东北部县域始终属于低—低(L-L)集聚类型,再次印证了上文所分析的该区域发展特征为集中连片的不平衡不充分。从高—高(H-H)集聚类型分布来看,该类型多分布于毗邻区中部、南部县域。进一步看三省毗邻县域,镇赉县始终属于高—高(H-H)集聚类型,扎赉特旗在 2021 年也呈现高—高(H-H)集聚的分布特征;但是泰来县在空间集聚特征上始终不显著,这说明该县域与周边的关联程度还有待加强。

Moran scatterplot (Moran's I = 0.266)
2012

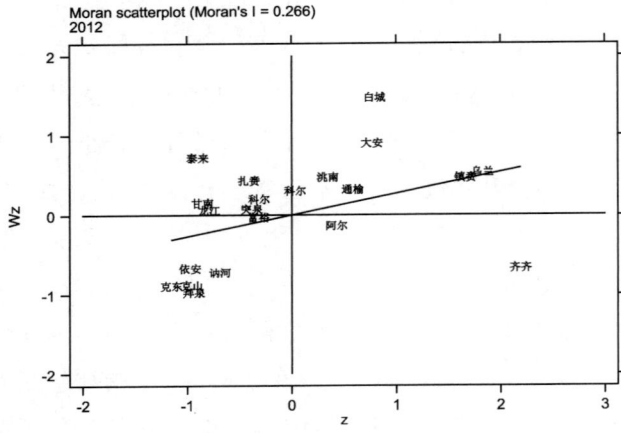

(a)

Moran scatterplot (Moran's I = 0.385)
2016

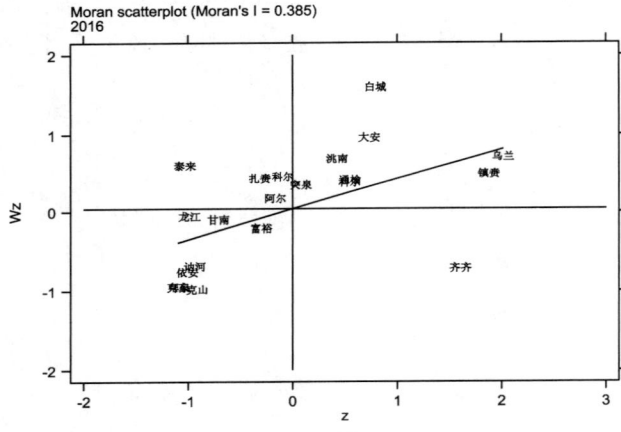

(b)

Moran scatterplot (Moran's I = 0.419)
2021

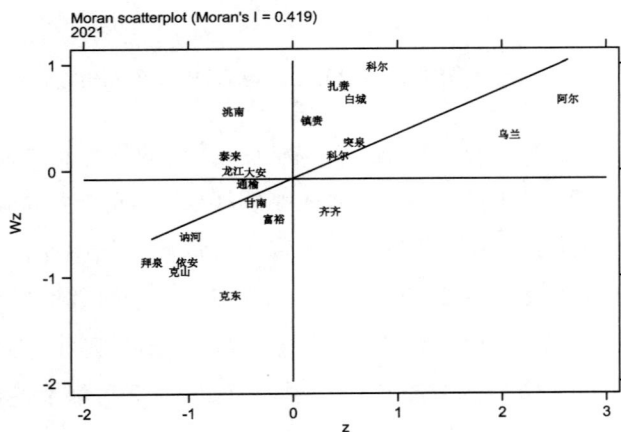

(c)

图6—11　蒙吉黑三省毗邻区局部莫兰指数散点图

在刻画蒙吉黑三省毗邻区经济发展分布情况和空间集聚情况的基础上,为了进一步探讨边界区域的经济联系和产业关联情况,采用 2023 年 8 月前上市公司参控股数据分析蒙吉黑省际毗邻区经济联系。通过对数据的处理分析发现,蒙吉黑三省毗邻区共涉及企业 495 家,其中齐齐哈尔市 263 家、白城市 129 家、兴安盟 103 家,齐齐哈尔市公司总部对外控股 73 家,参股分部 190 家,白城市和兴安盟暂无对外控股公司,参股分部公司分别为 129 家和 103 家。

从齐齐哈尔市公司控股产业关联情况来看[如图 6—12(a)所示],齐齐哈尔市对外产业关联总体呈现小范围发散的特征,以东部沿海地区为主,与北京—天津—胶东半岛和福建—广东—海南地区形成了经济关联带,关联城市以直辖市、省会城市和国家中心城市为主。从具体关联程度来看,泉州、天津和大连与齐齐哈尔的经济联系较强,分别为 13 个、12 个和 10 个。将范围进一步缩小至东北区域可以发现,齐齐哈尔与大连市的经济联系明显高于哈尔滨、沈阳、长春等区域中心城市,周边经济仍然处于一种弱联系的状态。从齐齐哈尔市公司参股产业关联情况来看[如图 6—12(b)所示],相比设立控股公司,有更多的公司和地区愿意在齐齐哈尔市设立子公司,网络分布更加广泛密集。分布范围除了以东部沿海地区为主外,中部城市和西部少数城市也有所涉及,城市等级也呈现出多样性的特征。其中,哈尔滨(42)、北京(15)、宜昌(12)、上海(11)、绍兴(11)和厦门(10)与齐齐哈尔的产业关联情况较为紧密。从东北区域来看,哈尔滨、大庆、长春、佳木斯、沈阳、通化、锦州、大连等城市均对齐齐哈尔产生了辐射溢出。相比之下,蒙吉黑三省毗邻区与齐齐哈尔市的经济和产业目前仍然处于弱联系状态,在参控股数据中表现出明显的边界。

从白城参股公司关联来看(如图 6—13 所示),虽然其分布范围较为广泛,但是城市和城市之间的参控股公司联系强度不大,多数城市在白城的控股公司少于 4 家,经济关联程度有待提升。从区域来看,长春(22)、北京(18)和青岛(12)在白城的控股公司较多,高能级的城市在此过程中展现出了一定的辐射带动作用。从东北区域来看,哈尔滨、佳木斯、长春、吉林、大连等城市与白城之间也表现出了一定的经济关联,但是哈尔滨、佳木斯和吉林市的关联次数只有 1,和大连市的关联次数为 2,东北地区城市对白城的辐射溢出效应还相对较弱。聚焦蒙吉黑毗邻区,白城与相关城市并无参控股数据的关联,经济边界所带来的产业壁垒还尚未打破。

从兴安盟参股公司关联来看(如图 6—14 所示),其母公司分布范围较为广泛,但仍然以东部和中部城市为主,仅涉及少量西部城市。北京与长沙在兴安盟的控股公司较多,多数城市虽然呈现出有经济关联的特征,但是这种联系程度并不紧

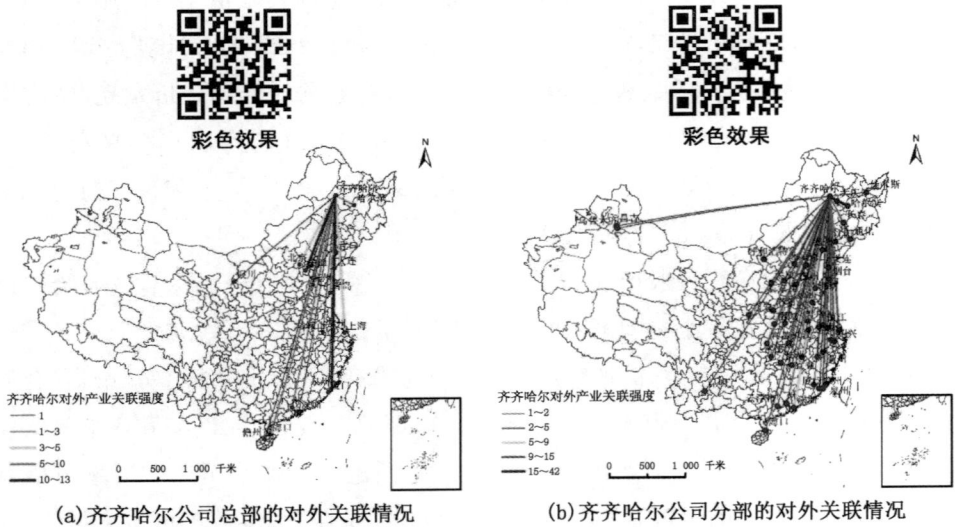

(a)齐齐哈尔公司总部的对外关联情况　　　(b)齐齐哈尔公司分部的对外关联情况

注:基于自然资源部标准地图服务网站下载的单图号为 GS(2020)4630 的标准地图制作,底图无修改。

图 6—12　齐齐哈尔参控股公司关联图(彩图详见二维码)

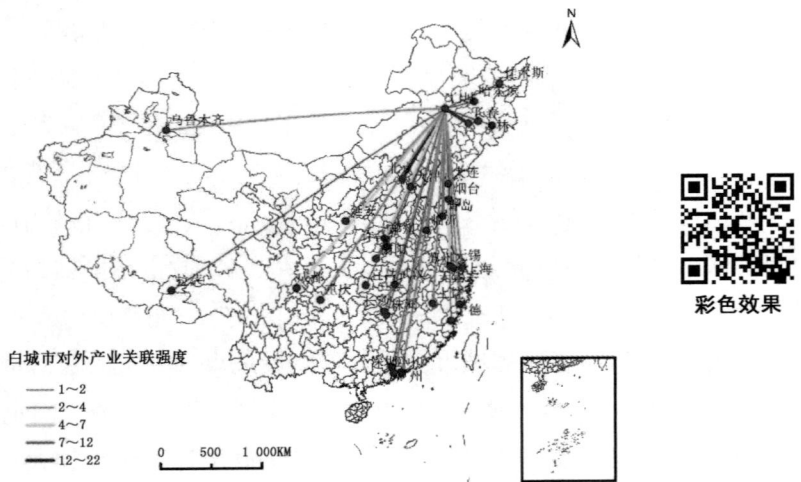

注:基于自然资源部标准地图服务网站下载的单图号为 GS(2020)4630 的标准地图制作,底图无修改。

图 6—13　白城参股公司关联图(彩图详见二维码)

密,2 家控股公司及以下数量的城市占到整体的 73.68%。除北京、长沙外,兴安盟的控股公司来源以内蒙古自治区内城市(呼和浩特、鄂尔多斯、包头、赤峰)为主,部分来源于相邻的东北地区(长春、吉林、哈尔滨等)。从毗邻区内部来看,兴安盟与白城和齐齐哈尔暂无参控股公司关联,说明三者在企业合作和产业协作方面还有待突破,也反映了蒙吉黑毗邻区内部的经济边界亟需打破。

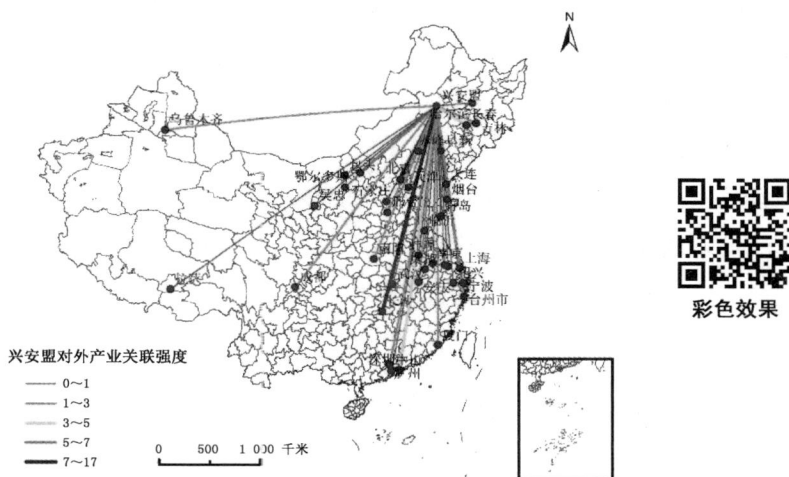

注:基于自然资源部标准地图服务网站下载的单图号为 GS(2020)4630 的标准地图制作,底图无修改。

图6-14　兴安盟参控股公司关联图(彩图详见二维码)

　　总体来看,蒙吉黑毗邻区内部城市在参控股数据方面均与多个城市存在经济关联,涉及区域包括东南沿海城市、东北地区城市和少数西部城市,但是目前这种关联程度相对较弱,产业紧密程度有待加强,仍然是国际国内大循环的外围区域。值得注意的是,蒙吉黑毗邻区内部还暂无产业联系,内部经济关联性微乎其微,三个城市之间的经济边界尚未打破,与市场一体化和经济边界的耦合还有较大差距,蒙吉黑毗邻区在合作交流的过程中仍然需要重视产业协作和经济关联程度。

四、地域文化多元,社会文化边界具有包容性和开放性

　　蒙吉黑三省毗邻区属于东北地区[①],由于该区域在历史上经历了民族融合和多次行政变革,故其社会文化具有多元化的特点。东北区域特别是蒙吉黑三省毗邻

---

① 东北地区指辽宁、吉林、黑龙江三省以及内蒙古东五盟市构成的区域,简称东北。

区域经历了女真族、蒙古族、满族等多个少数民族的统治,加之闯关东和清朝实行鼓励移民实边政策的影响,使得该区域具有显著的民族融合特点。从民族构成来看,蒙吉黑省际毗邻区是多民族散居地区,共有蒙、满、回等 35 个少数民族,其中人口以蒙古族、满族为主,文化、语言、宗教和风俗等不同领域的融合使得该地区民族交融特点明显,具有很强的民族文化包容度。民族的融合造就了东北地区文化的融合,汉满农耕文化区和蒙古草原游牧文化区在该区域相互交融,同时以山东、山西、河北、河南为主的移民文化为东北地区添加了汉文化的要素。文化的相互交融为东北奠定了多元的新型东北文化基础,也形成了东北人勇敢、开放与保守共存的人格特质。多民族的融合和多元文化的共生使东北地域文化具有兼容性、包容性、开放性。因此,在蒙吉黑三省毗邻区域内,社会文化受到民族融合和文化多样性等的影响,不再具有明显的边界特征。

第四节　蒙吉黑毗邻区域的"多彩"发展路径

蒙吉黑省际毗邻区作为我国东北地区的典型交界地带之一,自然条件优越,区位优势明显,合作发展不仅是历史的延续,也是响应重大区域发展战略,深入推进东北地区全方位振兴和高质量发展的必然要求。该区域不仅承担着破解区域合作发展难题、形成东北特色合作发展模式的使命,也是畅通双循环、形成新发展格局和实现中国式现代化的重要空间节点。近年来,伴随着东北地区发展的持续乏力和东北全方位振兴的深入推进,蒙吉黑省际毗邻区在此过程中暴露出了诸多问题,人口流失、城镇化有待深入推进、基础设施有待完善、行政壁垒较为明显、经济边界尚待打通等因素制约着当地经济社会的高质量发展。探索如何打破固有发展模式、创新区域经济增长方式,是蒙吉黑省际毗邻区迈向更高质量更深层次发展和加快推进区域协调亟待解决的问题。在分析蒙吉黑三省毗邻区发展的时空演化格局和发展问题的基础上,本章从蒙吉黑三省毗邻区的发展基础和现实条件出发,以兼顾质量与速度的"多彩"增长理论为支撑,在生态资源环境的红线约束下,深化传统橙色增长、坚持创新金色增长、塑造生态绿色增长、传承文化青色增长、深挖公共服务蓝色增长、共筑区域协同紫色增长,通过"多彩"增长方式实现"三生"融合与"四高"发展,进而形成良性竞合、循环通畅、生态宜居、区域协同的有机合作毗邻区。对于蒙吉黑省际毗邻区而言,生态的相对脆弱决定了绿色是其发展的底色,也是贯穿发展的主线。其应在生态环境保护的基础上,通过"绿色＋"实现区域"多彩"增长和协同发展,进而打造成为区域协调发展的毗邻生态示范区与引领区。

一、将"绿色"增长作为发展底色,坚持绿水青山就是金山银山的发展理念

蒙吉黑省际毗邻区地处大兴安岭与松嫩平原的过渡地带,区域环境条件复杂多样决定了其生态系统的自我修复能力相对较低,生态环境具有脆弱性。因此,以"两山理论"为基础,擦亮绿色生态底色,加强环境治理与生态保护对于蒙吉黑省际毗邻区的经济增长而言具有重要意义,也是其实现"多彩"发展的必然选择。省际毗邻区内自然动植物资源丰富,山河湖泡众多,需要共同做好山、水、地、物等方面的保护与治理。第一,要加快推进毗邻区生态保护红线的勘探与划定,建立生态保护红线数据库,搭建生态保护红线监管平台,开展常态化生态保护红线检测预警与评估考核,及时掌握生态保护红线生态功能状况及动态变化,深入排查破坏自然保护地生态环境的违法违规行为,严格保护生态空间安全。第二,要协同推进区域内嫩江、雅鲁河、卓尔河、洮儿河等河流的保护,以改善水环境质量为核心,提升水资源、水环境承载能力,实行最严格的水资源保护与管理制度,加强水质自动监测和预警机制,持续改善水环境质量,提升河湖生态功能,推动嫩江流域跨市、跨省联保共治、协同保护,突出"东北水塔"的生态地位。第三,持续开展自然湿地保护恢复,加强洮儿河国家湿地公园、扎赉特绰尔托欣河国家湿地公园保护,通过湿地植被修复、栖息地恢复、水系连通、生态补水、疏浚清淤、污染治理、生物防治等措施,开展已垦湿地及周边退化湿地生态修复,恢复湿地原有状态,为鸟类繁育发展提供良好条件。第四,加强区域内生物多样性的保护,以莫莫格国家级自然保护区、图牧吉国家级自然保护区、大兴安岭水源涵养和生物多样性保护区为工作重点,推进生物多样性的保护工作。要强化候鸟源头保护和迁徙鸟类的野外巡护工作,积极探索高科技手段的应用,改进巡护技术,探索进入鸟类集群区域及其关键路径,或在条件简陋地区应用视频手段,密切监控进入栖息地各类人员的活动,提高监测巡护效率,消除监测盲区,及时发现和查处违法行径。第五,加快建立毗邻区生态环境联防联控机制,建立执法联动联席会议制度和信息共享机制,针对跨省区河流生态环境、属地不清的边界散乱污、危险废物违规排放等问题定期开展联合执法行动,严厉打击各类环境违法行为。第六,加快生态产品价值实现机制的创新突破,目前毗

邻区仍然在探索"绿水青山"转变为"金山银山"这一转换路径,要推动生态系统生产总值(GEP)的核算工作,积极探索生态产品交易机制,加大绿色金融支持力度,如使用专项基金、绿色债券等,为生态价值转换提供融资支持。

二、将"绿色＋橙色＋金色"作为发展支撑,坚持将创新贯穿在高质量发展过程中

以绿色发展为导向,在产业转型升级中深化传统要素的驱动机制,将创新贯穿于高质量发展全过程,是蒙吉黑省际毗邻区实现"多彩"发展的重要支撑。当前,蒙吉黑区域产业结构以农业、生活性服务业为主,产业价值有待提升;工业以装备产业、加工业为主,具有高耗能、高污染的特点。因此,在红色生态约束和绿色发展的引领下,深化橙色传统的增长模式和坚持金色创新的驱动增长对于蒙吉黑省际毗邻区而言意义重大。第一,依托现有农业品牌,大力推广绿色农业。在发展特色作物种植的基础上,对种植作物进行品牌化管理,形成"镇赉大米""泰来中药""扎赉特旗牛肉"等特色品牌。依托当地知名企业如飞鹤等,通过宣传"0 污染""0 添加""0 激素"等标语,实现绿色有机与农业发展相结合,提高区域品牌价值和农业科技支撑能力。第二,结合产业发展现状,打造标准化种植示范区和康养旅游休闲区。一方面,与农科院、大学等科研机构开展深度合作,建设具有基础性和引领性的种植示范园区,探索特色农作物种植的蒙吉黑标准。另一方面,积极引入外部资本,支持当地特色产业通过市场化运作打造具有当地风情的特色小镇,为康养旅游发展提供平台。第三,提高工业企业准入标准,限制高污染、高能耗企业的发展。一方面,在对区域内石油矿产资源开发的过程中要加快技术改造,引入清洁生产技术,提升企业污染综合治理水平,确保污水废气等污染物排放达到环保标准。另一方面,提高传统要素的利用效率,通过集约化利用传统要素(如土地、资本),实现资源的最优配置。将传统要素利用与绿色创新相结合,鼓励企业在资源开发中采用绿色技术和低碳方案,提高资源的综合利用效率,实现经济增长与绿色发展的良性循环。此外,要制定更为严格和详细的工业企业准入标准,通过税收优惠、贷款支持等方式鼓励企业提高环保和综合治污水平。第四,立足自身资源优势,大力发展清洁能源。蒙吉黑省际毗邻区的风能、太阳能资源丰富,具备发展清洁能源产业的优势条件,应重点发展以风能、太阳能、生物质发电为主的清洁能源产业,加快新能源产业在毗邻区内的合理布局,避免重复投入,发挥各县域的比较优势,进行差异

化投资。鼓励毗邻区内县域主动与科研院所合作,共同探索先进的技术解决方案,包括特高压、储能技术、智能能源管理系统等,以应对能源波动和提高能源利用效率。积极引入市场力量进入当地清洁能源行业,共同打造国家重要的能源基地。

三、将"绿色＋紫色"作为区域合作发展模式,打造高水平开放的生态经济区

随着区域协调发展的持续深化,区域合作的范围和尺度也在逐渐缩小。在相对较小的空间尺度形成紧密合作的区域共同体不仅有利于解决以往跨区域合作中的突出问题,而且能够强化区域竞争力,形成完善的区域合作体系(张学良等,2023)。蒙吉黑省际毗邻区是东北地区的三省交会处,也是草原向平原的过渡地带,相对脆弱的地理条件决定了其经济增长要以绿色发展为根基。同时,该毗邻区的资源条件和产业结构具有相似性,经济发展相对落后,这决定了共筑区域协同的"紫色增长"是蒙吉黑省际毗邻区发展的必然选择。近年来,蒙吉黑三省合作意愿不断加强,《东北地区西部生态经济带发展规划》、白齐兴生态经济合作区相继推出。要充分利用蒙吉黑省际毗邻区的区位优势和发展基础,围绕基础设施互联互通、生态环境共建共保、绿色产业协同发展、扶贫开发和区域发展双轮驱动、新型城镇化同步推进、公共服务和社会治理一体化六个方面,以生态经济合作区为抓手,深度推进毗邻区的合作共建,避免重复建设资源浪费和无效竞争。第一,要打破区域发展壁垒,加快推进基础设施互联互通,尽快打通区域内断头路,加快通齐高速公路、高速铁路的规划建设,尽快实现区域时空距离的缩短;深化完善生态环境联动治理机制,对区域内江河湖泡实施"河长制"管理,促进上中下游协同联动发展;强化区域合作意识,以绿色发展为导向,根据各地区的比较优势错位发展相关产业,推动毗邻区内产业深入对接,促进产业链条在毗邻区内的完善。在三省范围内针对毗邻区域内的国家级贫困县和省级贫困县实施定点帮扶行动,通过产业转移、生态补偿等方式促进当地经济状况的改善和城镇化的推进。第二,蒙吉黑省际毗邻区要积极融入国家发展战略和双循环发展格局,向南主动对接沈阳经济区及环渤海经济圈,向东与长吉图先导区开展合作;同时要抓住西接蒙古国、北临俄罗斯的战略区位优势,推动省际毗邻区域合作,逐步形成东北亚地区高水平开放的战略节点。积极融入国家"一带一路"合作倡议,向北依托中俄国际铁路联运,向西依托中蒙大通道主动拓展海外市场,加强交通、产业、生态、能源等方面的合作,构建面

向东北亚开放新高地。第三,完善区域合作机制,蒙吉黑省际毗邻区要尽快探索区际利益协同机制,探讨政府合作、利益共享、成本共担的新型区域合作发展模式,定期沟通区域合作发展诉求、面临问题和解决办法,为生态经济区的正常运转提供制度保障。

四、将"蓝色"作为发展保障,打造绿色高品质生活示范区

深挖公共服务"蓝色增长"、打造高品质生活示范区,是蒙吉黑省际毗邻区绿色发展的基本保障,是实现共同富裕、增强人民群众幸福感和获得感的重要体现,也是实现中国式现代化的重要一环。当前,蒙吉黑省际毗邻区公共服务水平较为落后,发展思想相对禁锢。一方面,要持续深化"放管服"改革,打造公平有序、宽松透明的营商环境,以蒙吉黑省际毗邻区产业需求为导向,发布行业企业需求清单,实现招商引资精准升级;简化企业投资的手续程序,坚决破除各种不合理的门槛和限制。另一方面,要为当地企业做好基础设施保障,一是进行产业园区规划建设,将相关企业上下游集中起来,在产业集聚中实现集群化发展;二是要加快公路、铁路等基础设施建设,通过交通基础设施发展为公共服务提供保障。高品质生活示范区离不开高品质的医疗、教育、养老等公共服务的支撑。蒙吉黑省际毗邻区要瞄准当前人口收缩和老龄化的特点,加快提升医疗、养老服务的质量,通过与沈阳、长春、大连等区域中心城市开展诊疗合作、跨地医疗、进修学习等方式促进当地医疗条件的改善。同时,蒙吉黑省际毗邻区要加快探索医养结合的养老新模式,通过建设老年友善医院、老年人心理关爱项目试点社区、安宁疗护试点等养老服务机构,不断增加普惠养老服务供给,支持公立医院开设老年人绿色通道,提供老年人医养结合服务指导。在教育方面,要根据人口合理配置教育资源,健全完善城乡教育布局规划,实现人口集聚与教育资源同步配套。提高教育资源供给质量,改善办学条件,提高课程实施质量,创新教学组织管理,促进学生全面发展。此外,高品质生活示范区要与当地产业导向、发展特色相匹配,以绿色发展为导向的蒙吉黑省际毗邻区一方面要加快构建"绿色＋"的公共服务体系,通过打造绿色智慧公共交通出行、绿色生态旅游、绿色生态文明等手段促进高品质生态宜居示范区建设。另一方面,要深化生态文明体制改革,完善江河湖泡草地森林等自然资源的生态保护补偿机制,推进生态环境持续改善。

本章介绍了蒙吉黑省际毗邻区的基本概况,涵盖了产业、人口、交通、历史、文

化、民族等多个方面,基于"四个放在"分析框架阐述了地区合作发展的必要性与可能性,同时以基本属性和关系数据等视角在"边界分析"框架下探索了蒙吉黑省际毗邻区的协同发展水平和问题,并在此基础上提出了"多彩"发展路径。当前蒙吉黑省际毗邻区经济发展相对落后,产业同构现象较为严重,人口持续收缩,同时交通基础设施有待改善。但是无论从历史、国家战略要求、现实基础还是未来发展趋势来看,该省际毗邻区的合作是必然选择。对蒙吉黑省际毗邻区时空演化格局的研究显示,虽然毗邻区内部拥有良好的自然边界,但是由于基础设施不完善使得时空耦合尚未实现;虽然政府合作意愿明显加强,近年来规划提及次数明显增多,但是依然存在行政壁垒;伴随着经济发展不充分不平衡,该区域空间集聚性还处于较低水平,内部关联程度有待加强。此外,地域文化具有多元化特征。针对上述问题,本章提出通过"多彩"发展路径来促进蒙吉黑省际毗邻区的合作发展,以"绿色"为导向,坚持"绿水青山就是金山银山"的发展理念,将"橙色""金色"作为发展支撑,"紫色"作为发展模式,"蓝色"作为发展保障,共同促进蒙吉黑省际毗邻区的高质量发展、高品质生活、高水平开放和高效能治理。

第七章

东中部地区浙皖闽赣毗邻区域
合作迈出坚实步伐

　　作为我国区域合作的典型案例，浙皖闽赣四省毗邻区域凭借悠久的合作历史、文化同根同源的背景以及密切的社会经济联系，成为省际毗邻区域协同发展的重要研究对象。浙皖闽赣四省毗邻区域由浙江省衢州市、安徽省黄山市、福建省南平市和江西省上饶市四个地级市组成，涵盖了 34 个县（市、区），总面积约为 6.8 万平方千米，总人口约为 1 269.93 万人，分别占全国总面积的 0.7％和总人口的 0.8％。该区域地理位置独特，位于中国中部地区与东部沿海发达地区的连接点上，具有承东启西、南北呼应的区位优势，是连接长三角、珠三角和海西经济区的重要战略节点，亦是畅通国内大循环的关键支点。尽管浙皖闽赣四省毗邻区域具有深厚的历史渊源，但由于省际边界的行政分割，区域内部的经济社会发展仍存在显著的"切变"效应，不仅阻碍了区域经济的一体化发展，也增加了区域协调发展过程中面临的挑战和困难。因此，本章针对浙皖闽赣四省毗邻区域的历史沿革、现实基础和面临的挑战难点进行了系统梳理和探讨，并在此基础上提出了打破行政区划界限、拓展更大发展空间的策略建议，旨在推动该区域协同发展迈向更高水平。本章内容对于深度剖析省际毗邻区域的发展问题，优化全国生产力布局，提高区域协调发展水平，以及构建国内国际双循环相互促进的新发展格局具有重要的现实意义。

第一节　浙皖闽赣四省毗邻区域基本情况概述

　　浙皖闽赣四省毗邻区域地处浙江（浙）、安徽（皖）、福建（闽）、江西（赣）四省交

界区。为了研究需要,本章界定的浙皖闽赣四省毗邻区域范围包括浙江省衢州市
(下辖柯城区、衢江区、常山县、开化县、龙游县、江山市)、安徽省黄山市(下辖屯溪
区、黄山区、徽州区、黟县、祁门县、歙县、休宁县)、福建省南平市(下辖延平区、建阳
区、顺昌县、浦城县、光泽县、松溪县、政和县、邵武市、武夷山市、建瓯市)、江西省上
饶市(下辖信州区、广丰区、广信区、玉山县、铅山县、横峰县、弋阳县、余干县、鄱阳
县、万年县、婺源县),共 4 个地级市,34 个县(市、区)(如图 7－1 所示)。浙皖闽赣
四省毗邻区行政面积共 6.8 万平方千米,2022 年地区生产总值为 8 412.7 亿元,年
末常住人口为 1 269.93 万人。其中,浙、皖、闽、赣四省地域面积占比为 33.8∶
14.5∶13.0∶38.7,常住人口占比为 18.0∶10.4∶20.9∶50.7,地区生产总值占比
为 22.5∶11.9∶26.3∶39.3。

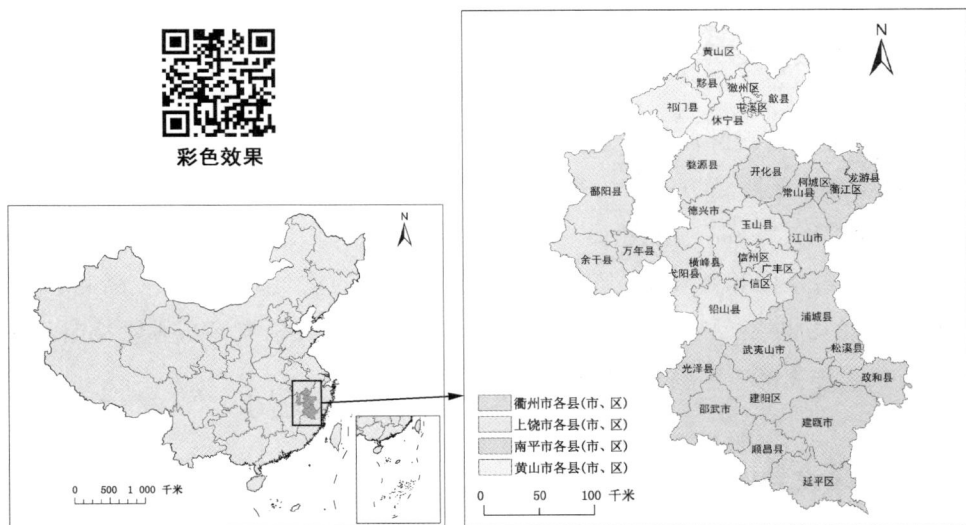

注:基于自然资源部标准地图服务网站下载的审图号为 GS(2024)0650 的标准地图制作,
底图无修改。作者自绘。

图 7－1　浙皖闽赣毗邻区域地理位置示意图(彩图详见二维码)

浙皖闽赣四省毗邻区域由于地理边界、自然资源禀赋、历史背景以及行政区划
的长期影响,逐渐形成了以乡村集聚区、欠发达地区和行政边缘区为主要特征的区
域格局。该区域不仅是经济相对落后的区域,也是中国红色革命老区之一,具有重
要的历史和政治地位。推动浙皖闽赣四省毗邻区域协同开放发展,不仅是落实国
家区域协调发展战略的重要步骤,更是推动中国式现代化进程的关键环节。

一、从构建新发展格局的角度来看

浙皖闽赣四省毗邻区域作为欠发达地区,面临着行政机制、经济发展和地理条件的多重限制,导致市场分割现象较为普遍,且已成为区域构建新发展格局的主要挑战之一。当前,打破市场分割状况,促进区域内外市场的融合和协作,已经成为推动区域经济高质量发展的当务之急。推动浙皖闽赣四省毗邻区域的协同开放发展,可以有效扩大内需,促进区域间资源和要素的自由流动,加快构建以国内大循环为主体、国内国际双循环相互促进的新发展格局,从而为国家经济发展提供新的增长动力。

二、从战略机遇来看

浙皖闽赣四省毗邻区域地理位置独特,位于长三角、泛珠三角、海西经济区和中部崛起等多个重要经济区域的交会点,具有明显的区位优势。该区域不仅是长三角一体化发展、“一带一路”建设、长江经济带发展等国家重大战略规划的连接纽带,也是海西经济区和鄱阳湖生态经济区等区域战略的重要组成部分。因此,深入探讨该区域的协同发展现状及未来发展路径,不仅是落实国家区域重大战略的必然要求,也是深化部署区域协调发展战略的关键举措。

三、从建设党的伟大工程的角度来看

浙皖闽赣四省毗邻区域作为红色革命老区,承载着中国革命的光辉历史,具有深厚的革命文化底蕴和特殊的政治责任。在全面深化改革的过程中,该区域应当充分发挥其历史优势,勇于创新,担当起推动社会主义现代化建设的重要责任。推动浙皖闽赣四省毗邻区域的协同开放发展,能够有效协同弘扬革命文化,传承红色基因,将党史学习教育与实际工作有机结合,为党的伟大工程建设注入新的活力和动力。

四、从区域协调发展的角度来看

区域协调发展是在区域经济联系日益紧密、相互依赖不断加深的背景下,各区域通过互动与合作,实现共同发展和繁荣的过程。浙皖闽赣四省毗邻区域由于行政区划的分割,经济发展不平衡,区域内的市场分割现象尤为突出,已成为制约该区域协调发展的主要障碍之一。推进该区域的协同开放发展,建立跨省交界区域的一体化发展机制,有助于消除行政和经济壁垒,促进基础设施的互联互通,推动产业协作发展,强化生态环境的共保共治,以及实现公共服务的共建共享,从而构建一个统一开放的区域市场,进一步提升区域协调发展的整体水平。

五、从毗邻区域内部来看

浙皖闽赣四省毗邻区域具有显著的同质性,这种同质性不仅体现在地理空间的相连性和文化的相似性上,也反映在其经济社会发展模式的相似性上。然而,由于该区域远离国家经济中心,基础设施建设和政策扶持力度相对不足,故其常常被排除在国家战略布局的核心之外,表现出明显的边缘性。尽管如此,作为跨省交通流、经济流和信息流的交汇点,该区域依然具备显著的通道优势。然而,由于行政分割问题的普遍存在,该区域在制度环境方面仍然存在诸多差异。因此,浙皖闽赣四省毗邻区域的协同开放发展,既需要发挥其地理和文化优势,也要通过制度创新和政策协调,尽可能消除制度环境差异,提升区域整体的经济发展协同水平。

六、从应对世界百年未有之大变局来看

浙皖闽赣四省毗邻区域的协同开放发展不仅对增强国家综合竞争力具有重要意义,也对应对全球性挑战、推动中国在新一轮全球竞争中占据主动地位具有深远影响。作为以乡村集聚区为主的欠发达区域,浙皖闽赣四省毗邻区域的协同开放发展,不仅能够稳固国家的农业基础,巩固脱贫攻坚成果,促进乡村振兴和实现共同富裕,还能够加强区域间的合作与要素流动,优化资源配置,提高资源利用效率。这对于应对国际经济形势的复杂变化、开辟中国经济新的发展空间、推动区域经济社会协调发展具有重要的战略意义。

第二节　浙皖闽赣四省毗邻区域协同发展的历史沿革

一、浙皖闽赣革命根据地(1927 年)

浙皖闽赣四省毗邻区域早在革命战争时期便形成了紧密的联系与合作基础，作为一个整体，这一区域在中国革命史上占有重要地位。该区域最早的合作渊源可追溯到革命战争时期中国共产党创建的一块较为稳固的农村革命根据地——浙皖闽赣革命根据地(吴晓东等，2015)，该革命根据地的形成是浙皖闽赣四省毗邻区域紧密合作的开端，也为后续区域协同发展奠定了坚实基础。从 1927 年到 1938 年年初，这一根据地经历了由弋横到信江，由信江到赣东北，由赣东北到闽浙赣，最后形成浙皖闽赣的过程，覆盖了浙江、安徽、福建、江西四省的边界区域。在地理位置上，浙皖闽赣革命根据地东临东海，西接江西鄱阳湖，北靠安徽长江，南达福建闽江，战略位置极为重要。同时，该区域地势险要，物产丰富，为中国共产党领导下的革命斗争提供了有利的条件。在苏区时期，浙皖闽赣革命根据地范围覆盖约 50 个县，总人口超过百万，先后建立了 58 个县级组织和 32 个县级苏维埃政权，并在三年游击战争时期逐步扩展至闽浙皖赣边区的 80 多个县，辖区总人口近千万。浙皖闽赣革命根据地不仅在土地革命战争中发挥了关键作用，成为全国六大苏区之一，还在十年斗争中积累了丰富的革命经验。通过领导边区人民进行创造性的实践，该根据地为毛泽东关于红色政权的理论提供了宝贵的实践依据，对工农武装割据、农村包围城市革命道路的形成起到了重要的推动作用。浙皖闽赣革命根据地的建设不仅奠定了坚实的群众基础、思想基础和组织基础，还对中国革命的历史进程产生了深刻的影响(刘佩芝，2013)。它的成功经验为后续中国共产党领导下的革命斗争提供了重要参考，为后来四省毗邻区域的经济合作与社会发展奠定了良好的合作基础，同时也对理解现代浙皖闽赣四省区域协同发展的历史渊源具有重要意义。

二、闽浙赣皖九方经济区(1986 年)

随着改革开放的深入推进，区域间经济合作逐渐成为推动区域经济发展的一项重要战略举措。1986 年，福建省南平市，浙江省金华市、丽水市、衢州市，江西省抚州市、上饶市、鹰潭市、景德镇市,以及安徽省黄山市共九个城市联合成立了闽浙赣皖九方经济协作区(下称九方经济区)。该协作区辖区包括约 71 个市、县、区,是我国最早建立的跨省域经济合作组织之一。九方经济区地理位置独特,位于长三角、泛珠三角、海西经济区、鄱阳湖生态经济区和长江中游城市群等多个关键经济区域的连接处,北部毗邻南京经济区,南部衔接闽南经济区,西部紧靠武汉经济区,构成了连接东部沿海经济区与长江中下游经济区的关键战略走廊。由于这一地理区位优势,九方经济区不仅在促进东部沿海与长江中下游经济区的联动发展中发挥了纽带作用,还成为浙皖闽赣四省毗邻区经济合作和交流的重要平台。九方经济协作区的成立,标志着四省毗邻区域合作迈入了一个全新的发展阶段。经济协作区通过设置党政联席会议作为最高决策和协调机构,保障了区域合作的持续和高效执行。自成立以来,九方经济区在工业、农业、交通、旅游、教育和社会治安等领域的合作成效显著,有效推动了区域内的经济发展与社会进步(楼洪豪,2009)。例如,九方经济区在工业合作方面,通过区域内各城市的资源整合,构建形成跨省联动的产业链;在农业方面,经济协作区实现了农产品的广泛流通与合作种植,农业生产效率明显提高;在交通方面,九方经济区基本实现区域内交通网络的互联互通,城市之间的时空距离极大缩短;在旅游业方面,九方经济区依托区域内丰富的自然和文化资源,联合推出跨区域旅游线路,区域整体旅游吸引力大幅提升。此外,九方经济区还通过共享教育资源、科技成果和文化资源等措施,积极探索在教育、科技、文化等领域的合作。九方经济区的成功经验不仅为浙皖闽赣四省毗邻区域的深度合作提供了有力支持,也为全国其他区域间的经济合作提供了宝贵的参考借鉴。

三、闽浙赣皖福州经济协作区(1996 年)

进入 20 世纪 90 年代中期,随着中国区域经济一体化进程的不断加深,福建省、浙江省、江西省和安徽省的 14 个城市,包括福州市、莆田市、宁德市、三明市、南平市、温州市、南昌市、九江市、鹰潭市、景德镇市、抚州市、上饶市和黄山市,联合成立了闽浙赣皖福州经济协作区(简称福州经济协作区)。该协作区强调区域联动、政府搭台、市场主导、企业主体,致力于推动跨区域的经济合作与协同发展。福州经济协作区覆盖了长江三角洲与珠江三角洲之间的重要区域,连接华东与华南两大经济区,区域内拥有丰富的自然与旅游资源,为区域内的旅游业发展提供了得天独厚的条件,同时也为区域经济合作注入了新的动力。自成立以来,福州经济协作区在产业协同、金融支持、对外开放、资金流动、文化旅游、技术开发等方面开展了诸多合作,逐渐形成全方位、深层次的区域经济协同发展格局。此外,福州经济协作区还积极推动机械制造、船舶修造、电子信息、生物医药等支柱产业的发展,通过区域内的资源整合和产业协同,形成了较为完整的产业链,为区域经济的可持续发展奠定了坚实的基础。福州经济协作区的成功运作不仅有力推动了浙皖闽赣四省毗邻区域的经济一体化进程,还为全国其他区域的跨省经济合作提供了宝贵经验。通过区域内各城市的共同努力,福州经济协作区逐步发展成为中国区域经济合作的重要范例,其合作模式和成功经验在全国范围内具有广泛的示范效应。

四、浙皖闽赣国家东部生态旅游实验区(2015 年)

(1)早期探索与奠基阶段。2004 年,浙皖闽赣四省九市联合打造了华东地区长三角旅游经济合作圈之外的第二个旅游经济合作圈——浙皖闽赣边际旅游合作圈。该合作圈的成立标志着四省边界地区在旅游资源整合与推广方面迈出了关键的一步,这不仅仅是旅游资源的区域性联合开发,更是在经济合作、文化交流等多个领域的一次全方位探索。浙皖闽赣四省在旅游合作的基础上,逐步扩大了合作领域,涵盖了生态环境保护、文化遗产传承等方面,奠定了区域协同发展的广泛基础。通过共享资源与信息,浙皖闽赣边际旅游合作圈内的旅游产业逐渐形成优势互补、合作共赢的良好局面,有效提升了区域内的旅游竞争力,也为推动四省毗邻区域的全方位合作提供了范例和经验。

(2)逐步扩展与机制化发展阶段。2006 年,闽浙赣皖四省九市在金华签署了《闽浙赣皖九方经济区旅游合作与发展行动纲要协议书》。该协议书不仅明确了多项合作举措,还在区域合作机制化和制度化方面迈出了关键性的一步。四省九市在协议框架下开展了一系列具体的合作项目,如联合开发区域内的旅游资源、整合各市的旅游产品、推出跨区域的精品旅游线路等。同时,四省还在政策层面进行了创新,如取消传统的国内旅游地陪制度,实行“同城待遇”等,从而有效减少了游客的旅行阻碍,实现了区域旅游整体竞争力的进一步提升。此外,四省还积极推动旅游产业链的延伸,如通过鼓励跨区域旅行社连锁经营等,在强化区域内旅游市场整合力度的同时,也表明四省在旅游领域的合作已经从最初的资源整合向更为深入的机制化合作发展,为日后更为广泛和深入的区域协同发展奠定了坚实的基础。

（3）深化合作与战略联动阶段。进入 21 世纪的第二个十年，浙皖闽赣四省九市之间的旅游合作逐步进入纵深发展阶段，合作范围从区域内部逐渐扩展到更广泛的战略层面。2014 年，闽浙赣皖九方经济区九市政府共同签署了《迎接高铁时代共拓旅游市场闽浙赣皖九方经济区旅游协作联盟南平宣言》，这一宣言不仅标志着四省旅游合作迈入了新的发展阶段，更象征着区域合作从单纯的资源共享、市场联动，逐步向战略性、全局性联动过渡。由此，四省九市在旅游资源整合、市场推广，以及品牌共建等方面达成了一致意见，形成了多层次、多维度的合作格局。同时，为了确保合作的可持续性，四省还商定建立起长期有效的旅游协作发展机制。通过定期召开的座谈会和完善的联络机制，各方不仅可以共同研究区域旅游经济发展中遇到的瓶颈问题，还能够及时调整策略，推动区域旅游资源的优化配置和市场潜力的充分释放。这一机制的建立，标志着四省的合作正在从初期的松散型合作逐步向制度化、规范化的深度合作转变，为未来的持续发展奠定了坚实的基础。

（4）国家战略定位与政策认可阶段。经过十余年的持续努力与合作，2015 年，国家正式批准设立"浙皖闽赣国家东部生态旅游实验区"，并赋予其多重战略定位。这一实验区不仅被定位为国家东部的生态屏障，成为维护区域生态环境的重要支柱，更被打造为国际一流的旅游目的地，以吸引全球游客，推动区域旅游经济的国际化。同时，实验区还被定位为山区生态富民示范区，旨在通过可持续发展和生态保护，实现区域内居民的富裕和社会和谐。此外，实验区还肩负着多省合作交流机制创新示范区的重任，成为探索跨省合作新模式、推动区域经济一体化的重要试验田。这一定位不仅凸显了四省在国家战略布局中的重要地位，也为未来的合作发展指明了方向。实验区的设立标志着四省合作进入了一个崭新的阶段，其覆盖范围包括 19 个 5A 级景区（如表 7－1 所示）、17 个国家级风景名胜区、8 处世界遗产、6 个世界地质公园、16 个国家地质公园、17 个国家级自然保护区以及 33 个国家森林公园，成为全国旅游资源最为丰富的区域之一。通过整合和优化这些资源，实验区正在打造成为中国乃至世界知名的生态旅游目的地，吸引更多的国内外游客，推动区域旅游业的繁荣发展。

表7—1　　　　　　　　浙皖闽赣国家东部生态旅游实验区基本情况

省份	划入面积	划入行政区域	5A景区
浙江省	4.1万平方千米	衢州、丽水、温州(部分)、杭州(部分)	3个:根宫佛国、江郎山·廿八都、千岛湖
安徽省	5万平方千米	黄山、池州、安庆、宣城	6个:黄山、九华山、天柱山、西递·宏村、龙川景区、古徽州文化旅游区
江西省	4.6万平方千米	上饶、景德镇、鹰潭、抚州	4个:三清山、婺源江湾、古窑民俗博览区、龙虎山
福建省	8.1万平方千米	南平、宁德、三明、龙岩	6个:太姥山、白水洋—鸳鸯溪、武夷山、泰宁风景区、古田旅游区、永定土楼

　　除旅游资源整合外,四省在生态保护、文化遗产保护、旅游产业链延伸等方面也展开了广泛合作,尤其是在如何将生态资源转化为经济增长点方面,探索出了"生态富民"的可行路径。同时,四省边界的县级市也展现出高度的合作意愿,四省合作的不断深化不仅推动了区域经济的共同发展,也为国家生态旅游战略的实施提供了重要支持。实验区的战略定位不仅强调生态保护和旅游发展,还将区域合作、经济联动提升到新的高度。这一定位促使四省加快在更广泛领域开展合作,包括在文化交流、科技创新、生态治理等多方面实现协同发展。随着国家政策的不断倾斜和支持,浙皖闽赣四省的合作已进入一个崭新的发展阶段,未来其将在国家战略的指导下,继续探索区域合作的新路径,推动区域经济、社会和生态的全面协调发展。

第三节　浙皖闽赣四省毗邻区域协同发展的现实基础

一、地理区位优势明显

　　浙皖闽赣四省毗邻区域,处于中部地区和东部沿海发达地区的连接点上,在地理上既有承东启西的突出优势,更有呼应南北,链接长三角、珠三角和海西经济区的独特优势,是畅通国内大循环的重要战略支点(如图7—2所示)。浙皖闽赣四省毗邻区域在东南方向紧邻福建省的沿海地区,毗邻福建省的福州、厦门等重要港口城市,这使得四省交界区域能够快速链接海西经济区,有利于开展海洋经济和对外贸易;在西南方向连接江西省,通过多条高速公路(如 G50 沪渝高速、G60 沪昆高速等)以及铁路干线(如合福高铁),形成了与内陆省份的紧密联系,有利于资源的跨区域流动和经济的协同发展;在东北方向面向浙江省,紧邻杭州等经济发达城市,构成了连接浙江省的便捷通道,为四省毗邻区域的产业合作和资源协同提供了有力支持;在西北方向与安徽省相接,通过多条高速公路(如 G50 沪渝高速、G4211 杭瑞高速等)以及沪汉蓉铁路等铁路网络与长江中游地区紧密相连,有助于促进区域间的资源互通和经济协同发展。此外,浙皖闽赣四省毗邻区域还是全国城镇体系确定的国家级重要城镇走廊(上海—杭州—南昌—长沙—贵阳—昆明)上的重要节点,不仅承担着长三角和沿海发达地区向周边欠发达地区进行经济辐射的重要使命,在推进中部崛起战略部署落实中也负有重要的区域责任。

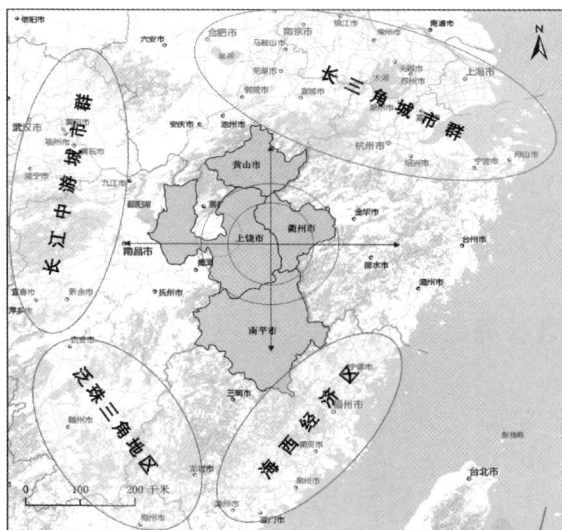

注:基于自然资源部标准地图服务网站下载的审图号为 GS(2024)0650 的标准地图制作,底图无修改。作者自绘。

图 7-2　浙皖闽赣四省毗邻区域空间区位(彩图详见二维码)

二、资源禀赋优势突出

浙皖闽赣四省毗邻区域作为连接中国中东部的重要经济区域,不仅在地理区位上占据了显著的战略优势,其丰富的自然资源禀赋更为区域的可持续发展奠定了坚实基础。首先,该区域地处钦杭成矿带,拥有优越的地质条件和丰富的矿产资源,涵盖水泥用灰岩、煤、铅、锌、萤石等区位优势矿产,还拥有钽、铌、冶金用白云岩等具有潜在经济优势的稀有矿产,良好的资源禀赋能够为区域的经济增长提供源源不断的动力,同时能为区域内各省市的产业结构优化和经济转型升级提供重要支撑。其次,浙皖闽赣四省毗邻区域作为华东地区的重要生态屏障,拥有得天独厚的生态资源,也是全国高质量等级景区最为集中的区域之一。除武夷山、怀玉山等著名的山川河流外,浙皖闽赣四省毗邻区域还拥有丰富的森林、湿地、自然保护区和国家地质公园,能够为区域内的生态旅游和绿色产业发展提供广阔空间,也能为区域的生态文明建设奠定重要基础。此外,浙皖闽赣四省毗邻区域内的土地资源储备相对充足,土地成本较低,能够满足未来产业发展的用地需求,为区域内各类经济活动的持续发展提供强有力的保障。最后,浙皖闽赣四省毗邻区域丰富的水资源也是其资源禀赋优势的重要组成部分。钱塘江、赣江、闽江等重要河流汇聚于此,能够满足区域农业灌溉、工业生产及城市生活用水需求,从而有效促进区域内农业的多元化发展。多样的地形地貌,如丘陵、平原、河谷等,也为该区域的农业发展、生态旅游和绿色产业的布局提供了多种可能性,进一步增强了区域的可持续发展能力。

三、交通网络布局完善

浙皖闽赣四省毗邻区域凭借其优越的地理区位和政策支持,构建了多维度、多层次的交通网络,为区域经济一体化和产业联动发展提供了强有力的支撑。首先,区域内高速铁路和高速公路网的"三纵三横"布局已逐步形成(高速铁路的"三纵"为皖赣、峰福、京福台铁路,"三横"为浙赣、杭昌长、九景衢铁路;高速公路的"三纵"为上武、上德、景鹰高速公路,"三横"为景婺常、昌德、沪昆高速公路),贯穿南北、连接东西的重要交通枢纽地位日益凸显。其中,上饶市被国家确定为全国性综合交通枢纽,其独特的区位优势使其成为区域内交通网络的核心节点,衢州则因其"四省通衢、五路总头"的地理位置而成为区域内重要的交通枢纽城市。近年来,随着沪昆高铁、京福高铁、杭黄高铁、九景衢铁路等多条高铁线路的投入运营,以及杭衢、池黄、昌景黄等高铁项目的加速建设,区域内的交通网络更加完善(如图7—3所示),高效便捷的交通条件不仅促进了区域内人流、物流和信息流的加速流动,也为区域内产业的协同发展和经济一体化提供了强有力的交通保障。此外,区域内多条高速公路的建设与 320 国道、206 国道等共同构成了贯穿东西、畅达南北的公路交通网络，加之衢州机场、三清山机场、屯溪国际机场、武夷山国际机场等航空枢纽的建设和运营，使该区域实现了"县县通高速""城城通航"。与此同时，区域内的港口基础设施建设和航运网络布局正在加速推进，形成了更为完善的立体化交通体系。上饶"无水港"、衢州港、黄山深渡港及南平港等关键港口在区域经济发展中发挥着至关重要的作用。这些港口不仅连接了区域内的物流枢纽，还通过东向的航运线路与浙江宁波港建立了紧密联系，进一步打通了通往长三角经济区的重要通道。港口南向与福建的宁德港实现了高效联通，推动了闽赣两省间的经济合作与交流，为浙皖闽赣四省毗邻区域积极做好与周边省市的资源整合、推动产业转型发展提供了强力支撑。

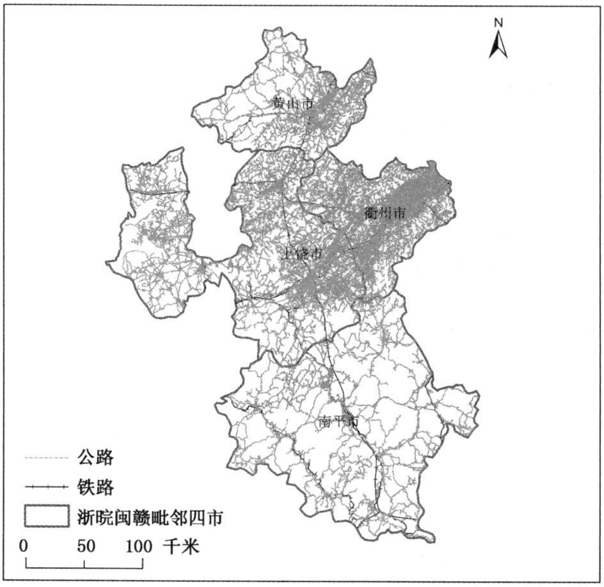

注：基于自然资源部标准地图服务网站下载的审图号为 GS(2024)0650 的标准地图制作，底图无修改。作者自绘。

图 7—3　浙皖闽赣四省毗邻区域路网密度(彩图详见二维码)

四、历史文化渊源深厚

浙皖闽赣四省毗邻区域不仅以其独特的自然资源和区位优势著称，其深厚的历史文化底蕴也是推动区域合作与发展的重要因素。浙皖闽赣四省毗邻区域历史文化底蕴深厚，四市地缘相邻、人文相近、商缘相连，历史上联系紧密、交往频繁。该区域内的文化资源丰富，涵盖了南孔儒学、徽州文化及闽北戏曲文化等多种地方传统文化，孕育了徽剧、赣剧等极具地方特色的非物质文化遗产。这些丰富的文化资源不仅体现了该区域深厚的历史积淀，也为区域内的文化交流与合作提供了坚实的基础。例如，南孔儒学在衢州的传承、徽州文化在黄山的影响、红色文化在上饶和闽北地区的传承，都为该区域的文化合作与发展提供了丰富的资源。这些文化资源不仅为区域内的文化旅游和文创产业的发展提供了重要支撑，还促进了区域内各省市之间的文化认同感和凝聚力，进一步推动了区域的合作与发展。此外，区域内丰富的文旅资源也是推动区域合作与发展的重要动力。目前，浙皖闽赣毗邻四市拥有三清山、龟峰、江郎山等 5 处世界自然遗产，武夷山、黄山 2 处世界自然遗产，三清山、惠州古城、婺源江湾等 19 家 5A 级景区和 82 家 4A 级景区（如图7—4 所示），以及多处国家级地质公园、湿地、森林公园、自然保护区等。区域内拥有全国非物质文化遗产名录 53 项、省级非物质文化遗产名录 268 项、全国重点文物保护单位 104 处、省级重点文物保护单位 400 余处，文化积淀丰厚。这些丰富的文旅资源不仅提升了区域的文化旅游吸引力，也为区域内外的游客提供了多样的旅游体验，进一步推动了区域内的经济发展和文化交流。同时，民间自发的跨区域文化交流频繁，如浙皖闽赣四省四市民间艺术节、赣浙边界"南坞三月三"文化节等活动，已成为区域文化交融的重要平台。通过丰富的历史文化资源和频繁的文化交流活动，浙皖闽赣四省毗邻区域不仅在文化上实现了高度的认同与共通，也为区域的经济合作与发展提供了重要的文化支撑。

五、合作发展理念契合

浙皖闽赣四省毗邻区域的合作发展理念基于多方面的共性。浙皖闽赣四省不仅在地缘上紧密相连，自然条件和生态环境也高度相似，形成了一个统一的生态圈、文化圈和经济圈。这种地缘与生态上的共性，使得区域内的人文习俗和心理认同感相近，进一步促进了合作的可能性。历史上，衢州、上饶、黄山、南平四市在商贸和旅游方面关系密切，民间与部门间自发的合作和交流频繁，为现代化合作奠定了坚实的基础。此时，衢州、上饶、黄山、南平等地普遍处于国家生态屏障区和经济欠发达地区。这些区域在经济发展中面临着相似的挑战，如产业结构相对单一、经

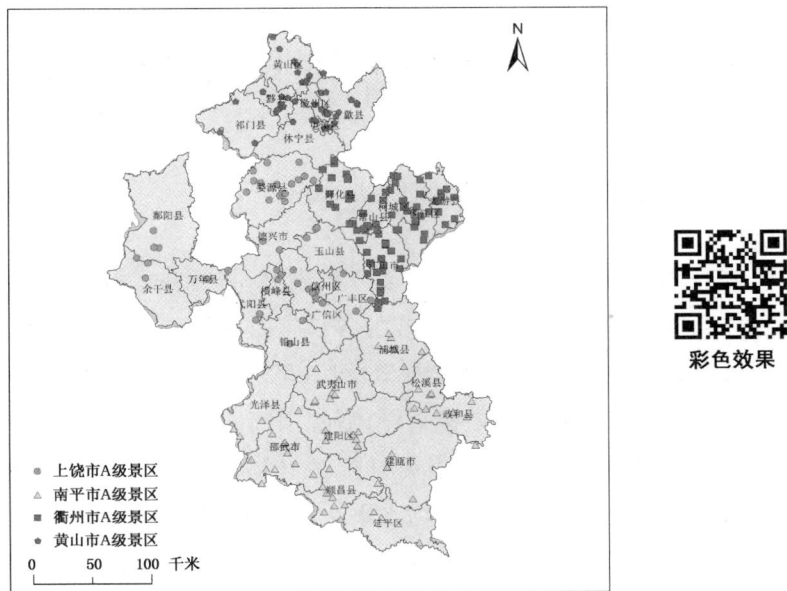

注:基于自然资源部标准地图服务网站下载的审图号为 GS(2024)0650 的标准地图制作,
底图无修改。作者自绘。

图 7—4　浙皖闽赣四省毗邻区域 A 级景区分布(彩图详见二维码)

济发展水平相对滞后等。这种共通性使得它们在探索合作发展道路时,容易形成
相对统一的发展理念。四省省委、省政府的推动,以及赣浙闽皖边界主要市县的共
同努力,促使该区域逐步建立起合作机制,涵盖政务、产业、生态、旅游等多个方面。
目前,浙皖闽赣四省毗邻区域已经成立了赣浙闽皖四省交界县(市、区)人大常委
会,定期开展交界市(县、区)之间的合作与交流,涵盖跨省政务服务通办、跨区域信
用战略合作、省际联勤协作等多个方面。这些举措不仅推动了区域内政务的高效
运行,还为深化各领域的合作奠定了制度保障。此外,该区域还打造了如浙赣边际
合作(衢饶)示范区和四省边际区域共同旅游品牌"联盟花园"等标志性项目,并在
产业发展、生态治理、民生发展、政务协同等方面开展了多层次、宽领域的深度合
作,具备良好的合作基础。

第四节　浙皖闽赣四省毗邻区域协同发展的难点和挑战

一、经济发展水平明显偏低

　　浙皖闽赣四省毗邻区域经过多年的发展,尽管在经济基础、产业生态、民生发展等方面取得了不错的进展,但若与各自省内其他非毗邻区域或全国平均水平相比,该区域的经济发展水平仍然显著落后,呈现出区域经济发展的不平衡性和相对滞后性。从区域内部经济结构来看,浙皖闽赣四省毗邻区域的县(市)大多属于欠发达地区,甚至包括部分国家级贫困县,整体城镇化水平较低,产业发展层次较浅,经济发展水平长期低于全国平均水平。近年来,该区域已成为国家扶贫开发的重点区域之一,经济发展面临的挑战尤为突出。其中上饶市有 4 个国家级贫困县,衢州市有 6 个省级贫困县,南平市则有 5 个省级贫困县。这些地区由于经济发展起步较晚,发展速度相对缓慢,缺乏足够的发展后劲,区域经济长期处于低速增长的困境之中,逐渐成为浙皖闽赣四省经济发展中的边缘区域。2022 年,浙皖闽赣四省毗邻四市的人均 GDP 从高到低依次为衢州市(87 544 元)、南平市(82 815 元)、黄山市(75 505 元)和上饶市(51 425 元)。其中,只有衢州市的人均 GDP 略高于全国平均水平(85 698 元),其余城市的人均 GDP 均低于全国平均水平。这一数据反映出区域内部经济发展的不平衡性和区域间经济差距的进一步拉大。如图 7—5 所示,在 2018—2022 年五年间,浙皖闽赣四省毗邻区域的地区生产总值从 6 158.45 亿元增长至 8 412.71 亿元,但其占四省总和的比例从 4.28% 降至 4.05%,呈现出略微的下降趋势。从各市的经济表现来看,上饶市在江西省的经济占比持续增加,其经济在省内的相对地位有所提升。然而,衢州市在浙江省的经济占比以及黄山市在安徽省的经济占比在 2020 年之前呈现下降趋势,虽然此后有所回升,但总体仍略低于 2018 年的水平。与此同时,南平市在福建省的经济占比在 2018—2022 年间呈现出逐年下降的趋势,表明其经济发展面临一定挑战。

二、城乡二元结构突出,城镇化率普遍较低

　　尽管浙皖闽赣四省毗邻区域近年来积极优化城镇化空间布局,在加强城市建

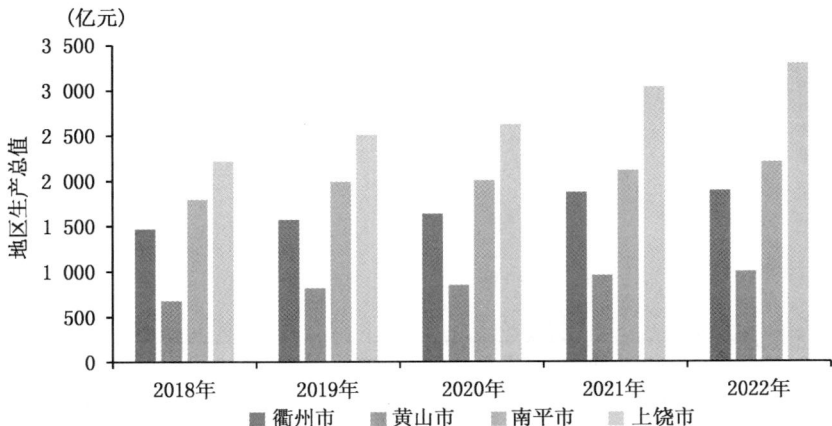

注：资料来源于各市历年《国民经济和社会发展统计公报》。

图 7－5　2018—2022 年浙皖闽赣毗邻区域四市地区生产总值

设治理、促进城乡融合发展等方面取得了重大突破。在 2018—2022 年五年间,地区平均城镇化率从 54.5％提升至 58.9％,但从与其他区域以及全国的横向对比来看,浙皖闽赣四省毗邻区域城镇化水平仍然偏低。从全国来看,2022 年全国平均城镇化水平为 65.2％,浙皖闽赣四省毗邻区域城镇化低于全国平均水平 6.3 个百分点。从所处省份来看,浙闽赣皖毗邻四市在各自省内城镇化水平同样处于较低位置,其中衢州市 2022 年的城镇化率为 59.3％,低于浙江省平均城镇化率(73.4％)14.1 个百分点;黄山市城镇化率为 59.4％,低于安徽省平均城镇化率(60.2％)0.8个百分点;南平市城镇化率为 60.8％,低于福建省平均城镇化率(70.1％)9.3 个百分点;上饶市城镇化率为 55.9％,低于江西省平均城镇化率(62.1％)6.2 个百分点(如图 7－6 所示),较低的城镇化率已成为制约当地经济社会全面发展的重要因素。

三、产业结构层次较低,产业同质化严重

当前,浙皖闽赣四省毗邻区域在文旅产业、特色农业等产业上具有一定的发展基础和优势,但是没有形成核心竞争力,制造业相对落后。2022 年,浙皖闽赣毗邻四市中,衢州市三次产业占比分别为 4.7：43.5：51.8(浙江省为 3：42.7：54.3),黄山市为 7.8：35.4：56.8(安徽省为 7.8：41.3：50.9),南平市为 16.3：35.5：

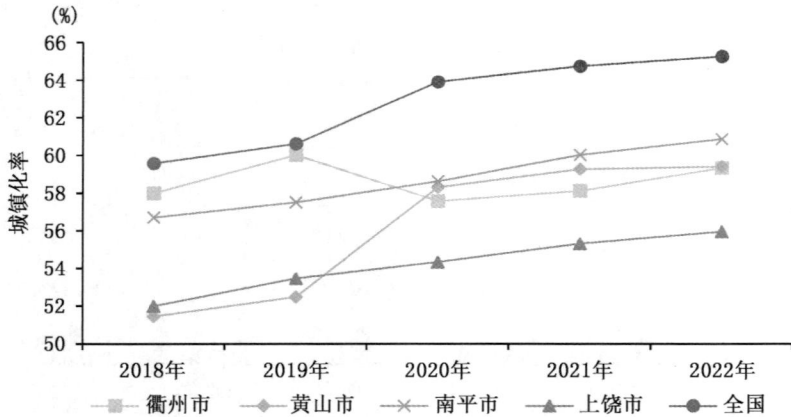

注:资料来源于各市历年《国民经济和社会发展统计公报》。

图 7—6　2018—2022 年浙皖闽赣毗邻区域四市城镇化率变动情况

48.2(福建省为 5.6：37.8：56.6),上饶市为 10：39.8：50.2(江西省为 7.6：44.8：47.6),对比 2022 年全国三次产业占比 7.3：39.9：52.8,仅衢州市第一产业占比低于全国水平,第二产业占比高于全国水平(如图 7—7 所示)。与所在省的其他地市相比,浙皖闽赣毗邻四市同样表现出第一产业占比偏高、第二产业占比偏低的问题,产业层次整体处于较低水平。

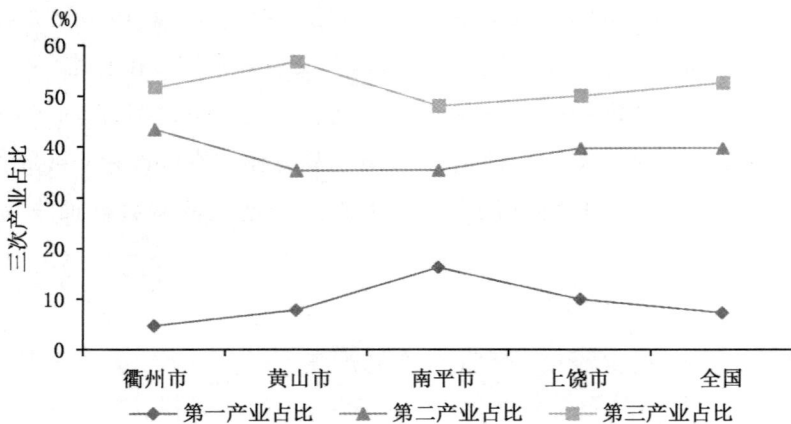

注:资料来源于各市《2022 年国民经济和社会发展统计公报》。

图 7—7　2022 年浙皖闽赣毗邻区域四市三次产业结构对比

此外,浙皖闽赣四省毗邻区域位于相同或相似的地理区域,这种地理上的同质性在自然环境上表现得尤为明显。该区域内的水文、气候条件和地质结构相似,这使得资源禀赋呈现出高度的一致性。这种一致性虽然有助于区域内的统一规划和资源整合,但也带来了产业结构趋同的风险。由于资源禀赋的同质化,各地在发展过程中往往选择了类似的产业路径,导致区域内产业的高度同质化。这种同质化在一定程度上限制了区域经济的多样化和创新性,使该区域难以形成具有独特竞争力的产业优势。无序的产业竞争不仅削弱了区域内企业的市场份额,还可能导致资源的过度开发和环境的恶化,使得区域经济的可持续发展面临挑战。从浙皖闽赣四省毗邻四市下属各县(市区)的重点产业(如表7—2所示)来看,该区域以特色农业、文化旅游、纺织轻工和装备制造等中低端产业为主,传统优势产业尚未得到充分提升和优化,而高新技术产业、生产性服务业和现代农业等新兴产业仍处于起步阶段,尚未形成规模效应和产业链协同效应。在一体化发展方面,该区域的产业缺乏明确的分工协作,尚未形成具有核心竞争力的产业链或产业集群,低水平重复建设问题依然严重,产业同质化现象较为突出。

表7—2 　　　　　　　　　　　浙皖闽赣四省毗邻四市各县重点产业

上饶市	重点产业	南平市	重点产业
鄱阳县	生态旅游、水产养殖、粮食、特色轻工制造	光泽县	食品加工、林产工业、生物医药
万年县	稻米产业、新型建材、电子信息、纺织服装	邵武市	林产加工、纺织家具、氟新材料
婺源县	休闲旅游、绿色农业、数字经济、茶叶	建阳区	精细化工、林产加工、纺织服装
德兴市	绿色食品、精细化工、生物医药、机械制造	顺昌县	氟新材料、新型建材、竹木生态加工、光电机械、食品加工
玉山县	文旅康养、电子信息、有色金属、机电汽配	武夷山市	旅游产业、茶产业
信州区	商贸物流、红色旅游、数字经济、光电	浦城县	生物制药、轻纺轻工、食品加工
广信区	商贸物流、生态旅游、生态农业、化工	松溪县	竹蔗产业、新型轻纺、机电制造
广丰区	生态农业、休闲旅游、特色水果、电子信息	政和县	视频加工、机电制造、现代农业
余干县	特色农产品、医药、纺织服装、生态旅游	建瓯市	林产工业、食品加工

上饶市	重点产业	南平市	重点产业
横峰县	有色金属、现代物流、中药食品、红色旅游	延平区	纺织服装、竹木加工、食品加工
弋阳县	现代物流、文化旅游、绿色食品、新型建材、有色金属	铅山县	现代农业、文化旅游、新材料、新能源
衢州市	重点产业	黄山市	重点产业
开化县	新材料、新能源、大健康、数字经济	屯溪区	高端装备制造、文化旅游、特色农业
常山县	高端装备、两柚一茶(胡柚、香柚、油茶)、特色农业深加工	黄山区	绿色食品、装备制造、新材料、生命健康、数字创意、茶产业
江山市	门业产业、装备制造、健康生活、消防应急、新材料、新能源	徽州区	新材料、智能制造、绿色食品、文化旅游
柯城区	运动休闲、轴承智能装备	歙县	特色农业、汽车零部件、装备制造、新材料、面料纺织
衢江区	特种纸、机械装备制造	休宁县	电子信息、汽车配件、绿色食品、新能源、新材料
龙游县	特种纸、绿色食品、高档家具、高端装备、新材料、智能制造	黟县	特色农业、机械电子、绿色食品、丝绸纺织
祁门县	电子电器、祁红产业、木竹产业、文化旅游、中医康养		

注:资料来源于作者整理。

四、城乡居民收入偏低,人口流失较严重

浙皖闽赣四省毗邻区域贫困区域集中,产业结构相对单一,缺乏成熟的高附加值、技术密集型产业,导致就业机会较少,居民的收入水平相对偏低。2022 年,闽浙赣皖毗邻四市人均可支配收入最高的是衢州市(45 276 元),其次为南平市(32 594 元)、黄山市(32 373 元)、上饶市(31 675 元)(如图 7—8 所示),其中仅衢州市人均可支配收入高于 2022 年全国平均水平(36 883 元)。此外,浙皖闽赣四省毗邻区域紧邻长三角和海峡西岸经济区等沿海发达地区,经济发展和社会结构受周边发达地区的辐射影响较大。该区域自身缺乏具有显著经济影响力和辐射力的中心城市,难以形成强有力的经济增长极。这种中心城市的缺位使得区域内部的经济活力不足,产业结构相对单一,产业以传统产业为主,高附加值、技术密集型产业的培育尚未成熟。因此,区域内的就业机会相对有限,特别是在知识经济和创新驱

动发展日益重要的背景下,区域难以有效吸引和留住高素质人才和资本等关键生产要素。2018—2022 年,闽浙赣皖毗邻四市人口总和由 1 311.67 万人降到 1 269.93 万人,占四省的比重从 6.35% 下降到 5.93%;从人口普查数据来看,毗邻地区四市中上饶、黄山两市均存在一定的人口收缩问题,6 个毗邻县(区)中有 3 个面临着较为严重的人口收缩问题,平均收缩比例达到 7.84%。

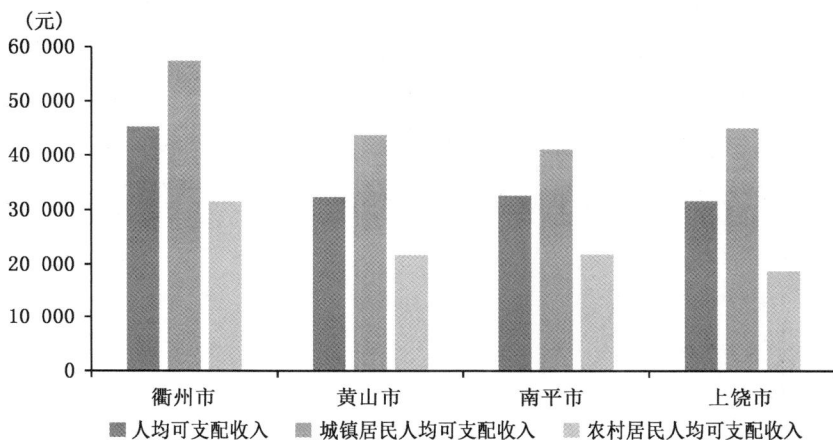

注:资料来源于各市《2022 年国民经济和社会发展统计公报》。

图 7-8　2022 年浙皖闽赣四省毗邻区域四市人均可支配收入

五、本地消费市场较小,缺乏龙头企业引领

区域协调发展旨在打破传统的地域界限,优化资源配置,以形成具有高度竞争力的经济增长极。这种增长极不仅依赖于特定产业的推进性发展,更需要依托主导产业部门的协同合作,打造综合性的产业集群。具体来说,增长极的形成通常伴随着产业链的垂直整合和水平扩展,以及创新链、价值链的深度融合。通过产业集群的构建,相关产业可以实现资源共享、技术互通,进而提升整体的市场竞争力。然而,浙皖闽赣四省毗邻区域在这方面还面临诸多挑战。目前,该区域尚未形成真正成熟的特色产业,市场规模也未能达到足够的广度和深度。这导致区域内商业活动的辐射能力和吸引力不足,难以在更大范围内形成具有标志性的市场特色和强大的集聚效应。长期以来,区域内的经济发展更多依赖于本地市场,缺乏面向外部市场扩展的动能,这在很大程度上限制了区域经济的外向型发展和市场开拓的

广度与深度。2022 年浙皖闽赣毗邻四市全社会消费品零售总额最高的是上饶市（1 533.7 亿元），其次是衢州市（878.1 亿元）、南平市（791.1 亿元）和黄山市（509.5 亿元），占各自省份比例分别仅为 11.9％、2.9％、2.4％和 3.8％，消费市场发展不平衡不充分问题比较突出，本地市场特征明显。再加上毗邻各市之间在战略协同、资源整合以及技术创新等方面存在协同不足、各自为战的现象，不利于地区领军企业发展壮大，导致区域内企业分散竞争，缺乏整体协同效应，影响了整个区域产业链的转型升级，也制约了整体经济实力和区域协同发展潜力的释放。2022 年毗邻四市的上市公司数量仅占四省上市公司总和的 4.2％，其中衢州市 16 家、黄山市 10 家、上饶市 10 家、南平市 9 家（如图 7—9 所示），上市公司市值仅占四省上市公司总和的 7.1％，消费市场发展不平衡不充分问题比较突出，竞争力偏低。

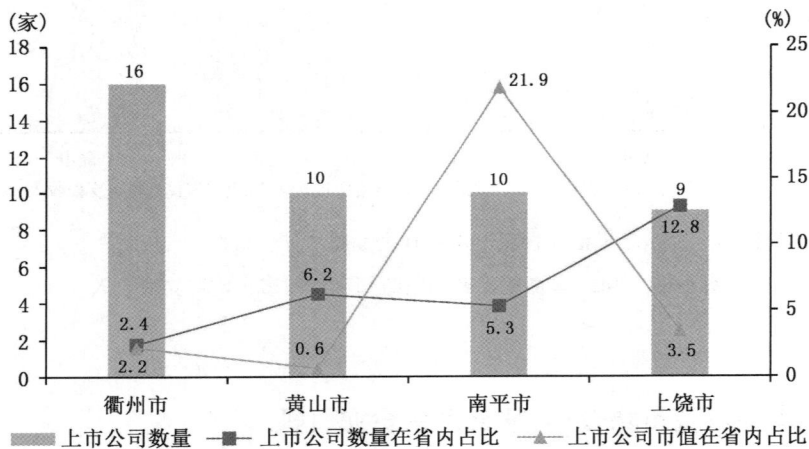

注：资料来源于作者整理。

图 7—9　浙皖闽赣四省毗邻区域四市 2022 年上市公司情况

六、创新研发投入不足，创新活力较低

　　浙皖闽赣四省毗邻区域由于地理位置的边界性质，过去一段时间的发展主要是依靠地区资源禀赋带动经济的发展，对科技创新的重视程度不够，存在创新基础薄弱、创新驱动力不足和创新资源较为分散等问题，限制了毗邻区域产业竞争力的整体提升。从研发投入来看，2022 年，浙皖闽赣四省毗邻四市中研发经费投入最高的是衢州市（82.95 亿元），其次是上饶市（56.74 亿元）、南平市（25.96 亿元）、黄山

市(13.19亿元),研发投入强度分别为4.3%、1.7%、1.2%和1.3%(如图7-10所示),除衢州市研发投入强度高于浙江省平均投入强度(3.1%)外,其余三市均明显低于各自省份平均投入强度。从专利数量来看,2022年浙皖闽赣四省毗邻四市专利授权数量分别为衢州市7 059件、上饶市5 998件、南平市2 937件、黄山市2 445件,四市专利授权合计仅占浙皖闽赣四省专利授权数量的2.2%。

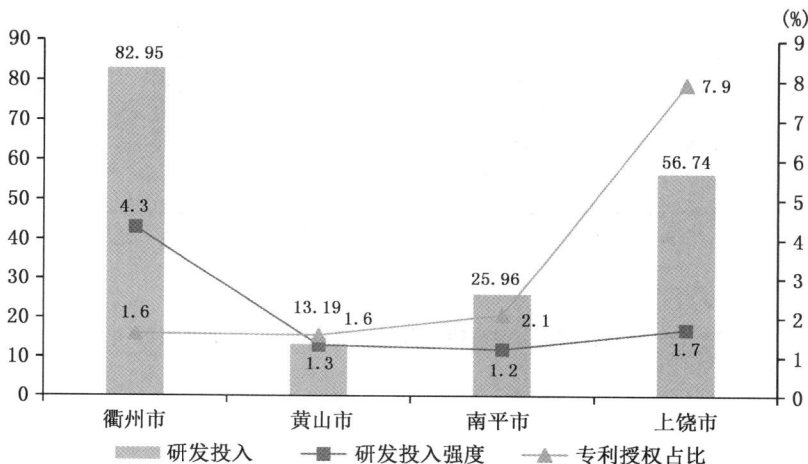

注:资料来源于各市《2022年国民经济和社会发展统计公报》。

图7-10　2022年浙皖闽赣四省毗邻四市研发投入及专利情况

七、区域开放程度较差,外来投资吸引力弱

浙皖闽赣四省毗邻区域地理位置的边界性质使得该地区与外部联系相对较远,加之产业层次偏低、产业发展不均衡、缺乏足够的外向型发展战略等问题,导致该地区缺少吸引外部资金和技术的有效机制,对外开放程度偏低。2022年,浙皖闽赣毗邻四市中实际利用外资额最高的是上饶市(2.4亿美元),其次分别为衢州市(1.1亿美元)、黄山市(0.72亿美元)和南平市(0.26亿美元)(如图7-11所示),四市总和仅占闽浙赣皖四省实际利用外资总额的1.6%,外资吸引力十分匮乏,导致其难以通过利用先进外资带动技术和生产力的跨越式发展;在进出口方面,2022年浙皖闽赣四省毗邻四市中进出口总额最高的是衢州市(612.5亿元),其次分别为上饶市(497.6亿元)、南平市(157.1亿元)和黄山市(120.2亿元),四市总和占浙皖闽

赣四省外贸进出口总额的比例仅为 1.7%。

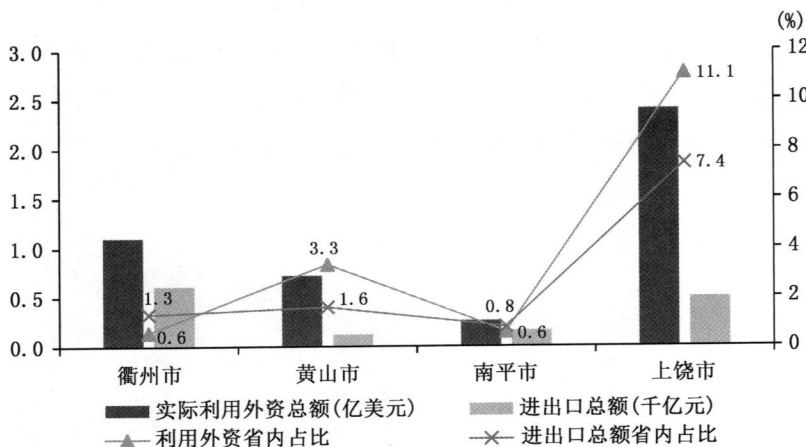

注：资料来源于各市《2022 年国民经济和社会发展统计公报》。

图 7-11　2022 年浙皖闽赣四省毗邻四市外资利用及进出口情况

第五节　浙皖闽赣四省毗邻区域协同发展的未来路径

一、以高效能治理为先，完善区域协同发展体制机制

一是要找准目标定位，实现错位互补发展。浙皖闽赣四省毗邻区域地理位置广泛，涵盖了多种自然和社会经济特征，拥有丰富的自然资源和独特的文化旅游资源。要在区域内推动高效能治理，首先需要各地区找准自己的发展定位，并在这一基础上推动区域错位和互补发展。一方面，各地要深挖自身优势产业，通过精准定位打造特色品牌，增强区域竞争力。另一方面，区域协同中要重视分工合作、优势互补，各地应在产业布局、基础设施建设、生态保护和公共服务等领域加强协作，避免因过度竞争而导致资源浪费和区域发展失衡。大力支持优势产业，形成龙头带动效应，推动各区域的整体协调发展。二是要理顺合作发展机制体制。高效能治理的关键在于理顺合作发展的体制机制，特别是在省际交界地区，克服区域"边界性"带来的合作障碍是重中之重。浙皖闽赣四省毗邻区域应建立规划委员会，科学制定区域发展规划，并探索跨区域联合立法，确保区域发展的一盘棋格局。各地还

需通过市长联席会议和区域治理机构的设立,推动长效合作机制的形成,如设立区域合作发展基金和完善信息共享机制,创新城乡一体化发展体制,以实现区域共商共建共享。此外,区域内应积极推广共享理念,通过共享医疗、教育、文旅、水利等公共设施资源,提升区域公共服务水平,实现低成本高效益的发展目标。三是要加强治理效能,促进城乡融合发展。要实现区域的高效能治理,必须统筹城乡融合发展。浙皖闽赣四省毗邻区域的城乡一体化进程需要依托区域重大建设战略,统筹推进以县城为重要载体的城镇化建设,提升城乡基础设施和公共服务水平。与此同时,要加快推动乡村振兴,特别是在特色农业和农产品加工业领域,要通过农业农村现代化建设,形成具有地方特色的产业集群,推动城乡资源要素的有效配置和融合发展。

二、以高品质生活为要,打造宜居宜业区域环境

一是依托区域重大战略,推动区域和谐发展。浙皖闽赣四省毗邻区域紧邻多个国家重大战略区域,具有独特的地理优势,在推动区域协同发展方面潜力巨大。各地应主动融入杭州都市圈和长三角一体化发展进程,借助杭州都市圈的产业辐射和长三角的经济一体化进程,增强区域间的经济协作。同时,各地要深度参与长江经济带建设,充分利用长江经济带的水运、物流和资源优势,促进沿江经济的共同繁荣。此外,各地还应积极对接"一带一路"倡议,充分利用中欧班列的运输网络,深化与沿线国家的贸易往来和文化交流,拓展国际市场空间。通过融入这些国家级战略,区域内各地不仅可以增强自身经济实力,还能在全国乃至全球市场中扩大影响力,进一步发挥其作为长三角、珠三角和海西经济区之间重要连接桥梁的作用,推动区域的整体和谐与可持续发展。二是推进城乡一体化建设,提升区域生活品质。要实现区域内居民的高品质生活,关键在于统筹推进城乡一体化建设,以确保城乡居民均能享受到优质的公共服务和基础设施。浙皖闽赣四省毗邻区域应充分抓住周边中心城市群和都市圈建设的历史机遇,加快县域城镇化步伐,推动县城的快速发展和小城镇的特色化建设(张学良和洪旭东,2022)。在此过程中,应注重发展具有地方特色的小镇,提升县城和小城镇的基础设施水平和公共服务质量,如教育、医疗、交通等,使城乡居民的生活条件得以显著改善。同时,补齐城乡发展短板,缩小城乡之间的差距,不仅能提升居民的生活品质,还能增强居民对区域经济发展的信心,为区域的高质量发展奠定坚实基础。三是促进现代农业发展,助力乡

村振兴。在提升区域整体生活品质的过程中,现代农业的发展是不可或缺的一环。区域内需大力推进现代农业发展,以助力乡村振兴,并通过农业的现代化与专业化建设,进一步提升农业生产效率和农产品的市场竞争力。浙皖闽赣四省毗邻区域应充分利用其丰富的特色农业资源,以特色农业区为基础,围绕现代农业生产建立完善的配套资源体系,打造特色优势农业产业和农产品加工业,形成从生产到加工再到销售的完整产业链条。同时,通过大力发展农业生产性服务业,提供技术支持、市场推广、品牌建设等综合服务,促进农业全产业链的升级。这不仅能够显著提高农业生产效率,推动农业现代化进程,还将直接改善乡村居民的生活水平,增加农民收入,实现乡村的可持续发展和区域的共同富裕,最终构建出宜居宜业的和谐区域。

三、以高水平开放为重,深化区域开放合作进程

一是要强化区域合作,打造省际经济合作区。浙皖闽赣四省毗邻区域应以高水平开放为目标,通过合作共建省际经济合作区,推动区域内外的深度合作。为了弥补省际交界地区在经济发展上的短板,应以产业发展和产城互动为主要方向,充分利用区域各地的比较优势,形成差异化的合作重点。在此基础上,逐步推动县域经济的发展壮大,拓展县城的发展空间,从而实现区域整体经济水平的提升。同时,合作区内应积极推动居住证互认制度和户籍准入年限的同城化累计互认,这将有效减少劳动力在跨省流动过程中的无形壁垒,促进区域内人才的自由流动以及各类资源的高效配置。此外,还应加快推进区域一体化进程,增强区域内各城市之间的联动性和协同性,为跨区域的经济合作与发展提供有力保障。二是借助国家战略,推进跨省产业链协同。要实现高水平的开放,区域内还需加强与国家级新区、开发区和产城融合试验区等优质产业载体的对接,进一步强化产业链的分工配套和区域协同。浙皖闽赣四省毗邻区域应积极承接沿海发达地区的产业转移,通过科学规划和合理布局,完善区域内产业链建设,推动区域经济的结构优化和升级。在此过程中,区域内应探索并推广"省域中心城市总部+省际合作区基地"以及"省域中心城市研发+省际合作区制造"等创新模式,推动制造业和生产性服务业的深度融合与发展,进一步提升区域经济的竞争力和抗风险能力。这不仅有助于推动区域产业链的延伸和完善,还能通过提升区域产业的整体效益,促进区域经济的协调发展。三是打造国际化发展平台,推动发展区域开放型经济。浙皖闽赣四省毗邻区域还应依托"一带一路"倡议,积极构建开放型经济体系,以增强区域在

国际市场中的竞争力和影响力。在这一过程中,各地应共同建设跨境电商、国际物流等平台,推动区域内外的经济互动与合作,形成联动发展的良好局面。共建区域性跨境电商产业园,推动区域内产业链与国际市场的有效对接,打造全球化经济链条。此外,各地还应结合自身的特色产业,探索适合的跨境合作模式,促进区域特色产业的国际化发展,进一步提升区域经济的开放水平与国际竞争力,从而实现区域经济的高水平对外开放。

四、以高质量发展为基,构建区域经济新格局

一是要培育壮大区域中心城市,增强辐射带动能力。推动区域高质量发展,首先需要依靠强大的中心城市作为辐射带动点。浙皖闽赣四省毗邻区域应充分考虑区位条件、产业基础和资源环境的差异,合理确定各城市的功能定位,重点支持上饶和衢州依托各自的优势,培育和建设具有特色的区域中心城市。加强区域内中心城市的建设和发展,打造省际交界地区的重要节点城市,发挥其辐射带动作用,推动区域内资源、资金、技术等要素的自由流动和优化配置。此外,各区域中心城市还应加强与周边城市的协同发展,通过统筹推进要素自由流通、设施和服务共享等方式,促进区域经济布局的优化与升级,形成区域协同发展的新格局(曾冰,2017)。二是强化跨省联动,推动制造业基地和商贸物流中心建设。浙皖闽赣四省毗邻区域要加强省际交界区域性中心城市与邻近省会城市、副省级城市等大型中心城市的空间和功能联系,主动融入城市群建设,明确各自的差异化发展定位。根据各地的资源禀赋和产业优势,因地制宜地建设区域性中心城市的先进制造业基地、商贸物流中心和区域专业服务中心等,进一步强化跨省合作和联动发展,实现区域经济的高质量提升。优化产业布局,提升区域内产业的整体竞争力,推动区域经济结构的优化和升级,助力区域经济的可持续发展。三是完善基础设施建设,畅通内外双循环通道。高质量发展的基础是完善的基础设施建设,突出体现在交通和信息网络等关键领域。浙皖闽赣四省毗邻区域应加快对外通道的建设,特别是要打通省际瓶颈路段,提升与邻近省会城市、副省级城市以及区域性中心城市的联通程度,打造“一小时交通圈”,提高区域内部及与外部的交通便利性和效率。此外,区域内还应积极优化提升公共服务信息平台等新型基础设施网络,推动区域内外双循环通道的构建,确保区域经济发展的畅通性与高效性,从而为区域经济的高质量发展提供强有力的支撑。

第八章

中西部地区晋陕豫黄河金三角协作率先突破

促进以省际毗邻区域为代表的特殊类型区域发展是深入实施区域协调发展战略，推动经济高质量发展和实现共同富裕的战略目标和要求。晋陕豫黄河金三角作为我国典型的三省毗邻区域，具备显著的地缘优势和深厚的历史文化基础。地理上，三省地域相邻、山水相连；历史上，文化相同、人文相亲；经济上，利益相融、发展相依。这一地区不仅是黄河流域的重要组成部分，还是黄河生态保护和高质量发展的重要承载地。随着合作内容和领域的不断深化拓展，黄河金三角区域的一体化发展日益加深，经济联系更加紧密，逐步形成了发展命运共同体的雏形，正成为全国省际毗邻区域合作的范本与实践案例。在黄河流域上升为国家战略的背景下，作为全国省际毗邻区域合作的先行者，晋陕豫黄河金三角有潜力为其他省际毗邻区域的发展提供可借鉴的经验和路径。通过在小尺度、跨区域、相对精准的层面上不断探索和创新合作模式，这一区域可在生态保护、文化传承、产业协同、基础设施建设等方面树立典范，为全国其他省际毗邻区域的合作提供有益的实践样本。特别是在国家区域协调发展战略深入推进的背景下，该区域的经验不仅具有重要的地方意义，更对全国范围内的区域一体化进程起到重要的示范和推动作用。

第一节　晋陕豫黄河金三角基本情况概述

晋陕豫黄河金三角（简称"黄河金三角"）地处黄河大拐弯处，是我国典型的三省交汇地(如图 8-1 所示),位于中西部重要结合带与"一带一路"的重要交汇点上,同时也是西部大开发战略、中部地区崛起战略、黄河流域生态保护和高质量发展战略等多个国家战略叠加地带。可见,黄河金三角具有非常独特的地理位置,在推动东中西部的区域协调发展中具有十分重要的战略地位。

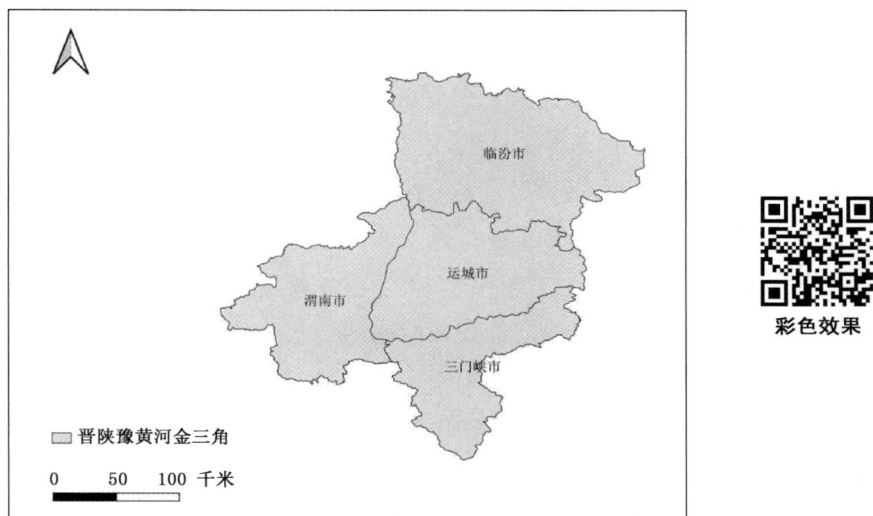

注:基于自然资源部标准地图服务网站下载的审图号为 GS(2020)4619 的标准地图制作,底图无修改。本章下图同。

图 8-1　晋陕豫黄河金三角(彩图详见二维码)

在合作实践中,黄河金三角地区积极推动区域联动和一体化发展,并取得了显著成效。通过不断加强基础设施互联互通、推进产业协同发展、深化生态环境保护合作,该区域不仅在经济、社会、生态等领域取得了长足进展,还在推动区域内资源整合、优化产业布局、提升发展质量等方面做出了重要贡献。特别是在产业承接和转移方面,黄河金三角通过加强与东部发达地区的对接,形成了较为完善的产业链和供应链体系,区域内的产业结构得到进一步优化升级。此外,黄河金三角在国家区域发展战略中的地位愈发突出。该地区通过深化改革、扩大开放,积极融入"一带一路"倡议,进一步增强了区域发展的内生动力和外部联动效应。依托优越的地理位置和日益完善的合作机制,黄河金三角不仅在区域内部形成了良好的协同发展格局,还在全国区域经济布局中发挥着越来越重要的作用。

至今,黄河金三角已有三十多年经济交流合作历程,对该区域的关注和研究主要集中在经济合作、政府合作、产业发展、人口结构研究等方面。学者们探索了黄河金三角经济合作具体模式，分别有"双中心""点、线、面合作""多中心＋网络化"等模式（赵森，2010，2011；张慧霞和刘斯文，2006；苏建军，2010；郭世勇，2015）。赵森（2010）提出黄河金三角四市需要由运城和三门峡双区域中心城市来带动渭南、临汾的协调发展。张慧霞和刘斯文（2006）指出黄河金三角地区可通过多层次、多渠道、多方位的点、线、面合作模式开展旅游合作。苏建军（2010）则认为"多中心＋网络化"的合作模式才是黄河金三角旅游一体化模式。同时，学者们都认为黄河金三角四市具有良好的经济合作基础，需要寻找适合的合作体制机制以促进该地区经济协调发展。就此，杨龙和聂际慈（2017）提出了"次区域"的空间设计概念，指出黄河金三角要积极争取中央支持和建立四层级的区域协调机制。此外，黄河金三角产业的研究主要集中在产业结构和产业协调发展层面。王虎等（2020）发现2005—2016年黄河金三角地区各县域产业结构水平整体处于提升状态，且阶段性特征显著。张智勇（2018）指出区域内产业联动对提升晋陕豫黄河金三角地区综合竞争力有着重要意义，要提高区域内综合竞争力，必须构建区域内经济合作机制。总体来看，聚焦于黄河金三角的研究较少，尚未形成完整的研究体系，现有研究多集中在产业和合作机制探讨上，少有研究从四市整体区域合作的视角来探索其经济发展情况。因此，本章将具体结合晋陕豫黄河金三角地区的发展现状，解析黄河金三角区域合作的历史沿革、国家要求和现实条件，从而提出在生态共治、文化共兴、产业协作和设施共建共享等方面的具体发展路径。

第二节　晋陕豫黄河金三角区域协同发展的历史沿革

一、晋陕豫黄河金三角区域协同发展合作情况

黄河金三角区域作为我国重要的经济协作区域，其协同发展历程可以追溯到20世纪80年代。经过多年的探索与实践，黄河金三角区域的合作内容不断深化，合作领域逐渐拓展，并经历了缘起抱团、突破创新和协同跃升三个主要发展阶段。

（一）缘起抱团阶段（20世纪80年代至2014年）

黄河金三角区域的合作最早可以追溯到20世纪80年代。当时，"晋陕豫黄河金三角经济协作区"由山西省运城地区、陕西省渭南市与河南省三门峡市联合推动

成立,标志着区域合作的起步。随着合作的深入,2008 年,山西省临汾市加入该协作区,同年,三省共同向国家发改委提交了《关于将晋陕豫黄河金三角设立为国家区域协调发展综合试验区》的申请,并于 2009 年获得国家的正式批复,成为我国第一个跨省行政区划的试验区。这一阶段,区域合作主要集中在果业产业、旅游和人才交流等方面,并取得了一定的初步成果。2014 年,《晋陕豫黄河金三角区域合作规划》得到国务院批复,标志着区域合作进入了新的发展阶段。

(二)突破创新阶段(2014 年至 2019 年)

自 2014 年黄河金三角区域合作上升为国家战略后,四市开始深入探索区域合作的协调机制。2014 年,四市联合建立了市长联席会议制度,2018 年,在三省政府发布的《晋陕豫黄河金三角区域合作协调机制方案》的指导下,四市的轮值制度正式确立。这一制度为区域合作提供了制度保障,推动了合作进一步深入。2019 年,三省政府联合发布了《切实加快晋陕豫黄河金三角区域合作工作实施意见》,同年,四市共同印发《晋陕豫黄河金三角次区域合作实施意见》,这些文件的出台进一步加强了区域内节点县(市)的融合,推动区域合作迈向更高质量的发展阶段。

(三)协同跃升阶段(2019 年至今)

随着我国进入新时代,面对新形势和新挑战,晋陕豫黄河金三角区域合作进入了协同跃升的新阶段。区域内三省四市逐渐打破了传统的行政区经济思维模式,在区域规划、交通基础设施建设、信息共享、市场一体化、产业协同与环境保护等方面展开了更加紧密的合作。例如,大西高铁的建成、晋陕豫黄河金三角果品出口企业联盟的成立、"数字金三角"的共建、区域警务合作以及政务服务"跨省通办"等一系列创新举措均取得了显著成效,标志着黄河金三角区域合作已实现从局部合作向全方位、多领域协同发展的重大跃升。

综上,晋陕豫黄河金三角区域的协同发展经历了从初步探索到制度化合作,再到如今全方位协同跃升的历程。这一系列进程不仅深化了区域内经济、社会的联动效应,也为我国区域协同发展提供了宝贵的实践经验。未来,黄河金三角区域在推进区域一体化发展和提升区域竞争力方面,仍将扮演重要角色。

黄河金三角四市合作情况如表 8—1 所示。

表 8－1　　　　　　　　　　　黄河金三角四市合作情况

阶　段	合作事项
缘起抱团	20 世纪 80 年代,渭南、运城和三门峡共同成立"晋陕豫黄河金三角经济协作区" 2007 年,渭南、运城和三门峡共建"黄河金三角试验区" 2008 年,临汾正式加入;7 月,三省向国家发改委递交《关于将晋陕豫黄河金三角设立为国家区域协调发展综合试验区》 2009 年 1 月,"晋陕豫黄河金三角旅游协作会"成立;7 月,"晋陕豫黄河金三角果业产业发展联席会"成立,《试验区果业产业合作发展实施意见》通过 2011 年 9 月,涉及临汾、运城、三门峡等 8 个晋陕豫黄河金三角地区的城市,签订人才合作协议 2012 年 5 月,国家发改委批复《关于设立晋陕豫黄河金三角承接产业转移示范区》 2014 年 1 月,晋陕豫黄河金三角果业产业发展协会成立 2014 年 4 月,国务院批复《晋陕豫黄河金三角区域合作规划》
突破创新	2014 年 5 月,三省文化厅签署《晋陕豫黄河金三角区域文化发展战略联盟合作框架协议》;7 月,四市签署《晋陕豫黄河金三角检验检疫合作机制备忘录》《晋陕豫黄河金三角区域邮政业合作框架协议》;8 月,四市共同制定《晋陕豫黄河金三角区域警务协作长效机制》;10 月,运城与三门峡启动公共卫生协作并签订协作备忘录;11 月,四市签署《黄河金三角宣传联动合作协议》《晋陕豫跨界环境污染事故和纠纷处理协调联动工作机制协议书》,发布《晋陕豫黄河金三角生态文明建设合作宣言》,晋陕豫黄河金三角宣传思想文化工作联盟成立;12 月,晋陕豫黄河金三角智慧物流城框架签订协议,签署《晋陕豫黄河金三角区域县级旅游联盟备忘录》,发表《灵宝宣言》 2015 年,四市疾病预防控制中心共同制定《晋陕豫黄河金三角公共卫生区域协作方案》;4 月,中共三门峡市委宣传部创办《黄河金三角时报》,四市签署《晋陕豫黄河金三角旅游区域合作框架协议》;6 月,四市电视台共同签署《黄河金三角地区广播电视旅游联盟协议书》;7 月,四市工商局签订《晋陕豫黄河金三角区域商标保护协作协议》;9 月,四市签署《黄河金三角经济区共建"一带一路"战略支点行动纲领》 2016 年 7 月,四市检验检疫部门签署《晋陕豫黄河金三角检验检疫检测资源共享合作备忘录》 2017 年 3 月,运城平陆县与三门峡城际公交实现互通;8 月,运城全面实施跨省异地就医直接结算;10 月,临汾、三门峡、渭南银行行业协会签订《晋陕豫黄河金三角区域银行业协会 2018 年项目合作议定书》;11 月,四市公安局共同发表《晋陕豫黄河金三角区域进一步强化警务协作"十六条"倡议》 2018 年 2 月,运城芮城县与渭南韩城市缔结友好城市;4 月,三省联合印发《晋陕豫黄河金三角区域合作协调机制方案》;5 月,黄河金三角三省四市口岸合作协议签订 2019 年 3 月,三省联合印发《关于切实加快晋陕豫黄河金三角区域合作工作实施意见》

续表

阶　　段	合作事项
协同跃升	2019 年 6 月,四市签署《晋陕豫黄河金三角四市共建"数字金三角"合作协议》;四市市场监管局签署《2019 年晋陕豫黄河金三角区域合作三省四市市场监督管理工作合作协议》;四市教育局签署《晋陕豫黄河金三角教育协作区战略合作框架协议》;四市自然资源系统签署《晋陕豫黄河金三角国土空间规划区域合作框架协议》;潼关县和灵宝市政府签署《推进次区域合作先行试验区建设备忘录》 2019 年 8 月,四市联合印发《晋陕豫黄河金三角次区域合作实施意见》;运城至灵宝高速公路运宝黄河大桥正式开通运营 2020 年 10 月,晋陕豫黄河金三角果品出口企业联盟成立;12 月,四市签订《晋陕豫黄河金三角区域政务服务"跨省通办"框架协议》 2021 年 12 月,《晋陕豫黄河金三角区域合作 2021—2022 年十大任务清单》发布,四市签署区域合作框架协议 2022 年 6 月,四市公安机关签署《推动黄河金三角区域生态治理护航高质量发展实施意见》和《持续深化警务协作工作意见》 2023 年 11 月,上海财经大学联合黄河流域生态保护和高质量发展促进中心共同制定《黄河金三角区域合作先行示范区规划(2023—2035 年)》

注:数据来源于作者整理。

二、晋陕豫黄河金三角区域协同发展的国家要求

黄河金三角是我国典型的三省毗邻区,地理位置和战略位置显著。黄河金三角位于中西部重要结合带与"一带一路"的重要交汇点上,同时也是西部大开发战略、中部地区崛起战略、黄河流域生态保护和高质量发展战略等多个国家战略叠加地带。可见,黄河金三角具有非常独特的地理位置,在推动东中西部区域协调发展中具有十分重要的战略地位。该区域的发展也一直深受国家的高度关心和重视。2007 年以来,国家多次就晋陕豫黄河金三角地区合作发展、协调发展等重大问题做出重要批示和指导(如表 8—2 所示)。2009 年《国务院关于促进中部地区崛起规划的批复》中提出"鼓励晋陕豫黄河金三角地区突破行政界限,开展区域协调发展试验"。2010 年《促进中部地区崛起规划实施意见》也提出"支持中部地区与西部毗邻地区开展合作,指导晋陕豫黄河金三角地区编制区域合作规划"。经历四年时间,《晋陕豫黄河金三角区域合作规划》得到国务院正式批复。此后,2018 年的《关于建立更加有效的区域协调发展新机制的意见》提到黄河金三角区域应以典型引路,尽快迈开实质性步伐。2021 年,《中共中央 国务院关于新时代推动中部地区高质量发展的意见》又一次强调了要"务实推进晋陕豫黄河金三角区域合作"。由此可见,黄河金三角的发展一直都是国家重视的区域,各项规划和意见都表达了国家对黄

河金三角的高质量区域合作发展要求。

表 8—2　　　　　　　　　　　　国家关于黄河金三角政策文件

年份	文　件	内　容
2009	《国务院关于促进中部地区崛起规划的批复》	鼓励晋陕豫黄河金三角地区突破行政界限,开展区域协调发展试验
2010	《促进中部地区崛起规划实施意见》	支持中部地区与西部毗邻地区开展合作,指导晋陕豫黄河金三角地区编制区域合作规划
2011	《国务院关于支持河南省加快建设中原经济区的指导意见》	支持晋陕豫黄河金三角地区开展区域协调发展试验
2012	《关于设立晋陕豫黄河金三角承接产业转移示范区》	国家发改委正式批复
2014	《晋陕豫黄河金三角区域合作规划》	国务院正式批复
2018	《关于建立更加有效的区域协调发展新机制的意见》	黄河金三角区域应以典型引路,尽快迈开实质性步伐
2021	《中共中央 国务院关于新时代推动中部地区高质量发展的意见》	推动省际协作和交界地区协同发展,推动中部六省省际交界地区以及与东部、西部其他省份交界地区合作,务实推进晋陕豫黄河金三角区域合作

注:数据来源于作者整理。

　　此外,黄河金三角区域涵盖四市共 47 个县(市、区),其中超过 67％的县(市、区)为革命老区,长期以来,这些地区的经济发展面临着诸多挑战,发展水平相对滞后。据统计,2022 年黄河金三角四市的人均 GDP 为 58 887 元,这仅相当于全国平均水平的 61.5％,甚至不足东部地区的 47.6％,这一数据分别比中部和西部地区的平均水平低了 18 794 元和 8 148 元。这种经济发展的不平衡反映出黄河金三角区域在我国整体经济版图中的特殊地位和亟待提升的经济水平。在这一背景下,推动黄河金三角区域的发展不仅具有显著的国家战略意义,也为区域协调发展提供了重要的实践契机。首先,加快该区域的发展将有助于缩小我国东、中、西部地区之间的经济差距,进一步促进区域间的协调发展。这对于实现全国范围内的经济平衡具有重要意义,是落实国家区域发展战略的重要组成部分。其次,黄河金三角的发展还将为打破行政边界壁垒、探索跨区域合作的新模式提供有力支持。积极推进区域内的经济、社会、文化等多领域的深度融合,可以探索出一条适应新时代要求的区域合作路径。这不仅包括打破传统的地理和行政边界,更涉及经济、社会文化等多层面的边界耦合,力图在合作中形成新的机制与模式。黄河金三角的发展不仅是区域内部经济和社会进步的关键,更是推动我国区域经济协调发展、实现共同富裕的战略要地。在未来的规划和实施中,黄河金三角将继续肩负起引领区域协调发展的重任,为我国探索和创新区域合作模式提供有力的实践依据。

第三节　晋陕豫黄河金三角区域协同发展的现实基础

一、经济活力有待进一步激发

从经济基础上看,2022 年黄河金三角 GDP 总额达 8 406.51 亿元(如表 8−3 所示),分别占三省和全国经济总量的 7.02％、0.69％。黄河金三角四市整体 GDP 在全国排名第 31 位,排在温州市之后,厦门市之前。进一步由 2022 年夜间灯光分布可知,黄河金三角的经济活动主要沿东北向西南分布,相对其他三市,三门峡市的灯光相对较弱(如图 8−2 所示)。2022 年的常住人口达到 1 528.46 万人,第二产业和第三产业构成了黄河金三角的主要产业,进出口总额共为 388.58 亿元。

表 8−3　　　　　　　　　　**2022 年黄河金三角经济基本情况**

城市	GDP (亿元)	常住人口 (万人)	三次产业构成	固定资产 投资增速(％)	进出口总额 (亿元)
运城市	2 301.11	471.85	15.3∶42.1∶42.6	8.0	112.5
临汾市	2 227.9	390.66	7.1∶55.8∶37.1	9.1	30.8
渭南市	2 201.13	461.9	19.2∶37.4∶43.4	−7.8	22.68
三门峡市	1 676.37	203.7	9.5∶48.1∶42.4	12.4	222.6
总值	8 406.51	1 528.11	12.8∶45.9∶41.3	—	388.58

注:数据来源于 2022 年黄河金三角四市统计公报。

进一步分年份来看,2010 年到 2022 年,黄河金三角经济快速增长与规模趋缓现象并存,经济活力有待进一步激发。总体上,黄河金三角经济快速增长。2010—2022 年四市总 GDP 增量达到 5 011.6 亿元,年均增速高达 7.8％。此时,四市的GDP 年均增速都达到 5％左右,渭南市的年均增速最高为 5.6％左右。但黄河金三角各市经济规模总体呈现下降趋势。从各市增速来看,2010—2022 年期间,黄河金三角四市虽然大多数年份均保持 7％左右的增速,2010 年四市 GDP 增速更是高达15％及以上的水平,但其经济增速总体呈现下降趋势明显,2015 年甚至达到最低增速水平(如图 8−3 所示)。从四市占三省比重来看,黄河金三角四市 GDP 在各省内

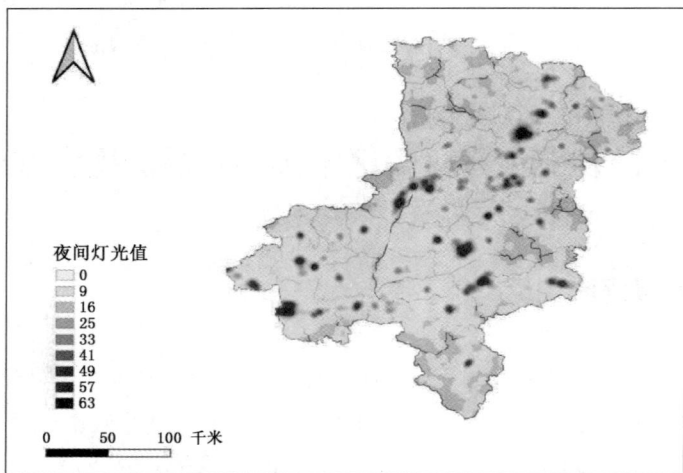

注：数据来源于 VIIRS/DNB 夜间灯光遥感数据。

图 8－2   2022 年黄河金三角夜间灯光情况（彩图详见二维码）

占比均保持"总体平缓、略微下降"的趋势（如图 8－4 所示），表明四市经济发展规模并未在各省内发生本质影响，反而略有趋缓和下降的趋势。2010 年，四市 GDP 总量为 3 394.91 亿元，占三省的比重为 8.07％，到 2022 年，四市 GDP 总量虽然增加到 7 632.35 亿元，但在三省占比反而下降到了 7.02％，共下降了 1.05 个百分点，说明四市经济增速低于三省的增速，四市经济总量占三省比重下降。因此，黄河金三角经济快速增长的同时，其经济规模在省内占比并未实现预期的增长，甚至有下降的趋势。由此可见，"黄河金三角"政策红利尚未充分释放，四市需要探索新型区域合作模式，进一步激发经济发展活力。

从黄河金三角规模以上工业企业数据来看，2017—2022 年黄河金三角四市规模以上工业企业个数从 1 910 个增加至 2 788 个，增加了 878 个，增幅达到 45.97％。从四市分别来看，2017 年三门峡市的规模以上工业企业数量最多为 621 个，位居四市第一，到 2022 年增加至 621 个，排名降至四市第三；而 2017 年运城市和临汾市规模以上工业企业数量分别为 456 个和 380 个，2022 年则分别增至 911 个和 711 个，增加幅度分别达到 99.78％和 87.11％（如表 8－4 所示）。对于三门峡市来说，规模以上工业企业数量在 2017—2022 年间有小幅度增加，增幅为 8.78％。整体上看，近年来黄河金三角规模以上工业企业数量明显增加，可能原因是该地区加快了产业结构调整和优化升级的步伐，推进传统产业的改造升级，同时积极培育

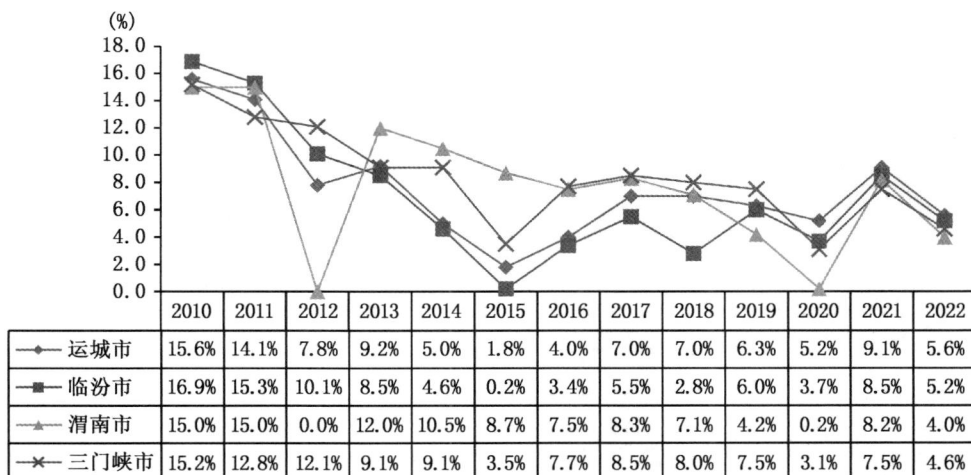

	2010	2011	2012	2013	2014	2015	2016	2017	2018	2019	2020	2021	2022
运城市	15.6%	14.1%	7.8%	9.2%	5.0%	1.8%	4.0%	7.0%	7.0%	6.3%	5.2%	9.1%	5.6%
临汾市	16.9%	15.3%	10.1%	8.5%	4.6%	0.2%	3.4%	5.5%	2.8%	6.0%	3.7%	8.5%	5.2%
渭南市	15.0%	15.0%	0.0%	12.0%	10.5%	8.7%	7.5%	8.3%	7.1%	4.2%	0.2%	8.2%	4.0%
三门峡市	15.2%	12.8%	12.1%	9.1%	9.1%	3.5%	7.7%	8.5%	8.0%	7.5%	3.1%	7.5%	4.6%

注:数据来源于 2010—2022 年四市统计公报。

图 8－3　2010—2022 年黄河金三角四市 GDP 增速变化

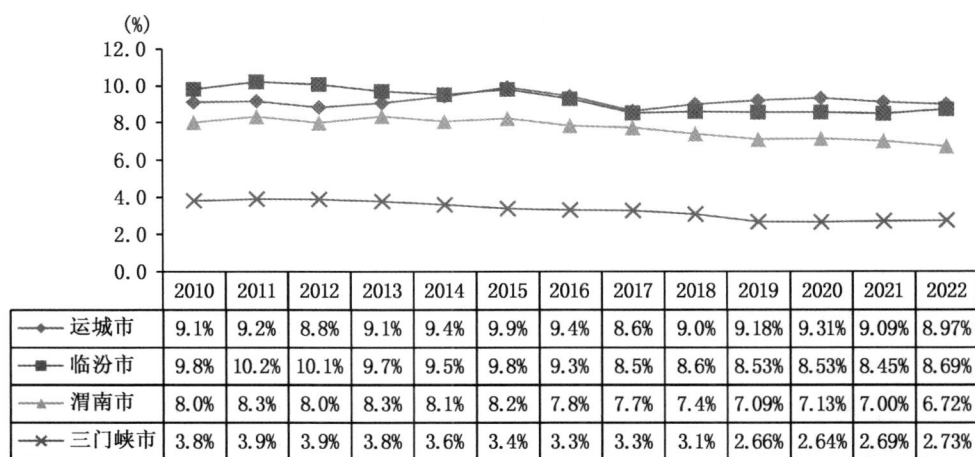

	2010	2011	2012	2013	2014	2015	2016	2017	2018	2019	2020	2021	2022
运城市	9.1%	9.2%	8.8%	9.1%	9.4%	9.9%	9.4%	8.6%	9.0%	9.18%	9.31%	9.09%	8.97%
临汾市	9.8%	10.2%	10.1%	9.7%	9.5%	9.8%	9.3%	8.5%	8.6%	8.53%	8.53%	8.45%	8.69%
渭南市	8.0%	8.3%	8.0%	8.3%	8.1%	8.2%	7.8%	7.7%	7.4%	7.09%	7.13%	7.00%	6.72%
三门峡市	3.8%	3.9%	3.9%	3.8%	3.6%	3.4%	3.3%	3.3%	3.1%	2.66%	2.64%	2.69%	2.73%

注:数据来源于 2010—2022 年三省四市统计公报。

图 8－4　2010—2022 年黄河金三角四市 GDP 占各省比重变化

和发展新兴产业,为工业企业的增长提供了新的动力。

表 8—4　　　　　2017—2022 年黄河金三角四市规模以上工业企业情况

城市	2017 年	2018 年	2019 年	2020 年	2021 年	2022 年
运城市	456	498	551	607	787	911
临汾市	380	388	435	500	616	711
渭南市	501	418	369	397	428	545
三门峡市	573	591	601	575	595	621
总值	1 910	1 895	1 956	2 079	1 910	1 895

注:数据来源于《中国城市统计年鉴》。

二、人口收缩问题亟须关注

黄河金三角四市的乡镇人口主要沿东北向西南方向分布。《中国县域统计年鉴》(乡镇卷)显示,黄河金三角四市共有 457 个乡镇,在 ArcGIS 软件中绘制户籍人口分布图(如图 8—5 所示)。黄河金三角乡镇人口呈现东北向西南分布,2018—2022 年黄河金三角 457 个乡镇中出现人口增长的乡镇有 275 个,人口不变的乡镇有 7 个,人口减少的乡镇有 175 个。275 个乡镇人口共增长了 192 158 人,其中增长最多的是陕西省渭南市富平县薛镇,增长人口总数为 19 364 人;175 个乡镇人口共减少了 145 561 人,其中减少最多的乡镇为山西省临汾市蒲县蒲城镇,减少的人数为 19 425 人。在人口减少的 175 个乡镇中,运城市为 52 个乡镇,临汾市为 43 个乡镇,渭南市为 40 个乡镇,三门峡市为 40 个乡镇,临汾市的乡镇人口减少总数最多为 44 912 人,其次为渭南市 39 202 人(如表 8—5 所示)。可见,黄河金三角乡镇人口减少现象较为明显,且在某些乡镇可能存在显著的人口收缩,在此背景下,黄河金三角四市需要探索新型合作模式,理性应对人口减少的形势。一方面,人口减少的现象,特别是在一些乡镇中的显著人口收缩,反映出该地区可能存在经济活力不足、产业结构单一、公共服务供给不足等问题,这需要当地政府和相关部门采取积极措施,促进经济多样化和产业升级,吸引外部投资和人才回流。另一方面,对于人口增长的乡镇,如陕西省渭南市富平县薛镇等地,其需要进一步巩固和扩大已有的发展成果,通过提升基础设施水平、优化营商环境、强化教育和医疗服务等方式,增强对劳动力和资本的吸引力,以推动可持续的经济增长。此外,为实现黄河金三角区域的协调发展,四市应加强跨区域合作,尤其是在交通、环保、公共服务等方面的协同发展,进一步促进资源共享和优势互补,形成更具活力和竞争力的经济带。在这一过程中,需要制定有针对性的政策措施以解决乡镇人口流失问题,激发乡村地区内生发展动力,促进黄河金三角区域经济社会转型和可持续发展。

彩色效果

户籍人口分类
- 4 170～20 251
- 20 251～36 066
- 36 066～56 849
- 56 849～86 533
- 85 533～154 587

(a)2018年

户籍人口分类
- 4 147～19 957
- 19 957～36 556
- 36 556～55 745
- 55 745～86 485
- 86 485～154 928

(b)2020年

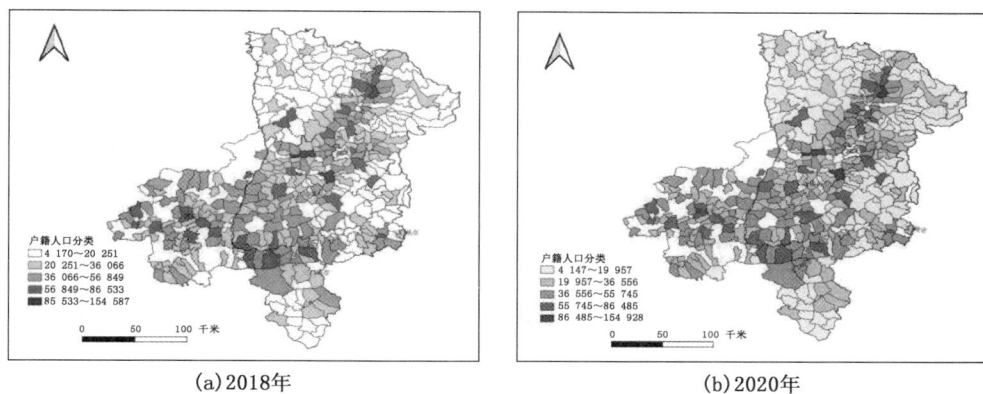

注:数据来源于 2019 年和 2021 年《中国县域统计年鉴》(乡镇卷)。

图 8—5　2018 年和 2020 年黄河金三角四市乡镇户籍人口分类(彩图详见二维码)

表 8—5　　　　　　　2018—2022 年黄河金三角三市乡镇人口减少情况

城市	运城市	临汾市	渭南市	三门峡市
乡镇数	52	43	40	40
人口数	32 303	44 912	39 202	29 145

注:数据来源于 2019 年和 2023 年《中国县域统计年鉴》(乡镇卷)。

三、公共服务空间配置有待优化

公共服务的发展质量是经济增长的重要动力,也是衡量社会发展文明程度的重要标志。本部分也从公共服务角度来看黄河金三角的区域发展基础,其中餐饮和医疗的 POI 数据从 Bigemap GIS Office 中获取,营业面积 50 平方米以上的综合商店或超市个数从《中国县域统计年鉴》(乡镇卷)中获取。

从 Bigemap GIS Office 中共获取黄河金三角四市餐饮 POI 数据共 24 474 个,其中临汾市 6 235 个、三门峡市 4 558 个、渭南市 6 498 个、运城市 7 183 个,在 Arc-GIS 软件中绘制餐饮 POI 分布图(图 8—6 左)与热力图(图 8—6 右)。从图 8—6

中可见,黄河金三角四市的餐饮分布与人口分布方向一致,主要沿东北向西南方向分布,四市的餐饮分布较为分散,主要集中分布在临汾市的中部、渭南市的西南部、运城市的南部和三门峡市的北部,而在四市的毗邻地区分布稀疏,仅有三门峡市和运城市毗邻地带有较为密集的餐饮分布,说明在黄河金三角内部的行政边界阻碍依然存在,在一定程度上可能阻碍了内部边界地区餐饮的发展。

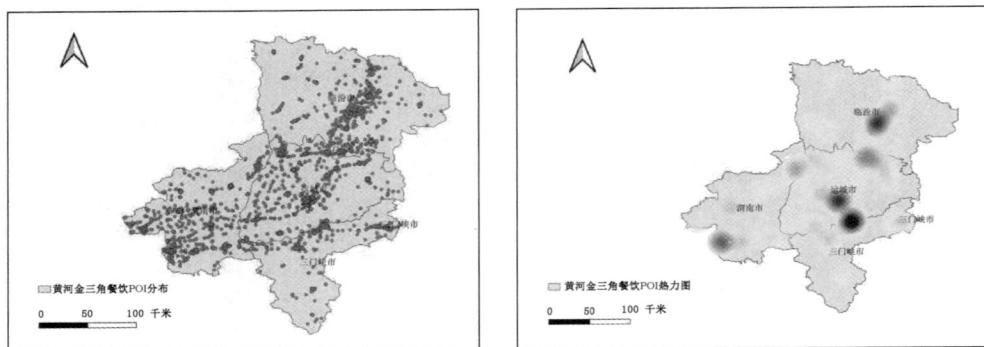

彩色效果

注:数据来源于 Bigemap GIS Office。

图 8—6　黄河金三角餐饮 POI 分布图与热力图(彩图详见二维码)

从 Bigemap GIS Office 中共获取黄河金三角四市医疗 POI 数据共 8 102 个,其中临汾市 1 915 个、三门峡市 1 126 个、渭南市 1 933 个、运城市 3 128 个,在 ArcGIS 软件中绘制医疗 POI 分布图(图 8—7 左)与热力图(图 8—7 右)。由图 8—7 直观地看出,黄河金三角四市的人口、餐饮、医疗的分布方向一致,都是沿东北向西南方向分布,四市的医疗资源主要分布在临汾市的中部、渭南市的西南部、运城市的南部和三门峡市的北部。其中,三门峡市的医疗资源主要沿三门峡市与运城市的边界分布,渭南市与运城市以及三门峡市、运城市和渭南市三市的毗邻地区医疗资源分布较少。这表明黄河金三角四市的医疗资源分布受人口密度和城市化水平影响较大,主要集中在各市的中心

彩色效果

地带和交通便利区域。毗邻地区的医疗资源相对不足,可能会影响当地居民的医疗可及性和健康保障水平,需要加强区域内医疗资源的均衡配置和优化。

图 8—8 显示,2018—2022 年黄河金三角乡镇内部的营业面积在 50 平方米以上的综合商店或超市数量明显增多,从 2018 年的 10 540 个增加到 2022 年的 15 420 个。四市乡镇的商店和超市数量都有增加,其中渭南市增加的最多,增加了

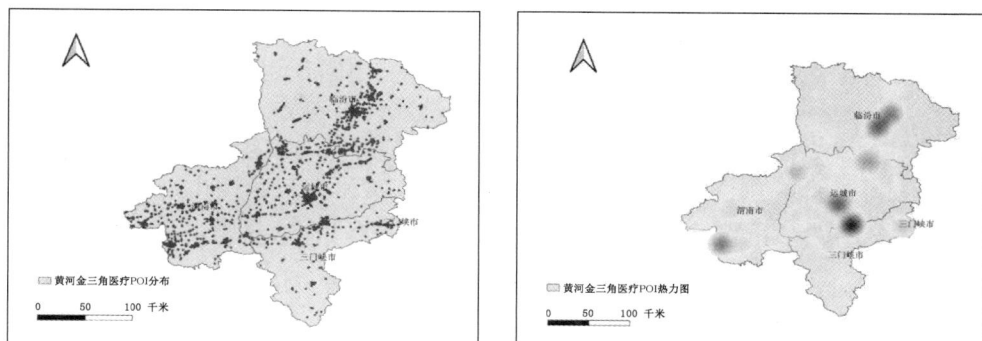

注：数据来源于 Bigemap GIS Office。

图 8—7　黄河金三角医疗 POI 分布图与热力图(彩图详见二维码)

2 070 个。2022 年黄河金三角四市乡镇营业面积 50 平方米以上的综合商店或超市个数分别为运城市 4 777 个、渭南市 4 958 个、临汾市 4 190 个、三门峡市 1 495 个。

虽然 2018—2022 年黄河金三角四市乡镇户籍人口在减少,但商店和超市的数量明显增加,在一定程度上满足了人们的购买需求,提高了人们的生活质量。这表明尽管黄河金三角四市的乡镇人口有所减少,但综合商店和超市的增长显示了商业服务供给的改善,在一定程度上  反映了城乡居民消费需求的多样化和城镇化进程的推进,同时也表明该地区具有较大市场潜力和发展空间。

彩色效果

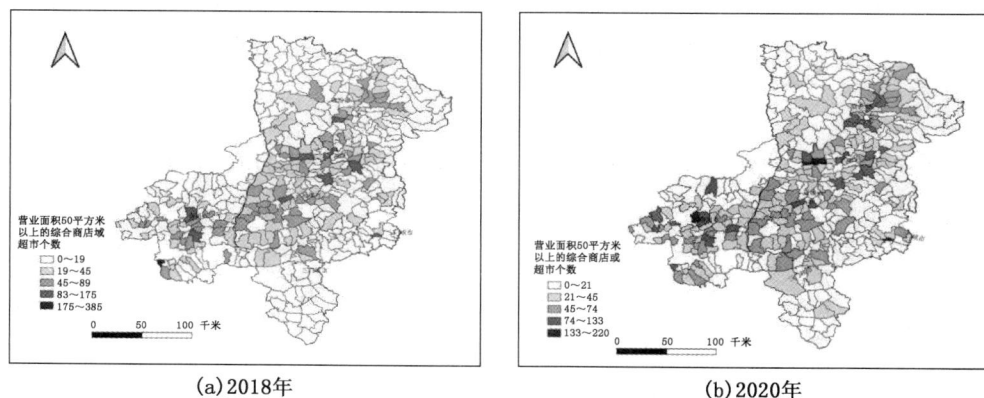

(a)2018 年　　　　　　　　　　(b)2020 年

注：数据来源于 2019 年和 2021 年《中国县域统计年鉴》(乡镇卷)。

图 8—8　2018 年和 2020 年黄河金三角营业面积在 50 平方米以上的

综合商店或超市分布(彩图详见二维码)

四、社会文化联系紧密

从社会文化基础来看,黄河金三角地区地域相邻、山水相连、文化相通、人缘相亲、利益相融,具备独特的区域一体化发展条件。黄河金三角四市(临汾市、运城市、渭南市、三门峡市)均位于黄河大拐弯处,地处秦岭以北,尽管行政区划上隶属于不同的省份,但它们共享相邻的地理空间,均属于中华文化核心区域和中华文明的发源地之一,有着深厚的社会文化联系。此外,区域内居民共享相似的语言、习俗和社会文化认同,有利于增强地方之间的合作意愿和沟通效率。此外,黄河金三角不仅是中华文化的核心地带,也是黄河文明的重要发源地,拥有丰富的文化旅游资源(如图8—9所示)。区域内历史遗迹和名胜古迹星罗棋布,共有601处国家级和省级重点文物保护单位,其中A级景区数量197家,包括山西运城的永乐宫壁画、临汾市的西侯度遗址、渭南市的唐开元铁牛、三门峡市的函谷关等,这些景区讲述着黄河金三角地区悠久的历史与文化。2023年黄河金三角区域年接待游客总量超过1 500万人次,其中运城、临汾和三门峡的旅游收入增速连续三年保持在8%以上,带动了区域经济的快速增长。此外,四市内的文化活动频繁多样,文化交流合作不断深化。近年来,各市通过合作举办黄河文化节、华夏古城文化旅游周等品牌活动,联合挖掘和推广黄河文化资源,积极推动区域内的文化和旅游一体化发展,在吸引大量国内外游客的同时,也促使地方政府在文化保护、文旅融合等领域加强合作,推动形成更为紧密的区域文化认同和发展共识。因此,黄河金三角合作发展条件优良,不仅是经济实体的一体化区域,更是文化意义的一体化区域。

第四节　晋陕豫黄河金三角区域协同发展的未来路径

在新时代背景下,黄河流域的生态保护和高质量发展已经上升为国家战略。作为黄河中游的重要区域,晋陕豫黄河金三角地区地处连接东西、沟通南北的战略要地,其区位优势、资源禀赋和文化底蕴决定了其在推动黄河流域协同发展中举足轻重的地位。然而,面对资源环境约束加剧、生态安全风险提升、区域发展不平衡等多重挑战,该区域的协同发展亟须明确目标路径,创新策略措施。本章从"红色增长""橙色增长""金色增长""绿色增长""青色增长""蓝色增长"和"紫色增长"七

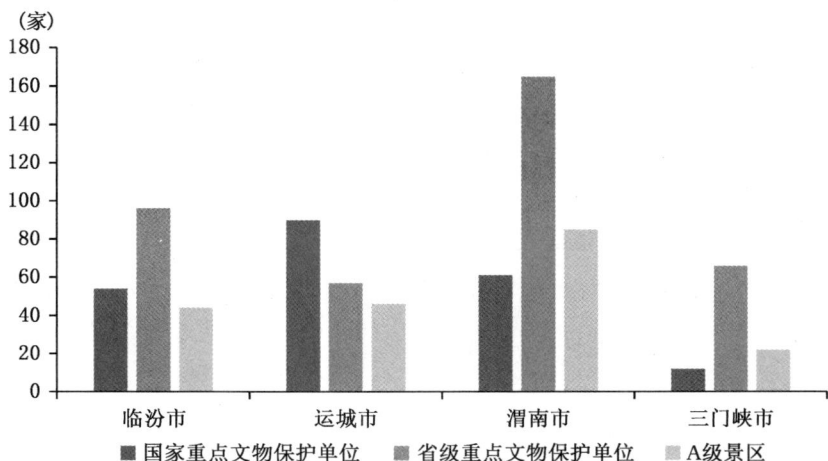

（家）

注：作者自绘。

图8—9　黄河金三角四市文化资源

个方面,提出晋陕豫黄河金三角区域协同发展的路径和策略,以期为该区域的高质量发展提供理论支持和实践指导。

一、坚持"红色增长",构建多层次生态安全保障体系

晋陕豫黄河金三角区域作为黄河流域的重要生态屏障,必须高度重视生态安全问题,构建多层次的生态安全保障体系,以实现该区域的可持续发展。首先,应建立跨省域的生态环境监测和预警系统,统筹管理区域内的生态风险。在此基础上,利用大数据、人工智能等先进技术手段,加强对水、气、土壤等生态要素的全面监测和分析,确保环境质量的持续改善和稳定提升。其次,区域各方应推进联合执法机制,强化对跨境污染、违法排污等行为的打击力度,建立统一的生态法律法规体系,确保法律法规的执行效果和透明度。同时,应推动建立跨省的环境纠纷调解和仲裁机制,确保生态法律问题能够及时解决。最后,共建黄河金三角生态带,形成区域间的生态治理合作机制,尤其在污染物排放标准、生态补偿机制和生态治理政策等方面达成共识,形成生态利益共享的长效机制。

二、强化"橙色增长",优化区域资源配置效率

优化区域资源配置效率是实现晋陕豫黄河金三角区域高质量发展的重要途径。首先,应建立区域统一的市场机制和要素交易平台,以促进土地、资金、劳动力等生产要素在区域内的合理流动与高效配置。在此过程中,应特别重视市场监管的透明化和公平化,防止市场垄断和地方保护主义。同时,加强对要素市场的规范化管理,推动形成一个更加完善的区域市场体系,优化资源配置效率,提高经济发展质量。其次,应深化跨区域的基础设施互联互通建设,尤其是在交通、能源、信息通信等基础设施领域,推动构建跨区域的现代化基础设施网络,以解决制约要素流动的"瓶颈"问题。此外,还应推进区域内交通网络的无缝衔接,加快铁路、公路、航空的综合交通体系建设,提升区域整体竞争力。最后,应搭建跨省的要素对接和产业合作平台,推动产业链和供应链的协同发展,促进企业间的合作交流与资源共享,形成以市场为导向的区域经济一体化发展新格局。

三、突出"金色增长",打造区域科技创新高地

区域的高质量发展需要科技创新的强力支撑,晋陕豫黄河金三角应致力于建设中西部地区的科技创新高地,提升区域整体创新能力。首先,应构建完善的区域创新合作机制,鼓励和支持高校、科研机构与企业之间的技术合作与研发共享,联合攻关关键技术问题,推动创新链与产业链的深度融合。特别是针对黄河流域特有的生态环境和资源条件,可以共同开展生态修复技术、新能源开发、农业技术等领域的科研攻关,形成区域技术创新优势。其次,应建设黄河金三角大数据中心和工业互联网平台,推动区域数字经济一体化发展,突破传统产业的瓶颈,实现数字化、智能化转型。同时,支持区域内的科技园区和创新基地共建共享,打造数字经济发展的战略高地。最后,需大力吸引高科技企业和创新人才,通过设立科技成果转化基金、科技企业孵化器等方式,加速科技成果的转化和产业化,为区域经济转型升级注入新的动能和活力。

四、巩固"绿色增长",打造区域绿色发展共同体

在区域协同发展的框架下,黄河金三角应将绿色发展作为重要的发展方向,构建区域绿色发展共同体,实现可持续发展。首先,应共同打造区域生态走廊,实施大规模的生态修复和保护工程,加强对黄河流域生态环境的整体治理和保护,以提升生态系统的承载力和韧性。特别是在水土保持、荒漠化防治、湿地保护等领域,区域各方应协调行动,共同承担责任。其次,应积极推动绿色经济发展,大力发展节能环保产业、清洁能源产业和绿色制造业,鼓励区域内企业加大绿色技术和产品的研发与应用,支持绿色金融创新,形成绿色经济增长的新引擎。最后,借鉴长三角生态绿色一体化发展示范区的经验,探索区域内生态经济融合发展的新模式,通过设立生态绿色发展示范区,形成可推广的绿色发展经验和模式,进一步提高区域的绿色发展水平和竞争力。

五、承载"青色增长",深化区域文化协同

文化是晋陕豫黄河金三角区域协同发展的重要基础,也是区域发展的软实力。首先,应系统整合区域内丰富的文化资源,制定具有前瞻性和针对性的文化产业发展规划,充分挖掘黄河文化的产业价值,实现文化资源的精准化、系统化发展。在此过程中,可以考虑通过建立文化资源数据库,提升文化资源的可见性和利用效率。其次,应依托黄河流域深厚的文化遗产,推动创建黄河文化走廊和文化旅游区,打造具有全球影响力的黄河文化品牌,吸引更多国内外游客和投资者,从而促进文化与经济的深度融合。最后,需强化区域文化产业合作,建立文化产业联盟,推动文化与旅游、创意、数字经济等产业的融合发展,形成多层次文化产业体系,提升区域文化的竞争力和影响力。同时,应支持跨区域文化交流活动的举办,增强区域内外的文化互动和认同感。

六、落实"蓝色增长",完善区域公共服务共享共建机制

为推动区域一体化发展,黄河金三角区域应进一步加快公共服务共享共建步伐。首先,应大力推进区域交通基础设施的互联互通,加快形成公路、铁路、航空的

综合交通网络,实现区域内外交通的无缝衔接,降低运输成本,提高经济效率。特别是在跨区域交通枢纽和重要交通通道的建设上,应加强各方的协调和合作,共同打造一体化的交通网络。其次,应推动公共服务的共享发展,通过政务服务一网通办、教育和医疗等基本公共服务的共建共享,提升区域居民的生活质量和获得感。在此过程中,可以通过跨区域公共服务平台的建设,实现资源的高效配置和共享。最后,需建立完善的区域公共服务合作机制,制定并落实《黄河金三角公共服务合作规划》,不断深化已有的合作领域和机制,确保公共服务在区域内的高效配置和合理共享。

七、造就"紫色增长",提升区域对外开放能级

在对外开放的新时代要求下,黄河金三角区域应充分发挥其独特的地理区位优势,进一步提升对外开放水平,增强国际竞争力。首先,应推动区域内外的经济合作,积极参与"一带一路"建设,扩大与沿线国家和地区的经济、贸易往来,促进区域经济开放合作的多元化和国际化。其次,应致力于打造区域对外开放平台,设立自由贸易试验区和跨境电子商务综合试验区,促进跨境投资和贸易便利化,提升区域在国际市场中的竞争地位。同时,应推动建立区域对外投资促进中心和国际合作发展联盟,为企业"走出去"提供政策支持和服务保障。最后,应积极举办国际性展览、论坛和文化交流活动,不断提升区域的国际影响力和吸引力,助力黄河金三角区域成为全国对外开放的新高地。

第九章

中西部地区鄂豫陕毗邻区域
协调发展深入推进[①]

　　本章选取处于多个国家战略规划叠加区，区域协调发展布局优化区，南水北调生态资源集聚区，秦巴山区脱贫攻坚样板区的湖北、河南、陕西（以下简称"鄂豫陕"）三省毗邻区域作为独特性研究对象，基于毗邻区域在经济、产业、人口、交通、创新等方面的属性与关系数据，从区域内部发展和区域外部联系的视角以及城市和区县的空间尺度分析鄂豫陕毗邻区域时序与空间层面的发展特征。分析显示，鄂豫陕毗邻区域经济发展呈现明显的不平衡不充分特征，尽管毗邻县区经济发展水平空间集聚性不断提升，但空间集聚性还处于较低水平，且主要体现在省内集聚特征上，行政边界对毗邻区域发展的阻隔效应明显；毗邻区域产业关联性较弱，产业同质化严重；毗邻区域形成人口流出"洼地"，并呈现明显的人口收缩特征；交通基础设施薄弱，跨区域交通网络通达性较低；科技创新合作较弱，创新发展动力不足；区域合作形式单一，且区域合作动力不足，呈现单方面推动的特征。针对以上问题，本章基于"四高"发展理论，从区域合作模式、基础设施建设、生态环境发展、内外循环开放等方面进一步提出鄂豫陕毗邻区域协同发展路径与举措，探讨在行政隶属关系不发生变化的先决条件下推动鄂豫陕毗邻区域合作发展的实现路径，提出毗邻区要通过打造"四高"发展新样板、建设中西部省际毗邻合作示范区等路径，实现毗邻区域的空间结构优化，为推动省际毗邻区域跨地区合作提供经验借鉴。

---

　　① 本章部分内容来自已发表文章：张学良、韩慧敏、许基兰. 省际交界区空间发展格局及优化路径研究——以鄂豫陕三省交界区为例[J]. 重庆大学学报：社会科学版，2023，29(1)：10—23.

第一节　鄂豫陕毗邻区域基本情况概述

党的二十大报告指出,促进区域协调发展,深入实施区域协调发展战略、区域重大战略、主体功能区战略、新型城镇化战略,优化重大生产力布局,构建优势互补、高质量发展的区域经济布局和国土空间体系。作为新时代国家重大战略之一,实施区域协调发展战略成为加快构建新发展格局、着力推动高质量发展的重要内容。伴随着重大区域发展战略的持续推进,城市群、都市圈成为区域协调发展的重要空间载体,处于省际边界的毗邻区域更是推动区域协调发展的桥头堡和热点地区,区域合作由以竞争为主的单个城市独立发展向以竞合为主的跨行政区合作发展模式转变。然而,无论是在当前主导的城市群还是都市圈层面的区域合作,抑或是不同类型的城市合作模式,仍然面临着行政壁垒束缚以及跨行政区协调机制不完善等现实挑战(张学良和林永然,2019),这在远离省会城市并因为被"边缘化"而成为政策"盲区"的省际毗邻区中尤为明显。受我国空间分布广泛、资源条件差异、合作机制不健全等因素的影响,离省会城市较远的省际毗邻区域成为经济发展相对落后的欠发达地区,多省毗邻区更是成为推动我国区域协调发展的突出短板和薄弱环节。为促进区域协调发展向更高水平和更高质量迈进,2018年10月,《中共中央 国务院关于建立更加有效的区域协调发展新机制的意见》指出,加强省际交界地区合作,探索建立统一规划、统一管理、合作共建、利益共享的合作新机制;为全面提升省际毗邻地区合作水平,国家发改委编制相关规划文件推动毗邻地区合作发展。小尺度、跨区域、相对精准的省际毗邻区域合作已成为促进区域协调发展向更高质量更深层次迈进的重要抓手,探索如何打破省际毗邻区边缘化格局、创新毗邻区域合作模式对全国区域协调发展具有重要的理论与现实意义。

从相关研究来看,当前对中西部跨省毗邻区域发展的关注并不够。2020年5月,中共中央、国务院印发《关于新时代推进西部大开发形成新格局的指导意见》,明确指出要加强西部地区与东中部地区的互惠合作,重点支持省际毗邻地区建立健全协同开放发展机制;2021年7月,《中共中央 国务院关于新时代推动中部地区高质量发展的意见》明确提出推动省际协作和交界地区协同发展,强调推动中部六省省际交界地区以及与东部、西部其他省份交界地区合作。考虑到省际毗邻区发展的特殊性和复杂性,特定区域的合作模式并非适用于全国42个三省毗邻区域,因而针对中西部省际毗邻区域协同发展的案例研究显得迫切和需要。此外，现有研究侧重于毗邻区域内部发展的探讨，缺少对毗邻区域外部网络化发展的研究。随着信息、技术、人才等要素跨区域流动，城市网络化发展趋势不断增强，单个区域的发展不仅取决于自身所拥有的资源，通过网络获取的外部资源也愈发重要，网络视角也因此成为评价区域协同发展的重要方式。因此，本章以处于多个国家战略规划叠加区、区域协调发展布局优化区、南水北调生态资源集聚区、秦巴山区脱贫攻坚样板区的鄂豫陕毗邻区域为例，构建含经济规模、产业结构、人口变动、交通网络、创新水平、政府合作"五位一体"的分析框架，基于属性和关系数据的视角，从城市和县区两个不同空间尺度来研究鄂豫陕省际毗邻区发展的时序演化进程，并为经济发展落后的毗邻区域增强合作、加速融入区域一体化发展提供决策参考。

第二节　鄂豫陕毗邻区域协调发展的历史沿革

一、鄂豫陕毗邻区域的典型性与独特性

鄂豫陕三省毗邻区域地处我国中部地带，位于湖北、河南、陕西三省交界处，从地市层面来看，主要包括河南省南阳市、湖北省十堰市、陕西省商洛市 3 个地级市，共 28 个县（市、区）；从县域层面来看，仅包括南阳市淅川县、十堰市郧阳区、商洛市商南县。图 9—1 列出鄂豫陕毗邻区域的具体研究区域，其中，一阶毗邻区域指的是围绕省际边界线展开的区域。从整体视角来看，2023 年毗邻区三市 GDP、国土面积和常住人口占三省比重分别为 5.26%、12.43% 和 7.48%，表明毗邻区的经济密度与土地利用效率较低，经济发展基础相对不足（如表 9—1 所示）。从分市视角来看，南阳市区域面积、常住人口、经济总量均排名第一，其生产总值相当于十堰市和商洛市二者之和；十堰市次之，商洛市最小。三省毗邻区在地理区位、自然资源、文化背景、产业结构和经济发展阶段等方面具有明显的同质性，但在行政因素上又具有一定的分割性。由于自然地理和行政分割等的制约，鄂豫陕三省毗邻区域经济发展基础相对较差，成为欠发达的省际边缘区。综合来看，鄂豫陕三省毗邻区域既是多个国家战略规划叠加区、区域协调发展布局优化区，又是南水北调生态资源集聚区、秦巴山区脱贫攻坚样板区，因而具有典型性和独特性。

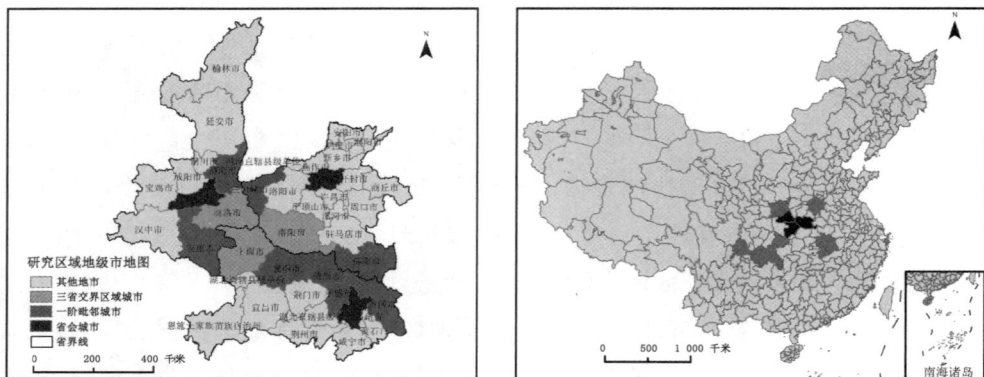

注：基于自然资源部标准地图服务网站下载的审图号为 GS(2020)4619 的标准地图制作，底图无修改。本章其他底图与此相同。

图 9—1　鄂豫陕三省毗邻区域地理位置(彩图详见二维码)

第一，鄂豫陕三省毗邻区域地处中部崛起和西部大开发两大国家战略交汇地，是黄河流域生态保护和高质量发展战略、长江经济带发展战略以及汉江生态经济带、大别山革命老区振兴发展等多个国家战略规划的连接带。积极融入国家重大战略，将鄂豫陕毗邻区域打造成为联动鄂西北、豫西南、陕东南，支撑中西部地区高质量发展的重要增长极，连接长江流域、淮河流域、黄河流域的重要通道，是促进国家战略规划落地实施的客观要求。

第二，从区域发展空间总体布局看，鄂豫陕三省毗邻区域地处西安、郑州、武汉、成都、重庆五大国家中心城市建设的中部地带。作为至关重要的"牵引线"，鄂豫陕毗邻区与五大国家中心城市共同构成我国中西部地区"钻石—菱形"区域协调发展战略布局。毗邻区地理位置的特殊性决定其在缩小南北差距、实现东西联通、打通区域"小循环"、积极融入国内"大循环"、优化区域协调发展空间格局等方面具备重大战略意义。

第三，得益于地理位置的独特性，三省毗邻区以汉江为纽带，连接起长江、黄河、淮河三大流域，是国家南水北调中线工程核心水源区、国家重要生态功能区。作为南水北调中线工程渠首所在地和核心水源区，鄂豫陕三省毗邻区域的丹江口水库是南水北调的"大水池"，为京津冀豫二十余座大中型城市提供主力水源。推动毗邻区域协同发展，就是要落实"绿水青山"转换成"金山银山"的发展理念，以南水北调工程高质量发展实现保护和修复长江经济带生态环境、黄河流域生态保护和高质量发展、汉江生态经济带建设三大战略的有机统一。

第四，鄂豫陕三省毗邻区地处秦岭与大巴山一带，具备共同的历史革命联结。根据 2012 年 6 月公布的国家级连片特困地区名单，鄂豫陕三省毗邻区域属于秦巴山集中连片特殊困难地区，集革命老区、大型水库库区和自然灾害易发多发区于一体。地理的邻近性、文化的一致性和历史的共同性为推动鄂豫陕三省毗邻区域协同发展奠定了良好的社会交往基础。鄂豫陕三省毗邻区遵循"区域发展带动扶贫开发，扶贫开发促进区域发展"的发展思路，深入保障和改善民生，脱贫攻坚战取得全面胜利。

作为黄河长江两大流域的交汇地、东西南北的承接地，鄂豫陕三省毗邻区具备"联通南北、贯穿东西"的独特区位优势，但受地理环境、行政约束、经济基础等的影响，毗邻区发展动能尚未完全释放，一体化进展较为缓慢。在黄河流域生态保护和高质量发展、新时代中部地区高质量发展、新时代西部大开发的战略背景下，实现西安、郑州、武汉、成都、重庆五大国家中心城市协同发展客观上要求鄂豫陕三省毗邻区崛起。鄂豫陕毗邻区地处五大国家中心城市的中部地带，打通五大中心城市高质量发展的"任督二脉"关键在于"补短板"，变薄弱毗邻区发展"洼地"为"高地"。因此，毗邻区理应率先突破，跨越行政壁垒探索跨区域战略的新型区域合作模式，实现"1＋1＞2"的空间溢出效应，在全国范围内树立毗邻区域合作的高质量发展标杆。研究分析鄂豫陕三省毗邻区协同发展进程，在拓展和丰富现有毗邻区相关研究内容的同时，也为经济发展落后的毗邻区域加速融入区域一体化发展提供一定的政策参考，具有重要的理论和现实意义。

表 9—1　　　　　　　　2023 年鄂豫陕三省毗邻区域各城市基本情况

城市	面积（平方千米）	常住人口（万人）	GDP（亿元）	面积占比	人口占比	GDP 占比
南阳	26 509	949.7	4 572.17	38.17%	64.74%	58.42%
十堰	23 666	315.32	2 359.03	34.06%	64.74%	30.14%
商洛	19 292	202	895	27.77%	13.77%	11.44%
毗邻区	69 467	1 467.02	7 826.2	100%	100%	100%
毗邻区占三省比重	12.43%	7.48%	5.26%	—	—	—

二、鄂豫陕毗邻区域协调发展的合作历程

民国时期至新中国成立前(1912—1949年)：在民国时期，鄂豫陕三省毗邻区经历了剧烈的社会变革和冲突。军阀割据和抗日战争等历史事件严重影响了区域的社会稳定和经济发展。特别是抗日战争期间，该区域成为重要的战略后方，大量人口的流入对当地的社会结构和资源分配产生了深远的影响。同时，由于战争的破坏，交通基础设施遭受重创，尤其是水路交通的衰退，削弱了区域内部的经济联系和对外贸易能力。此外，政府对边缘地区的控制力度相对较弱，加之自然条件的恶劣，导致该区域的农业发展受限，经济发展滞后。这一时期的人口迁移多是无序的，大量难民和逃荒者的涌入，使得区域内部的社会矛盾和人地关系更加紧张。

新中国成立至改革开放前(1949—1978年)：新中国成立后，政府采取了一系列措施以恢复和稳定社会秩序，推动社会主义建设。在这一时期，国家对基础设施建设给予了高度重视，尤其是水利工程的建设，如丹江口水库的建设。这不仅改变了区域的地理环境，也对区域的社会经济发展产生了重要影响。该水利工程的实施，促进区域内的人口重新分布，同时为农业灌溉和工业用水提供了重要保障。然而，由于计划经济体制下资源配置的局限性，加之交通基础设施建设的不足，区域间的经济联系和协调合作仍然面临诸多挑战。此外，"文化大革命"也对区域的社会稳定和经济发展造成了一定的冲击。

改革开放至党的十八大(1978—2012年)：改革开放政策的实施标志着中国经济发展进入了一个新的阶段，鄂豫陕三省毗邻区也迎来了新的发展机遇。经济体制的转型为区域经济的快速发展提供了动力，市场经济的引入促进了资源的有效配置和经济结构的优化。特别是交通基础设施的显著改善，如公路和铁路网络的扩展，极大地促进了区域内部的经济联系和对外交流，加强了三市之间的协调合作。此外，随着经济的快速发展，区域内部的产业结构也发生了变化，工业和服务业逐渐成为推动区域经济增长的重要力量。然而，经济的快速发展也带来了一系列问题，如环境污染、资源过度开发等，这些问题对区域的可持续发展提出了新的挑战。

党的十八大以来(2012年至今)：随着中国经济的持续增长和国家对区域协调发展战略的重视，鄂豫陕三省毗邻区的三市在资源共享、产业互补和生态保护等方面展开了更加积极的合作。国家重大工程的实施，如南水北调工程，不仅改变了区

域的水资源分布,也为三市在水资源管理和利用方面的协调合作提供了新的机遇。同时,生态保护逐渐成为区域协调合作的重要组成部分,反映了可持续发展理念在区域发展中的应用。此外,随着城市化进程的加快,区域内部的城市群发展也成为推动区域协调合作的重要因素。城市间的经济联系和人员往来日益频繁,促进了区域经济的一体化发展。

鄂豫陕三省毗邻区地处秦岭与大巴山一带,以汉江为纽带,连接起长江、淮河、黄河三大流域,其地理位置的独特性客观上要求鄂豫陕三省毗邻区域共同抓好环境保护,构筑大别山生态安全屏障,当好秦岭生态卫士。为切实保障南水北调"一江清水北送",毗邻区三市共建跨区域生态保护检察协作机制,共赴丹江河开展联合巡河,推进生态环境治理。鄂豫陕三省毗邻区绿色优美的生态环境也为其提供了丰富的旅游资源。作为著名的革命根据地,毗邻区文化底蕴深厚,形成了以楚汉文化、中医药文化、商文化、红色文化为代表的优秀传统文化。既具备相似性又有差异性的旅游文化为毗邻区旅游联动发展奠定了良好的基础。自 2010 年开始,一年一度的中国秦岭生态旅游节在商洛市举办,探索共建生态文化旅游圈。进一步地,对毗邻区三市"十四五"规划文件的词频分析可以看出,仅有十堰市政府在规划报告中提出加强鄂豫陕渝毗邻地区合作,且合作发展多集中在交通建设、生态文旅方面,合作形式单一,并未构建更深层次的区域合作形式。虽有"一带一路"、西部大开发、中部崛起、长江经济带、汉江生态经济带、黄河流域生态保护和高质量发展、大别山革命老区振兴发展等众多国家战略支持加码,但鄂豫陕三省毗邻区整体跨区域战略合作仍较为缺乏。迄今为止,三省市之间并未形成完整的关于毗邻区域协同发展文件或纲要,各县区战略定位缺乏统筹,更未建立统一合作监管平台。毗邻区三市发展定位具有一定的相似性,如十堰市在"十四五"规划中提出建设鄂豫陕渝毗邻地区中心城市,与 2017 年 2 月国务院批准的《南阳市城市总体规划(2011—2020 年)》中南阳的定位有所冲突。跨省域政府之间交流合作少,制度化、机制化协同网络尚未建立,在加强信息交流、共享社会资源、实现协同发展等方面有所欠缺,进一步造成毗邻区域之间出现位置相邻、交往甚少、发展水平差异较大的尴尬局面。

第三节　鄂豫陕毗邻区域协调发展的时空演化格局

本章通过建立"经济—产业—人口—交通—科创"五位一体的逻辑框架,测度鄂豫陕三省毗邻区域协同发展水平。"五位"分别是经济、产业、人口、交通、科创;"一体"是指政府应积极发挥"有为"功能,为城市建设和发展搭建平台、创新政府合作的体制机制,并提供相应的保障措施,两者共同构成一个统一的有机整体。交通是区域协同发展的前提,产业是区域协同发展的基础,人口是区域协同发展的载体,科创是区域协同发展的支撑,经济是区域协同发展的体现,合作机制是区域协同发展的保障。应以功能定产业、以产业引人口、以人口促科创、以交通为通道,共同推动鄂豫陕三省毗邻区域协同发展。

一、经济发展呈现不平衡不充分特征,且行政边界效应明显

从鄂豫陕三省毗邻区域内部比较来看,毗邻区域经济持续增长,但经济增速逐步趋缓,发展不均衡。如图9—2所示,从生产总值来看,毗邻区的生产总值持续增长,由 2010 年的 2 976.04 亿元增长至 2023 年的 7 826.20 亿元,年均增长率高达7.72%。但毗邻区生产总值占三省的比重呈逐年递减状态,表明近年来毗邻区发展潜力和趋势放缓。毗邻区三市中,南阳市经济总量最大,其生产总值大于十堰市和商洛市二者之和;十堰市次之,商洛市最小。与经济总量排名相反,三市生产总值年均增长率最高的是十堰市(9.36%),其次是商洛市(9.18%),最后是南阳市(6.76%)。发展水平和发展增速的差异进一步体现出毗邻区内部经济发展的不平衡。除商洛市生产总值占陕西省比重呈现略微上升而后下降的趋势外,十堰市和南阳市在各省内占比均保持"总体平缓、略微下降"的趋势。总体来看,毗邻区在经济持续增长的同时,其经济规模在省内占比并未实现预期的增长,甚至有下降的趋势。

为了更好刻画毗邻区域经济发展的特征,本部分以区县为研究尺度,计算2010—2022 年三省毗邻区实际人均 GDP:一方面,通过计算毗邻区域莫兰指数来刻画毗邻区域空间发展特征,另一方面,利用 ArcGIS 自然断点法将人均 GDP 划分为 5 个层级,并进行可视化展示。为剔除通货膨胀因素,本部分以 2010 年为基期利

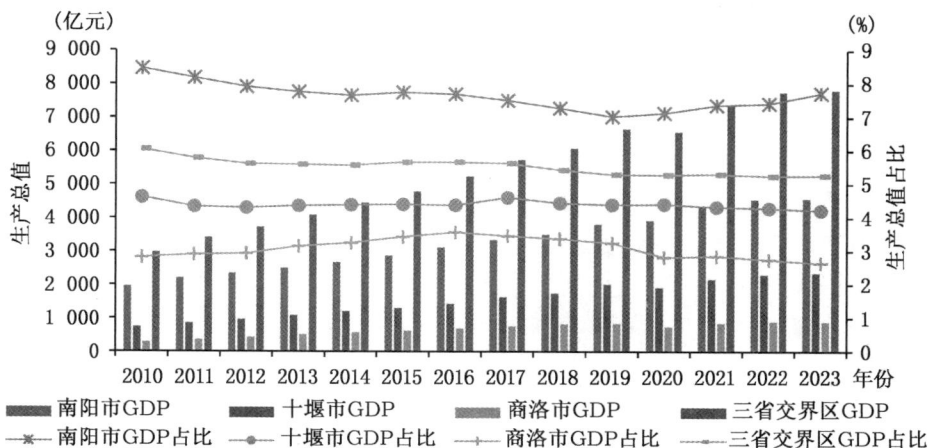

图 9－2　2010—2023 年三市 GDP 占各省比重及毗邻区 GDP 占三省比重

用生产总值指数对各县区地区生产总值进行平减。其中,商洛市和南阳市根据各县区生产总值指数平减,极个别缺失数据以所在市生产总值指数替代;而十堰市由于缺失各县区生产总值指数,故统一利用十堰市的生产总值指数平减,相关数据来自各省市统计年鉴。相关数据来源于 2010—2023 年《中国统计年鉴》《中国城市统计年鉴》《河南省统计年鉴》《南阳市统计年鉴》《湖北省统计年鉴》《十堰市统计年鉴》《陕西省统计年鉴》《陕西区域统计年鉴》以及《商洛市统计年鉴》。

由区域莫兰指数计算结果(如图 9－3 所示)可知,各年份的 P 值均在 0.05 水平以下显著,且鄂豫陕三省毗邻区人均 GDP 的莫兰指数呈现波动中上升的趋势,表明近年来区域内各单元经济发展水平空间集聚性不断提升,空间关联程度整体逐渐增强。但全局莫兰指数都比较小,说明三省毗邻区总体空间集聚性程度仍较低,各县域之间的经济联系亟待加强。从区域人均 GDP 分布(如图 9－4 所示)来看,毗邻区域县域经济发展呈现明显的不平衡特征,以人均 GDP 衡量的经济发展差距较大,且人均 GDP 高值区域主要集中在南阳市的西峡县、桐柏县、新野县等,而柞水县和丹江口市人均 GDP 虽然在商洛市和十堰市区县中排名第一,但其人均 GDP 水平与南阳市排名靠前的区县仍然存在较大差距。进一步对比可以发现,商洛市所属区县的人均 GDP 仅次于南阳市,在毗邻区域中属于中等水平,而十堰市所属区县的人均 GDP 则属于较低水平区域,且呈现出连片集中分布,不充分发展的特征明显。从严格的三省毗邻县区内部比较来看,淅川县、郧阳区、商南县三县区内部差距较大,且三省毗邻区县的实际人均 GDP 小于其一阶毗邻县区,表明相比于非毗邻区县而言,非毗邻区县的经济发展水平高于毗邻区域,行政边界对毗邻区域的发展产生明显的影响。

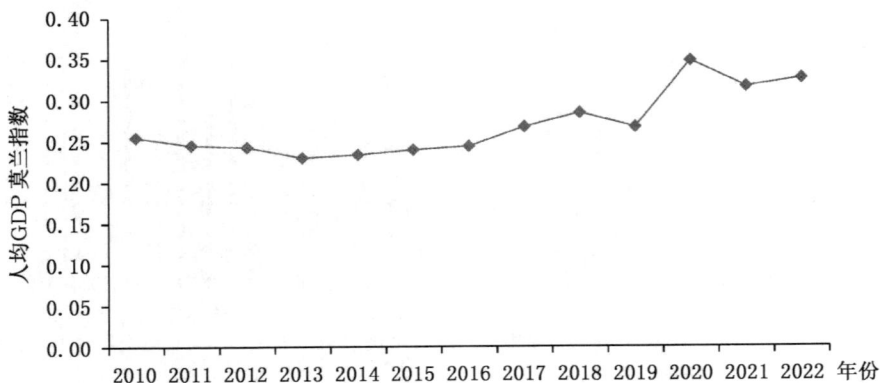

图 9—3   2010—2022 年毗邻区域人均 GDP 莫兰指数变化(彩图详见二维码)

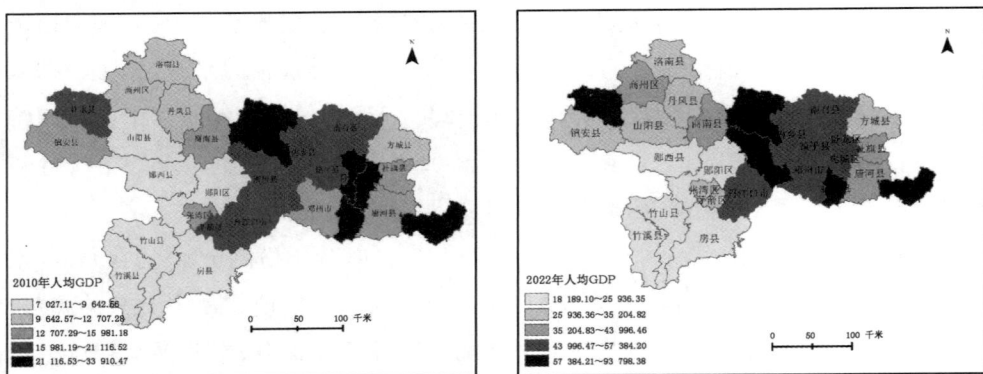

图 9—4   2010 年和 2022 年三省毗邻区县域人均 GDP 分布(彩图详见二维码)

进一步地,为有效识别各毗邻区分别相较于省内、省外相邻地区的差异,从而提取出局部毗邻区的经济发展特征,本部分以人均 GDP 为表征,计算毗邻区 2010、2015、2020 年的标准化局部莫兰指数。由结果(如图 9—5 所示)可知,鄂豫陕三省毗邻区内各研究单元莫兰指数分布呈现显著的空间分异特征,且各年份变化差异并不明显。从严格的三省毗邻县区来看,南阳市淅川县呈现显著的 H-H 集聚特征,十堰市郧阳区呈现显著的 L-L 集聚特征,商洛市商南县则没有呈现显著的集聚特征。从区域整体来看,H-H 集聚区全部分布在河南省南阳市,南阳市内县区经济发展水平相对较高且差异较

小;L-L 型集聚主要集中在十堰市除丹江口市以外的县区以及商洛市除柞水县的县区,产业结构单一及经济发展动力不足导致这些区域陷入低水平发展陷阱。相比之下,除南阳市部分县区外,靠近省界线的县区,因远离中心地区以及边界屏蔽作用,大多处于低水平集聚区域,省际边界效应明显。总之,毗邻区域经济发展水平的空间集聚性不断提升,但主要体现在省内集聚特征上,且行政界线阻隔了经济发展水平较高的区县向经济发展水平较低的区县辐射和溢出。

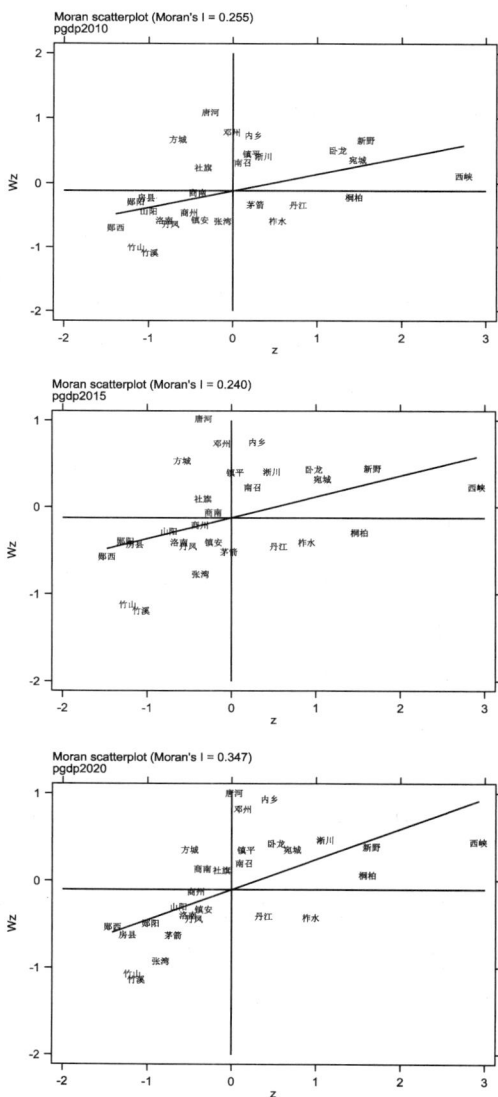

图 9—5 鄂豫陕三省毗邻区空间集聚类型分布

二、区域产业关联性较弱,产业同质化严重

首先,毗邻区域产业对外关联性较弱,是区域城市网络关联的"洼地"。为了进一步考察鄂豫陕三省毗邻区域的产业关联情况,本部分以鄂豫陕三省毗邻区涉及的南阳、十堰、商洛三市及其一阶毗邻城市为研究区域,同时考虑郑州、西安、武汉、重庆和成都五大中心城市的辐射带动,基于上市企业总部—分支关联数据构建区域产业关联网络,数据来源于国泰安"并购重组"子库近五年(截止到 2021 年 8 月)的数据。从上市企业关联网络结构(如图 9—6 所示)看,上市企业跨区域布局塑造各城市间紧密的网络联系,从整个大区域来看,企业关联度排名前三的城市对分别为重庆—成都(333)、武汉—重庆(152)、武汉—孝感(120),均是五大国家中心城市之间或省会城市与省内地级市之间的关联集聚,五大国家中心城市展现出一定的辐射带动作用。然而,无论是毗邻区三市还是其一阶毗邻区,受到五大中心城市的辐射带动作用都较弱,仍处于被动接受中心城市少量辐射溢出的状态。毗邻区域三市与五大国家中心城市之间的联系相比其一阶毗邻区域与五大中心城市的联系较弱,毗邻区不仅是网络的外围,同时是区域关联网络的"洼地",加强毗邻区域与五大中心城市的产业联系成为毗邻区由"洼地"向"高地"转换的重要方式。

其次,毗邻区产业同构现象严重。从三市的国民经济和社会发展第十四个五年规划和二〇三五年远景目标来看,"十四五"时期,三省毗邻区各城市规划发展重点产业表现出一定的同构性,均以大旅游、大健康、大生态产业为重点产业,同时都强调要发展装备制造、新能源、新材料、绿色食品、生物医药、文化旅游等产业,同样把推动数字经济、人工智能、5G 应用等新兴产业作为其未来发展产业,产业同构现象比较突出。从产业结构来看,2023 年,南阳、十堰和商洛三市第三产业比重均超过第二产业比重,"三二一"的产业结构格局雏形已经形成,主导产业和优势产业具有一定的重复性。南阳市作为人口大市、经济大市、生态大市,市场空间广阔、人力资源丰富、农产品供给能力突出,是全国性综合交通枢纽、商贸服务型国家物流枢纽;十堰市立足国家物流枢纽承载城市、国家重点生态功能区、国家生态文明先行示范区、南水北调中线工程核心水源区谋求发展;商洛市具备"国家农产品质量安全市""中国气候康养之都""中国最佳康养休闲旅游市"等国字品牌。由于毗邻区地理位置相近,同样处于矿产资源富集地区,劳动力成本低且较为丰富,三市均以发展资源密集型和劳动密集型产业为主。

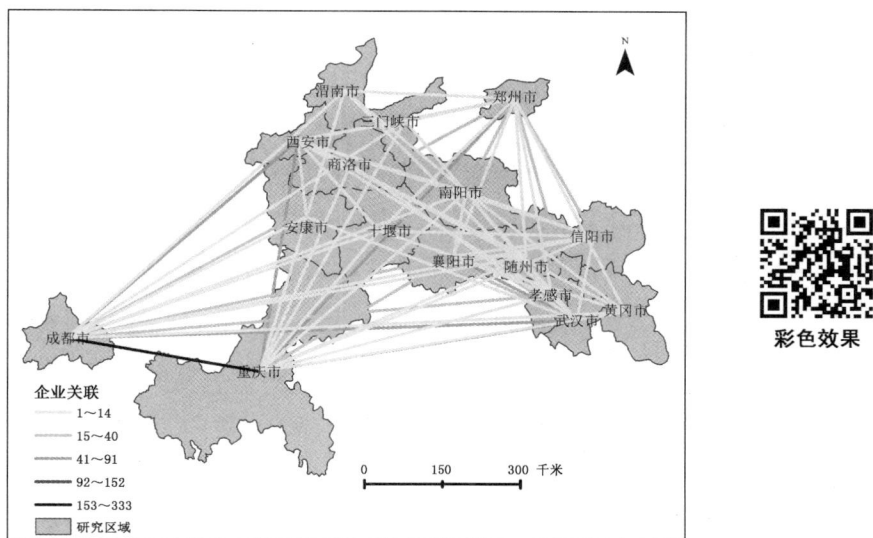

图9-6　基于上市企业总部—分支机构的城市网络结构（彩图详见二维码）

三、人口变化呈现收缩特征，并形成以毗邻区为核心的人口流出"洼地"

　　鄂豫陕三省毗邻区域城市人口分布不均，人口流失较为严重。与经济发展活力水平类似，南阳市人口分布最为密集，呈现明显的区域多中心分布格局；随后为十堰市和南阳市，这与户籍人口和常住人口的统计结果相同。由于2020年的数据有所缺失，本部分主要计算2011—2019年毗邻区人口流失的程度。以人口流失数据来看，2011—2019年期间三市的户籍人口均大于其常住人口，尽管毗邻区户籍人口数量不断增加，但常住人口总体略低于2011年。以2011至2019年当地户籍人口和常住人口计算毗邻区域人口流失比例（如图9-7所示）来看，三市均存在严重的人口外流现象，且毗邻区整体外流人口规模不断增大，人口流失特征明显。相较于其他两个城市，南阳市人口流失比例呈逐年增加的趋势，而十堰市人口流失比例逐年降低，商洛市人口流失比例则呈现先增加后减少的"倒U形"趋势。与此相对应，各城市呈现的人口特征不同，相较于2011年，2019年南阳市户籍人口数量有所增加，常住人口数量减少；十堰市户籍人口数量有所减少，常住人口数量增加；商洛市户籍人口和常住人口均有所增加，但整体均呈现人口外流特征。

　　在全球层面上，去工业化、郊区化、老龄化、资源枯竭等因素导致的城市人口下

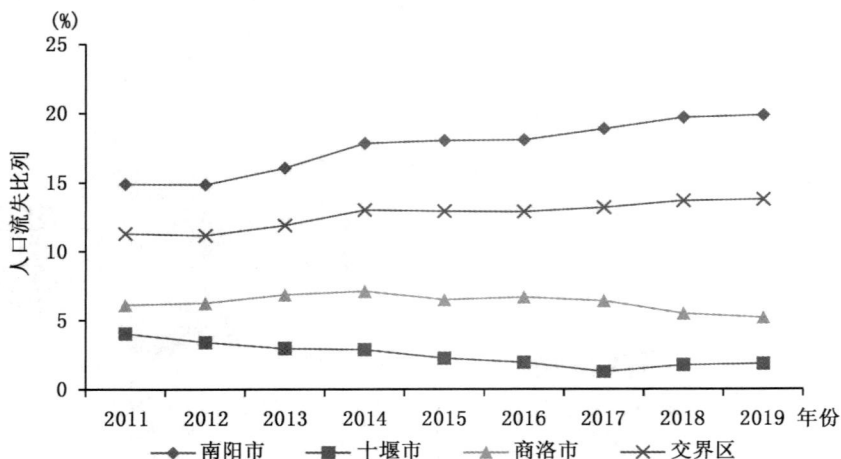

注:人口净流出＝当地户籍人口/常住人口－100％。

图 9－7　2011—2019 年鄂豫陕三省毗邻区域人口流失情况

降已经引起重视,而国内以人口流失为核心特征的城市收缩现象也受到广泛关注。本部分参照张学良等(2016)的研究,利用第六次人口普查(2010 年)和第七次人口普查(2020 年)的数据,将两次普查期间全市范围内常住人口的下降定义为广义收缩,将市辖区范围内常住人口的下降定义为狭义收缩。为避免频繁的区划调整对识别结果造成干扰,本部分以 2020 年行政区划为标准,相应调整市辖区人口规模,划分结果如表 9－2 所示。从鄂豫陕三省毗邻区域上看,南阳市、十堰市和商洛市无论在广义还是狭义层面均存在收缩现象,其中南阳市常住人口下降数量最多,商洛市以高达 12.83％的城市收缩率位列第一。对比中国 42 个三省毗邻区两次人口普查数据发现,至少存在一个城市广义收缩的三省毗邻区为 31 个,占比高达 73.81％,其中毗邻区三个城市全部划分为广义收缩的有 8 个,鄂豫陕三省毗邻区域为其中之一。从三省毗邻区及其一阶毗邻城市上看,除信阳市外,其他城市均出现一定程度的广义收缩现象,其中三门峡市、南阳市、襄阳市、十堰市、安康市、商洛市和渭南市 7 个城市的全市和市辖区人口同时减少,表明鄂豫陕三省毗邻区域及其毗邻区域已经成为人口流出集中地。而毗邻区域周边的西安市、郑州市、武汉市、成都市、重庆市五大国家中心城市的人口不断集聚,其中人口增长规模最大的城市为成都,增加的人口规模高达 689.01 万,而人口增速最高的城市为西安市,增长率高达 52.97％。综上可知,鄂豫陕三省毗邻地区已经成为人口流出的"低洼"地带,国家中心城市对毗邻区的人口产生一定的"虹吸效应",未来要加强国家中心城市对毗邻区域的辐射带动作用。

表 9—2 狭义与广义收缩的划分结果

城市	全市人口数据				市辖区人口数据		
	七普常住人口	六普常住人口	变化	广义收缩	七普常住人口	六普常住人口	狭义收缩
三门峡	2 034 872	2 234 018	−199 146	广义收缩	615 220	669 307	狭义收缩
信阳	6 234 401	6 109 106	125 295	广义不收缩	1 515 583	1 230 042	狭义不收缩
郑州	12 600 574	8 627 089	3 973 485	广义不收缩	5 213 286	4 253 913	狭义不收缩
南阳	9 713 112	10 263 660	−550 548	**广义收缩**	1 500 311	1 811 812	**狭义收缩**
黄冈	5 882 719	6 162 069	−279 350	广义收缩	456 862	366 769	狭义不收缩
随州	2 047 923	2 162 222	−114 299	广义收缩	699 475	618 582	狭义不收缩
武汉	12 326 518	9 785 388	2 541 130	广义不收缩	10 788 873	9 785 095	狭义不收缩
襄阳	5 260 951	5 500 307	−239 356	广义收缩	1 874 565	2 199 690	狭义收缩
孝感	4 270 371	4 814 542	−544 171	广义收缩	988 479	908 266	狭义不收缩
十堰	3 209 004	3 340 841	−131 837	**广义收缩**	1 325 675	1 326 275	**狭义收缩**
重庆	32 054 159	28 846 170	3 207 989	广义不收缩	25 379 469	21 475 270	狭义不收缩
成都	20 937 757	14 047 625	6 890 132	广义不收缩	13 295 671	9 893 881	狭义不收缩
安康	2 493 436	2 629 906	−136 470	广义收缩	674 834	870 126	狭义收缩
西安	12 952 907	8 467 838	4 485 069	广义不收缩	7 874 557	6 765 076	狭义不收缩
商洛	2 041 231	2 341 742	−300 511	**广义收缩**	472 978	531 696	**狭义收缩**
渭南	4 688 744	5 286 077	−597 333	广义收缩	1 188 664	1 199 290	狭义收缩

四、基础设施薄弱，跨区域交通网络通达性较低

交通基础设施作为一种社会先行资本，是区域经济增长的重要条件之一，而交通发展落后是制约中西部发展的重要原因（张学良，2007）。从区域发展格局来看，鄂豫陕三省毗邻区域地处西安都市圈、郑州都市圈、武汉城市圈、成渝地区双城经济圈等众多都市圈以及长江中游城市群、关中平原城市群建设的中部地带，与四大都市圈共同构成我国中部地区"钻石—菱形"区域发展战略布局，在促进国内大循环过程中扮演着重要角色。进一步地，基于经济最优化原则，本部分利用百度地图软件将各城市人民政府所在地作为起始点和目的地，选取驾车模式下的最短路程

有效计算出地区之间的最优路径和最短时间距离(如表9—3所示)。从各地级市到其余都市圈的距离来看,毗邻区距离西安都市圈较近,距离成渝都市圈较远。除商洛市距离西安都市圈距离较近外,毗邻区与各大都市圈的距离均超过毗邻区内地级市之间的最短距离。毗邻区地处"钻石—菱形"区域中部地带,由于其处于边缘性地区,故无法更好地承接各都市圈中心城市的发展。在推动区域协调发展的战略背景下,各地级市应进一步利用其地理邻近特征加强区域合作,提升各大都市圈的辐射承接能力。

表9—3　　　　　　　　　鄂豫陕三省毗邻区内城市间地理与时间距离

城市	地理距离(千米)			时间距离(分钟)		
	南阳	十堰	商洛	南阳	十堰	商洛
南阳	/	215.3	285.9	/	181	220
十堰	215.3	/	219.2	181	/	180
商洛	285.9	219.2	/	220	180	/
郑州	266.6	491.9	513.7	210	348	381
西安	419.4	304.9	123.2	326	262	115
武汉	355	441.1	643.9	267	287	435
重庆	915.5	676.6	736.6	663	514	450
成都	1 044.2	804.8	865.4	740	589	619

注:各地级市间的距离以各城市人民政府所在地作为起始点和目的地测算所得,数据来源于百度地图软件。

从鄂豫陕三省毗邻区交通路网密度上看,南阳市的交通路网密度最高,其次是十堰市,商洛市的交通路网密度最低。进一步比较城市内部路网分布可知,相比于省界线附近区域,非省界线附近路网密度更高,省际边界对毗邻区域的互联互通产生阻隔作用。从跨区域铁路网络通达性来看,在内部联系上,南阳市和十堰市的联系最为紧密(10次),而商洛市和十堰市尚未建立铁路联系(如图9—8所示)。从外部联系上看,与南阳市铁路车次联系最多的城市是郑州市(140次),与十堰市铁路车次联系最多的城市是襄阳市(41次),而与商洛市铁路车次联系最多的城市是西安市(16次),均远高于毗邻区内三市之间的铁路车次联系,这进一步表明鄂豫陕三省毗邻区各地级市之间的交通设施联系性不够紧密,跨区域铁路通达性水平非常低,严重阻碍了要素跨区域流动。

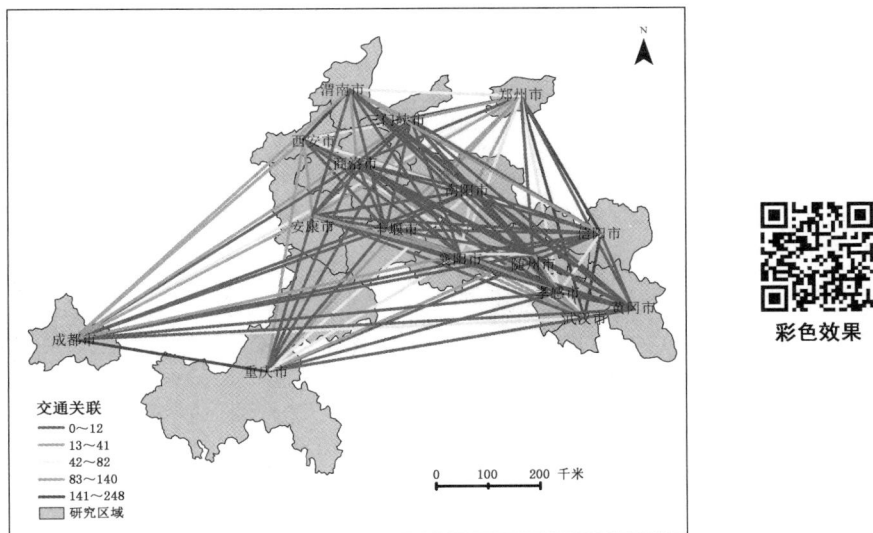

注：相关数据来源于 12306 官网列车班次查询。

图9—8　鄂豫陕三省毗邻区铁路联通网络(彩图详见二维码)

五、创新发展动力不足，联合创新能力较弱

为了刻画鄂豫陕三省毗邻区域创新发展格局，本部分以北京大学企业大数据研究中心发布的 2020 年中国创新创业区域指数来衡量区域创新创业水平。该指数以创新活跃度高的中小微企业、创业期企业为样本，通过建立涵盖能够体现创新创业不同侧面的多维度综合评价指标体系，考察地区内部企业创新创业的实际产出，进而评价区域创新水平。基于创新创业区域指数得分，利用 ArcGIS 软件的自然断裂法，将鄂豫陕三省毗邻区域创新创业指数划分为 5 个等级。从划分结果上看，鄂豫陕地区形成以西安市、郑州市、武汉市为核心的创新创业集聚区，以西安市、郑州市、武汉市三大核心城市周边区域创新创业指数呈现等级化差异，其中西安市周边城市创新创业指数涵盖五个等级，呈现高—低集聚的模式，郑州市及其周边城市创新创业指数以第二等级为主，呈现高—高集聚趋势(如图 9—9 所示)。从鄂豫陕三省毗邻区三大城市来看，南阳市、十堰市、商洛市等级依次降低，其中南阳市在总量指数排名、人均得分排名和单位面积得分上均位列毗邻区第一，创新创业能力优势凸显。然而，从全国层面来看，鄂豫陕三省毗邻区域城市排名较为靠后，

表明毗邻区域创新创业主体不够活跃,整个区域创新发展动力不足。

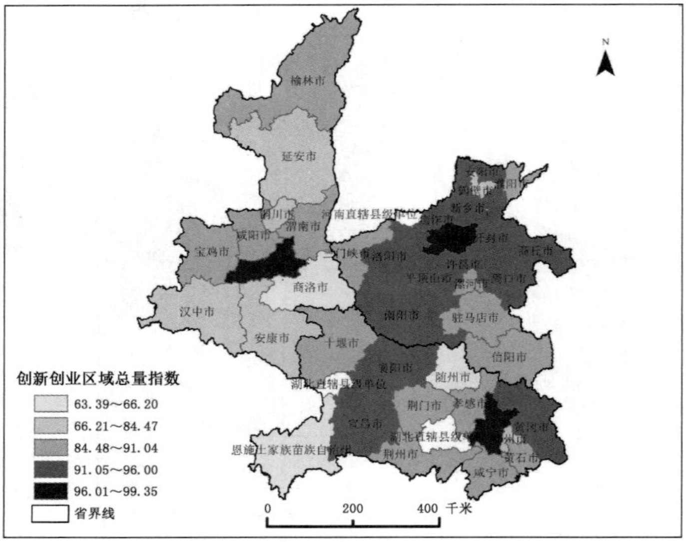

图9—9　2020年鄂豫陕三省创新创业区域总量指数分布(彩图详见二维码)

　　随着创新模式由集聚式创新转向网络化创新,联合创新成为城市提高自身创新水平的重要方式。为了从创新合作的视角研究鄂豫陕三省毗邻区域创新发展水平,本部分基于2018年企业专利转移数据,构建以鄂豫陕三省毗邻区域和五大国家中心城市为节点的专利转移网络,以此来衡量毗邻区域联合创新的水平。从专利转移网络上看,毗邻区域的南阳、十堰、商洛三市相互间的专利转移数量较低,联合创新能力薄弱,而专利转移最活跃的区域主要集中在五大国家中心城市内部,跨区域专利转移更多发生在以五大国家中心城市为核心节点的网络中,而毗邻区域无论是与自身所处的省会城市还是与其他核心城市的创新联系都处于低水平状态,五大国家中心城市也没有形成对毗邻区域的辐射溢出(如图9—10所示)。未来,融入区域创新合作网络是鄂豫陕三省毗邻区域提升自身创新水平的重要途径。

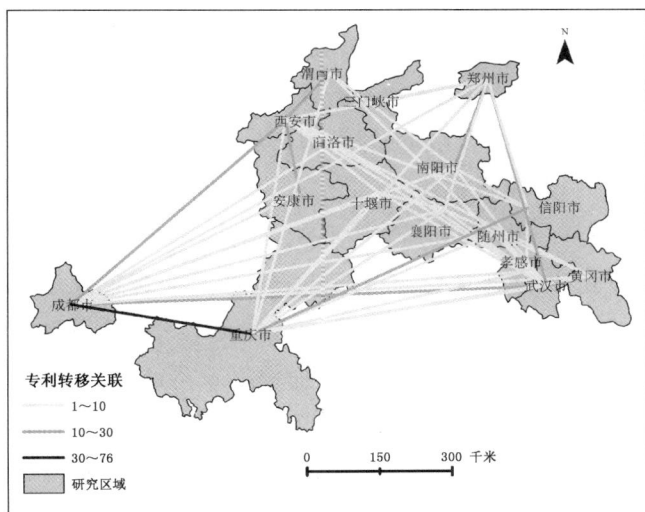

注：相关数据来自国家知识产权局。

图9—10　毗邻区域与五大中心城市专利转移关联网络(彩图详见二维码)

第四节　鄂豫陕毗邻区域空间结构的优化路径

伴随着重大区域发展战略的推进,省际毗邻地区正快速成长为跨省域合作的桥头堡和热点地区。探索如何打破省际毗邻区边缘化格局、创新毗邻区域合作模式是促进区域协调发展向更高质量更深层次迈进亟待解决的问题。在分析鄂豫陕三省毗邻区域发展的时空演化格局和合作问题的基础上,本部分进一步聚焦毗邻区域合作发展的难点痛点堵点问题,立足鄂豫陕三省毗邻区域的发展基础和条件,统筹谋划省际毗邻地区合作发展,通过打造"四高"发展新样板、共建中西部省际合作示范区等路径实现毗邻区域的空间结构优化,从区域合作模式、交通基础设施建设、生态环境发展、对外开放等方面进一步提出鄂豫陕毗邻区域协同发展路径与举措,为创新小尺度、跨区域、相对精准的省际毗邻区域合作模式提供决策参考。

一、创新跨区域合作模式,建设中西部毗邻合作示范区

在当前区域协调发展的背景下,省际毗邻区域合作应当朝着深层次、全方位展

开,着力解决以往跨区域合作中的突出问题,建立行之有效的区域合作新机制。以省际毗邻区为载体,加强区域间的互联互通,通过毗邻区接轨五大国家中心城市发展,在相对较小的空间尺度上形成更加紧密的区域发展共同体,这不仅有利于推动区域协同发展,以地区发展合力强化区域竞争力,也有利于构建以城市群和都市圈为主体的大中小城市协调发展新格局,形成完善的区域合作体系。充分利用毗邻区域的区位优势和发展基础,以五大国家中心城市的区域总部协作中心为战略定位,深度推进区域产业互补、交通互联、人口互融、科创互兴、机制互通,共同实现区域高质量协同发展为国家中心城市建设服务,有效避免周边城市发展的无效竞争。建设中西部毗邻合作示范区,探索毗邻区域合作发展新路径。积极融入国家重大战略和规划,打破毗邻区域发展的行政壁垒,将鄂豫陕三省毗邻区域打造成为联动鄂西北、豫西南、陕东南,支撑中原城市群高质量发展的重要增长极,以及连接长江流域、淮河流域、黄河流域的重要通道。一方面,强化区域合作意识,推动产业深度对接、集群发展,避免产业链条在地理空间上的"自然布局"和"简单组合",加强区域间"优势互补"与"错位发展"。另一方面,加快建设中西部毗邻合作示范区,建立省市县(区)三级联动机制,从机构设置、规划管理、设施互联、产业协同、项目建设、要素保障等方面加大政策支持力度,实现整体协同联动发展。

二、强化基础建设与创新合作,共推高质量发展

首先,要推进基础设施建设,提升鄂豫陕三省毗邻区域高质量发展支撑能力。当前,鄂豫陕三省毗邻区域的基础设施联系性不强,互联互通能力较弱。"要致富,先修路",推动区域协同发展首先应推进综合交通体系建设,全力打通省际断头路。同时,鄂豫陕三省毗邻区应充分利用后发优势实现弯道超车,超前布局毗邻区域信息基础设施建设。利用大数据引领区域高质量发展,联合共建鄂豫陕三省毗邻区域数据汇聚交互基地,建设统一数据信息共享交换和开放平台,通过试点先行、示范引领,总结推广可复制的经验做法,深入推动"互联网＋"行动和数字化建设,提升毗邻区域基础设施服务支撑能力。

其次,强化科创合作,紧抓高质量发展创新驱动力。把创新作为鄂豫陕三省毗邻区域高质量发展合作的主阵地,充分挖掘潜力,形成后发优势和集成优势。充分利用毗邻五大国家中心城市的区位优势,在郑州市、西安市、武汉市等科创资源要素集聚区设立子公司或办事处,加大一线城市高端人才项目的引进和孵化力度。

推进"人才＋科技＋基金"项目落地评审机制,探索市场化、社会化引才渠道。积极借鉴长三角科技创新资源发展经验,以科技创新券为载体,共建一批科技成果转移转化示范基地、新型研发机构战略联盟,联合各大都市圈科技创新资源,进一步深化产学研合作,加快科技成果引进转化,实现以创新驱动引领鄂豫陕三省毗邻区高质量发展。

三、擦亮绿色生态底色,创造高品质生活

以"两山理论"为基础,打造生态旅游型省际毗邻区。鄂豫陕三省毗邻区市场空间广阔、产业门类齐全、农产品供给能力突出、生态资源丰富,应充分挖掘区域生态、区位、资源、文化发展潜能,转化为发展优势。在全国实现"碳达峰""碳中和"的发展目标下,以降碳为重点,推进生态文明建设,是中央已经确定的重大战略方针。鄂豫陕三省毗邻区应践行绿色发展新理念,加强生态建设和环境保护。一方面,建立健全绿色低碳循环发展经济体系,努力构建资源节约、环境友好的生产方式和消费模式,增强区域可持续发展能力;抓住发展机遇,推动碳排放权交易市场化发展,以市场化机制推动经济绿色转型,共同探索实现双碳发展目标的科学发展路径。另一方面,依托生态医疗资源优势,推动生态产业融合发展,做优做强绿色生态产品供给基地,构建"生态＋现代农业""生态＋旅游业""生态＋康养业"产业融合体系,打造国家生态旅游、康养发展示范基地。鄂豫陕三省毗邻区应积极融入省际区域经济循环,进而成为服务国内大循环、国内国际双循环的重要链接。

共享高品质公共服务,建设生态宜居示范区。以人民为中心,实现公共服务跨区域共享,是提升人民群众获得感、幸福感、安全感的重要途径。因此,在实现高质量发展的同时,鄂豫陕三省毗邻区发展应着力解决人民群众最关心、最直接、最现实的基础性公共服务问题,打造具有高显示度和获得感的品质生态、人居环境。一方面,深化生态文明体制改革,完善生态保护补偿机制,推进生态环境持续改善,建设生态宜居示范区。另一方面,探索公共服务市场化范围,对具有竞争性、经营性的公共服务进行市场化改革,以市场机制实现教育、医疗、养老等公共服务的高品质化,创新跨区域公共服务共享模式。

四、共筑内陆开放新高地,推进高水平开放

推动形成中西部重要战略支点,共筑内陆改革开放高地。鄂豫陕三省毗邻区域位于中国地理版图的中心位置,具有多维拓展、全域开放的先天区位优势。推动毗邻区域合作,逐步形成连贯东西、沟通南北的对内开放发展格局。向西依托中欧班列,对接"一带一路"倡议,构建"西进"开放高地。鄂豫陕三省毗邻区应依托郑州市、西安市、武汉市、重庆市等地中欧班列建设,朝着内陆开放高地不断迈进。向东主动对接长三角,加强与发达城市的深度合作和优势互补,加快"东联"步伐。向南紧密跟进长江经济带、成渝地区双城经济圈发展战略。向北密切联动京津冀和雄安新区,加强交通、产业、金融合作。积极融入国家共建"一带一路"倡议,依托中欧班列深化与"一带一路"沿线国家地区交流合作,主动拓展海外市场,促进国际国内两个市场、两种资源有效对接,把鄂豫陕三省毗邻区打造成为中西部高水平开放重要战略支点区域。

五、聚焦共建共治共享,实现高效能治理

完善区域合作机制,加快推动形成共建共治共享社会治理新格局。一是探索鄂豫陕三省毗邻区域协同规划治理新模式,有效促进区域协作,实现跨省域、跨战略、跨平台区域协同发展。当前,鄂豫陕三省毗邻区域战略合作缺乏统筹,区域合作无法协调统一,需要打破固有单方面行动思维,共同建立小尺度、精准化、跨区域的毗邻区协同发展规划。二是依托毗邻区现有基础与优势,以产业园区为突破口,实现供应链、创新链、资金链的联动发展;在基础设施、产业协同、生态环境、要素流动、财税分享、公共服务等方面共建利益协同机制,构建共同治理新格局。三是创新政府协作机制。借鉴长江三角洲地区主要领导人座谈会、城市经济协调会的发展经验,探索建立以政府、市场、社会共同主导的毗邻区域协同发展促进中心,积极推进毗邻区政府协作机制建设;健全高层互访和会商机制,定期高效沟通区域协同发展诉求、面临的问题及解决办法。四是强化数字赋能,切实提高区域社会治理系统化、社会化、精细化、法治化、智能化水平,建设社会治理共同体。

第十章

东中西部地区蒙晋冀长城金三角合作区协同发展

　　蒙晋冀省际毗邻区域历史上同属于察哈尔地区与长城经济带，地理相邻、生态相同、经济相关、人文相亲，不仅是京津冀、环渤海、呼包银鄂榆三大重要经济区域的结合部，也是京津冀协同发展的重要功能区和国家"一带一路"中蒙俄经济走廊的重要节点区域。近年来，蒙晋冀省际毗邻区域主动打破行政壁垒，不断提升政策协同水平，努力在更大范围内推动资源的优化配置，积极融入京津冀协同发展战略。历经十年的努力，该地区的跨区域合作已取得了一定的成效，但是仍然面临着人口流失严重、经济发展基础相对薄弱、跨区域监管难度较大等问题。鉴于此，本章选取蒙晋冀省际毗邻区域为研究对象，结合毗邻区域在协同发展过程中的实践举措，梳理该区域的历史沿革，同时从经济、人口、产业、创新和交通等方面着手，深入分析该区域的现实基础。在此基础上，针对蒙晋冀毗邻区域所面临的经济发展不平衡、区域产业关联性较弱、创新能力有待提升等问题与挑战，本章提出以"多彩"发展路径为支撑，推动蒙晋冀长城金三角合作区实现更高质量、更深层次的协同发展，为其他欠发达省际毗邻区域的跨地区合作提供可借鉴的示范。

第一节　蒙晋冀毗邻区域基本情况概述

　　蒙晋冀毗邻区地处内蒙古自治区（蒙）、山西省（晋）和河北省（冀）三省区毗邻区域（如图 10－1 所示）。作为我国向北开放重要区域，蒙晋冀毗邻区位于环渤海经济圈和呼包银榆经济区的交汇处,邻近京津冀,是联结东北、华北和西北地区的重要交通枢纽,具有承东启西、沟通南北的地理位置优势。其范围包括内蒙古乌兰察布市、山西大同市和河北张家口市 3 个地级市,共 37 个县(市、区、旗),包括 11 个市辖区、21 个县、1 个县级市和 4 个旗,其中直接毗邻区域为乌兰察布市兴和县、大同市天镇县和张家口市尚义县。蒙晋冀毗邻区行政面积 10.5 万平方千米,2022 年蒙晋冀毗邻区三市地区生产总值达到 4 635.6 亿元,年末常住人口为 880.57 万人,占三省区的比重分别为 5.08% 和 6.62%。其中,乌兰察布、大同、张家口三市行政面积占比为 51.8∶13.3∶34.9,地区生产总值占比为 21.96∶39.75∶38.29,常住人口占比为 18.52∶35.2∶46.27。

注:基于自然资源部标准地图服务网站下载的审图号为 GS(2024)0650 的标准地图制作,底图无修改;本章下图同。

图 10—1　蒙晋冀毗邻区域地理位置示意图(彩图详见二维码)

第二节 蒙晋冀毗邻区域协同发展的历史沿革

一、民族融合阶段

乌兰察布市、大同市和张家口市地处我国东中西部结合带、蒙晋冀三省区毗邻处和向北开放重要区域,三地自然环境、资源禀赋和人文特征相似,生态环境功能区特征相近,同属于能源矿产资源富集区。自古以来,三市地域相连,历史上同属于察哈尔地区,不仅是东西部文化交流的汇集地,也是联结北方游牧民族文化和中原农耕文化的关键枢纽。在长城文化的凝聚、联结作用下,该地区见证了多个民族的相互交流和融合,在历史、语言、文化等方面展现了毗邻区域相互交融、彼此渗透的关系,为省际毗邻合作区的建设提供了深厚的历史积淀。

公元前4世纪,赵襄子灭代国,标志着蒙晋冀毗邻地区区域融合的开始。随后,从赵武灵王推行胡服骑射改革,到汉初的"文景之治",再到拓跋鲜卑建立北魏政权,并实行汉化改革,蒙晋冀毗邻区内多个民族相互交流和融合,经济文化联系日益密切。明永乐七年,明朝政府设置大同镇,其管辖范围包括乌兰察布地区与张家口地区,成为蒙汉民族通贡互市的开始。明清时期,晋商势力逐渐壮大。到了清朝初期,晋商开辟了跨越欧亚大陆的"中蒙俄万里茶道",乌兰察布市、大同市和张家口市成为万里茶道上的重要节点和货运枢纽(黄孝东等,2021)。随着古代贸易的深入发展,蒙晋冀毗邻区的经济联系和文化交融愈发明显。康熙三十六年,清政府取消"禁留令",开始允许荒地边民通货贸易,掀起了"走西口"的热潮。清末,清政府出于移民实边的考虑,逐渐放宽了对蒙古地区的放垦政策,鼓励放垦蒙地、发展农业。与此同时,"走西口"移民运动的历史进程也随着移民政策的调整而不断演进,形成人口迁徙、文化交融、商贸繁盛的发展态势,推动蒙晋冀等地区的经济、社会与文化变革,蒙晋冀省际毗邻区的联系日益密切。

二、协同发展阶段

新中国成立后,蒙晋冀毗邻区的民间和部门之间自发开展了长达数十年的广泛的合作与交流,例如,蒙晋冀陕四省区十城市开展商务经济合作、两盟五市共建森林草原防火联防委员会、锡乌张互建商会、乌张开展友谊水库合作等（张国卿，2020），这些合作为后续的区域合作奠定了坚实的基础。随后，乌兰察布、大同与张家口三市抓住国家"一带一路"建设和京津冀协同发展的机遇，主动破除行政壁垒，积极融入和服务京津冀协同发展与"一带一路"建设。2013年年底，乌兰察布市率先提出与大同市、张家口市共同建设蒙晋冀（乌大张）长城金三角合作区。2014年8月，蒙晋冀（乌大张）长城金三角合作区召开了首届联席会议，共同签署了《蒙晋冀（乌大张）长城金三角合作区建设协议》《蒙晋冀（乌大张）长城金三角合作区宣传合作机制协议》《"乌大张"三市森林资源保护联防联治区域协作框架协议》《蒙晋冀（乌大张）"长城经济带"区域旅游合作协议》以及文化、商务等协议，同时成立乌大张区域合作区协调委员会，负责推进毗邻区域的各项工作，这标志着蒙晋冀毗邻区正式进入区域合作新进程。

近年来，我国深入实施区域协调发展战略、区域重大战略以及主体功能区战略，区域发展战略政策体系不断完善，区域发展差距逐步缩小。然而，远离省会城市、地处省际边缘的地区，受省内优质资源辐射较少，面临着资源条件差异大、区域发展不平衡不充分、区域发展机制仍不完善等问题（张学良和林永然，2019），逐渐成为经济社会发展的"洼地"。随着重大区域发展战略的持续推进，城市群和都市圈成为经济增长的动力源与区域协调发展的重要抓手。与此同时，省际毗邻区域也成为促进区域协调发展的前沿阵地。

在毗邻三市的持续努力下，2015年5月发布的《京津冀协同发展规划纲要》指出，要支持蒙晋冀毗邻地区（乌兰察布—大同—张家口）开展区域合作。这标志着蒙晋冀毗邻区域的合作正式上升为国家发展战略，该毗邻区域的发展进入了新的历史阶段。2015年10月，国家发改委发布《环渤海地区合作发展纲要》，强调要加强区域合作交流，支持内蒙古、山西、河北毗邻地区（乌兰察布—大同—张家口）合作区进一步深化合作，建设省际毗邻区域协调发展试验区。这为蒙晋冀毗邻区开展更加紧密的区域合作提供了良好的外部环境。2016年，京津冀协同发展领导小组办公室印发的《"十三五"时期京津冀国民经济和社会发展规划》再次指出，要支持乌兰察布市、大同市等周边毗邻地区融入京津冀协同发展国家战略，打造协同发展区，实现协同共赢。蒙晋冀长城金三角区域合作上升为国家战略规划后，乌兰察布、大同与张家口三市不断增强跨区域合作的广度和深度，共同编制了《蒙晋冀（乌大张）长城金三角合作区规划》，提出要将蒙晋冀毗邻区建设为国家东、中、西部区域合作示范区、国家产业转型试验区、京津冀协同发展生态保障区以及脱贫攻坚先行区（于保明等，

2018）。与此同时，三省区和各市的"十三五"规划、"十四五"规划也多次强调探索跨长城金三角区域合作新模式，深化区域多领域全方位合作机制。

现如今，蒙晋冀长城金三角合作区的跨省区合作探索已历经十年。在此期间，毗邻区域不断完善合作体制机制，建立起常态化联席会议制度和协调会商机制，先后开启了三轮区域合作，召开了八届联席会议，共签署了 56 项区域合作协议，推动区域内资源优化配置、产业合理分工，初步形成了区域协同发展的新格局。毗邻区域各市充分发挥自身的资源优势，推进电力、煤炭、天然气、新能源和可再生能源开发与清洁高效利用，并积极开展各类重大项目、共建园区研究工作。与此同时，蒙晋冀省际毗邻区域还依托环渤海市长联席会议和京蒙对口帮扶机制，疏解非首都核心功能，并借助京津冀协同发展和京张携手筹办冬奥会机遇，进一步深化合作，建设冬奥会辐射延伸产业基地。此外，作为重要的生态保障区，蒙晋冀省际毗邻区域围绕构筑生态防线，签订了《区域气象联防合作协议》《蒙晋冀（乌大张）长城金三角合作区环境监测协作备忘录》《蒙晋冀（乌大张）长城金三角合作区流域治理合作协议》《蒙晋冀（乌大张）长城金三角合作区生态环境治理合作框架协议》等多项协议，共同建立了环境监测与数据共享、应急监测联动、污染防治联合等合作机制，形成了跨区域的联建联防联治格局。例如，乌兰察布市与大同市在乌兰察布丰镇市的饮马河黄土沟国控出境断面每月进行一次联合监测；蒙晋冀省际毗邻区已实现气象数据信息共享，定期联合开展人工影响天气作业。

蒙晋冀省际毗邻区域以一体化为路径，打破行政壁垒，在基础设施互联互通、生态环境协同治理、能源布局、文化旅游等方面开展小尺度和更加精准的跨区域合作并取得显著成效。这一方面加快了蒙晋冀省际毗邻区域组团融入京津冀的进程，另一方面也推动该区域打造东中西三大经济板块协同发展合作区，走出一条欠发达地区的跨越式发展之路，为其他发展相对滞后的省际毗邻区域提供了可复制、可推广、较为完善的一体化跨省跨区域合作经验。

第三节 蒙晋冀毗邻区域协同发展的现实基础

一、生态资源丰富，资源保护已见成效

蒙晋冀毗邻区域紧邻京津地区，承担着首都水源涵养和生态环境支撑等功能。

乌兰察布、大同、张家口三市各县(市、区、旗)牢固树立"绿水青山就是金山银山"的理念,围绕构筑京津地区生态防线的任务,已建立多项合作机制,在生态环境保护方面成效显著,草地与林地覆盖率较高。从毗邻三市及周围地市的土地利用类型分布来看,三市居民建设用地主要集中在中心城区,乌兰察布市和大同市土地类型以草地和林地为主,张家口市土地类型以耕地为主(如图10-2所示)。同时,乌兰察布市的未利用土地面积远超大同市与张家口市。此外,周围毗邻城市的草地与林地占比也较高,尤其是内蒙古地区,其草地呈现集中连片发展态势。

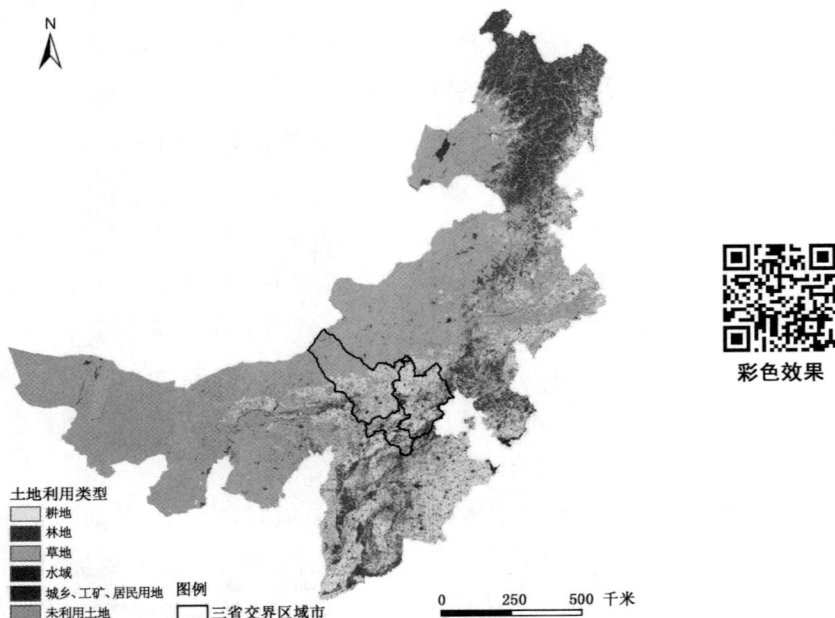

注:数据来源于2020年中国30米分辨率土地利用分类结果。

图10-2　2020年蒙晋冀三省区土地利用性质(彩图详见二维码)

二、经济基础薄弱,县域发展不平衡

蒙晋冀毗邻区域经过多年的发展,经济规模不断扩大,但是总量仍然较低。2022年,蒙晋冀毗邻三市的GDP总量为4 635.6亿元,较上年增长6.62%,占三省区比重为5.08%,人均GDP为52 643.2元,远低于三省区平均水平。具体来看,乌兰察布市GDP为1 017.9亿元,大同市GDP为1 842.5亿元,张家口市GDP为

1 775.2 亿元,毗邻三市之间经济发展不均衡。从人均 GDP 来看,三市的人均 GDP 由高到低分别为乌兰察布市(61 876 元)、大同市(59 447 元)、张家口市(43 435 元),均低于全国人均 GDP 水平。从县域层面来看,蒙晋冀毗邻区各县(市、区、旗) 经济基础较弱,县域经济发展差距较大。2022 年大同市云冈区 GDP 最高(564.8 亿元),其次是大同市平城区(503.8 亿元),最低是张家口市下花园区,GDP 仅为 25.7 亿元。整体来看,低水平区域表现为集中连片分布,县域经济发展呈现明显的 不平衡特征(如图 10-3 所示)。

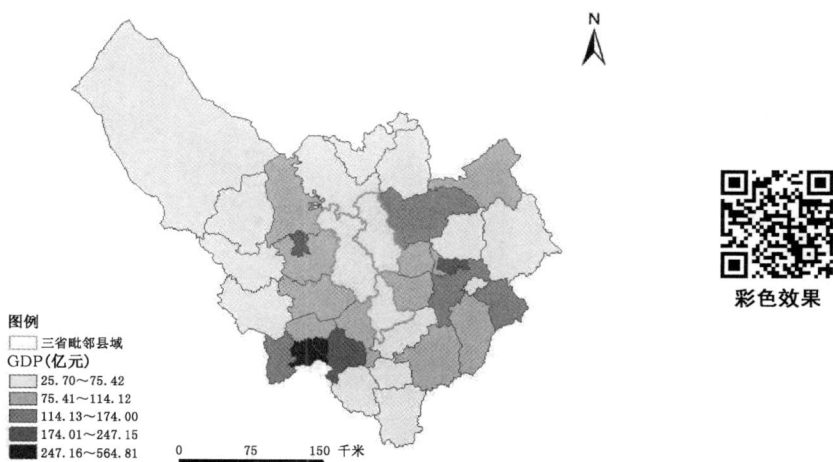

注:数据来源于内蒙古自治区、河北省与山西省统计年鉴。

图 10-3 **2022 年蒙晋冀毗邻区县域 GDP 分布**(彩图详见二维码)

三、人口规模较小,人口流失问题突出

2022 年,蒙晋冀三省区的年末常住人口分别为 2 401.2 万人、3 481.4 万人以及 7 420 万人。位于三省区毗邻区域的乌兰察布市、大同市和张家口市常住人口分别为 163.11 万人、310 万人和 407.46 万人,占三省区常住人口的 6.62%。从蒙晋冀与北京市、天津市的人口分布图来看,内蒙古自治区与山西省人口规模较小,且人口集中在省区内的主要城市;而河北省人口规模大,且内部多数区域的人口都较为密集。同时,乌兰察布市、大同市和张家口市的人口主要分布于中心城区,且大同市与张家口市之间,以及大同市与乌兰察布市之间的毗邻地区的人口分布也较

为密集（如图 10—4 所示）。然而，对于靠近省际边界线的其他地区，其人口分布则相对稀疏。此外，毗邻蒙晋冀的北京市与天津市人口密度高、规模大。

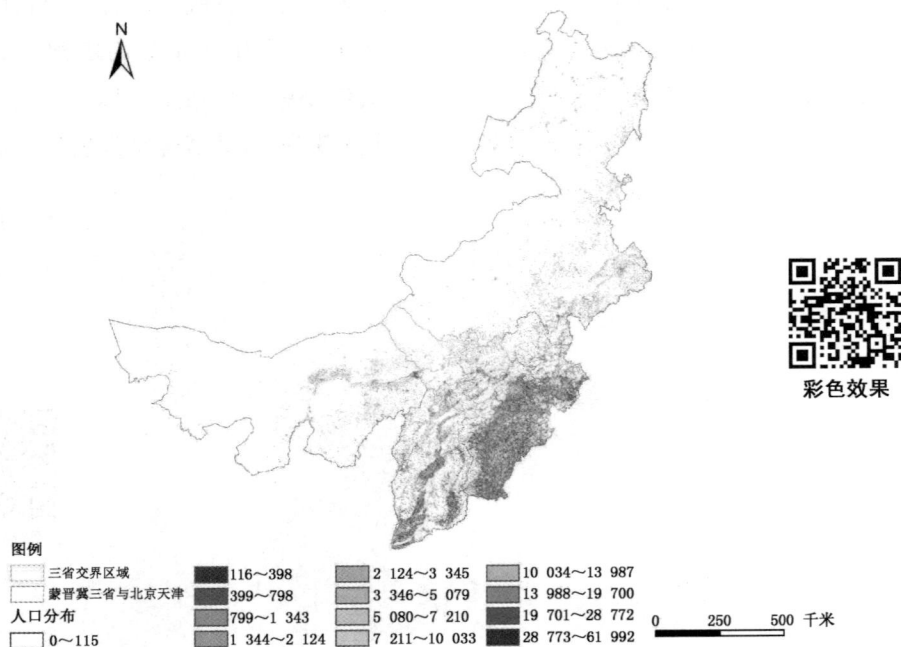

注：数据来源于 LandScan 全球人口分布数据统计。

图 10—4　2022 年蒙晋冀三省区、北京、天津 LandScan 人口密度（彩图详见二维码）

　　基于第六、七次人口普查期间的数据，本部分将全市范围内常住人口的减少定义为广义收缩，将市辖区范围内常住人口的减少定义为狭义收缩（张学良等，2016）。从蒙晋冀毗邻区及其周边毗邻城市上看，除省会城市与包头市、锡林郭勒盟之外，其余城市均呈现出一定程度的广义收缩现象。其中，位于毗邻区域的乌兰察布、大同、张家口三市均表现出广义收缩与狭义不收缩特征，这表明三市的人口在空间上从周边向中心城区迁移。而三省区周边的北京市和天津市的人口正在不断聚集，人口增加的比例分别为 11.63% 和 7.17%，对三省区毗邻区的人口产生一定的虹吸作用。

表 10—1 狭义与广义收缩的划分结果

城市	全市人口数据				市辖区人口数据			
	七普常住人口	六普常住人口	变化	是否收缩	七普常住人口	六普常住人口	变化	是否收缩
太原市	5 304 061	4 201 591	1 102 470	广义不收缩	4 529 141	3 359 508	1 169 633	狭义不收缩
大同市	3 105 591	3 318 057	−212 466	广义收缩	2 030 203	1 517 430	512 773	狭义不收缩
朔州市	1 593 444	1 714 857	−121 413	广义收缩	713 287	709 087	4 200	狭义不收缩
忻州市	2 689 668	3 067 501	−377 833	广义收缩	577 089	544 683	32 406	狭义不收缩
石家庄市	10 640 458	10 163 788	476 670	广义不收缩	5 397 581	3 826 963	1 570 618	狭义不收缩
保定市	9 242 610	11 194 379	−1 951 769	广义收缩	1 854 880	1 323 412	531 468	狭义不收缩
张家口市	4 118 908	4 345 491	−226 583	广义收缩	1 487 519	1 281 370	206 149	狭义不收缩
承德市	3 354 444	3 473 197	−118 753	广义收缩	600 522	634 229	−33 707	狭义收缩
呼和浩特市	3 446 100	2 866 615	579 485	广义不收缩	2 545 608	1 980 774	564 834	狭义不收缩
包头市	2 709 378	2 650 364	59 014	广义不收缩	2 099 643	1 977 785	121 858	狭义不收缩
乌兰察布市	1 706 328	2 143 590	−437 262	广义收缩	425 059	356 135	68 924	狭义不收缩
锡林郭勒盟	1 107 075	1 028 022	79 053	广义不收缩	349 953	245 886	104 067	狭义不收缩
北京市	21 893 000	19 612 000	2 281 000	广义不收缩	21 893 000	19 612 000	2 281 000	狭义不收缩
天津市	13 866 009	12 938 224	927 785	广义不收缩	13 866 009	12 938 224	927 785	狭义不收缩

注：数据来源于第六次、第七次人口普查结果。

　　蒙晋冀毗邻区人口整体处于收缩状态。从县域人口收缩情况来看，乌兰察布市集宁区、大同市平城区和张家口市万全区与下花园区的人口实现净流入，增长幅度分别为 22.14%、19.35%、2.4% 和 2.31%，其余县（市、区、旗）均存在不同程度的人口收缩现象（如图 10—5 所示）。其中，乌兰察布市察哈尔右翼中旗人口收缩问题最为严重，收缩程度为 42.4%，乌兰察布市卓资县和凉城县的收缩程度超过35%，超半数县（市、区、旗）的人口收缩程度位于 10%～35%。此外，在三省区直接毗邻县域中,尚义县的人口收缩程度最高,为31.25%,而兴和县与天镇县人口收缩程度分别为23.71%和22%。整体来看,乌兰察布市和大同市所辖的县(市、区、旗)的人口外流现象更加突出,省域中心城市对省际毗邻县域有一定程度的虹吸作用,人口流失现象在省际边界线附近的县(市、区、旗)中表现得更加明显。

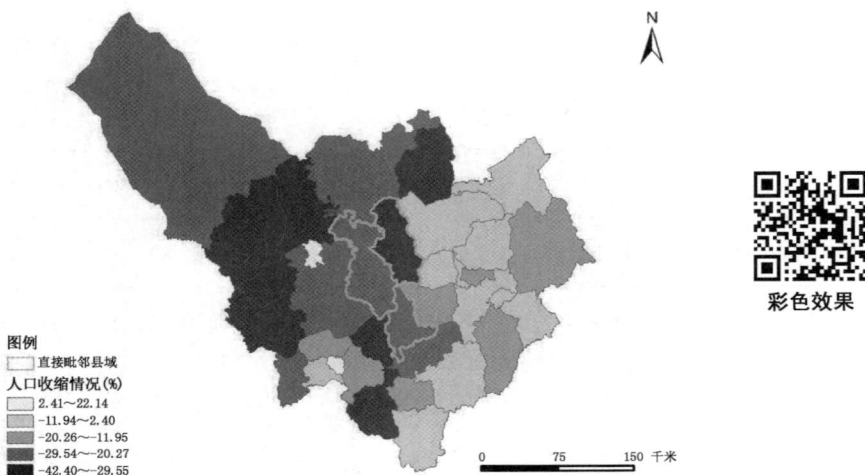

彩色效果

图例
直接毗邻县域
人口收缩情况(%)
2.41~22.14
-11.94~2.40
-20.26~-11.95
-29.54~-20.27
-42.40~-29.55

0　　75　　150 千米

注:数据来源于第六次、第七次人口普查结果。

图10-5　蒙晋冀毗邻县域人口收缩情况(彩图详见二维码)

四、产业结构趋同,区域产业关联性较弱

蒙晋冀毗邻区产业结构存在一定程度的趋同现象。从资源禀赋来看,毗邻区三市均属于能源矿产富集区和生态功能区,大同市拥有丰富的煤炭资源,煤炭生产输出占据较大份额,张家口市为华北较大的发电中心,乌兰察布市则是国家重要的能源输出基地。大同市、张家口市与乌兰察布市的产业结构均表现出"三二一"特征,其中2022年张家口市第三产业占比最高,为55.8%,第二产业占比最低,为26.3%(如图10-6所示)。从区县层面的产业结构来看,大同市天镇县与乌兰察布市兴和县的产业结构相似,均以第三产业为主;而张家口市尚义县则以第一产业为主,制造业和服务业基础相对比较薄弱(如图10-7所示)。

基于2022年上市企业总部—分支关联数据,本部分构建了蒙晋冀毗邻区域产业关联网络图(如图10-8所示)。在此视角下,蒙晋冀毗邻三市对外关联分布范

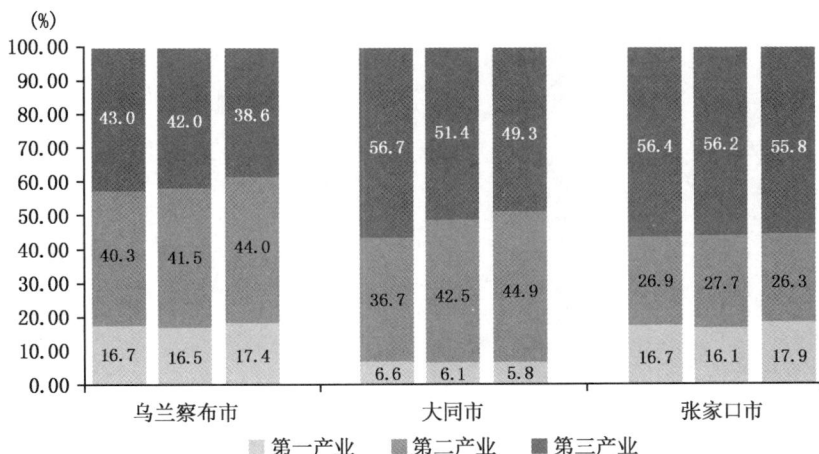

注：数据来源于大同市与乌兰察布市统计年鉴、河北省统计年鉴。

图 10－6　2020—2022 年蒙晋冀毗邻地级市三产占比

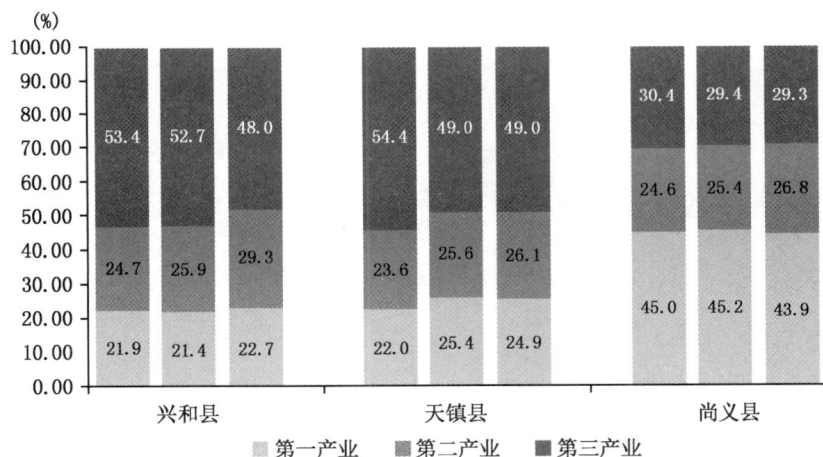

注：数据来源于大同市与乌兰察布市统计年鉴、河北省统计年鉴。

图 10－7　2020—2022 年蒙晋冀直接毗邻县域三产占比

围较为广泛，产业关联度排名前三的城市对分别为北京—大同（71）、北京—乌兰察布（54）以及大同—太原（32），均是与北京市和省会城市之间的关联聚集，反映出北京市和省会城市对蒙晋冀毗邻区域产业发展的重要牵引和辐射带动作用。然而，尽管蒙晋冀毗邻三市在产业对外关联上呈现出一定活力，但三市间未能形成直接的产业网络关联。这一现象不仅反映出蒙晋冀毗邻三市间产业关联性的相对不足，也揭示了该地区潜在的区域合作障碍与隐形壁垒依然存在。

彩色效果

图例
产业关联强度
　0～4
　5～10
　11～20
　21～32
　33～71

0　250　500 千米

注：数据来源于 CNRDS 数据库。

图 10－8　基于上市企业总部—分支机构的蒙晋冀产业关联（彩图详见二维码）

五、创新基础相对薄弱，创新能力有待提升

从专利授权量来看，2022 年蒙晋冀毗邻三市的专利授权总量仅为 6 057 件，占三省区专利授权总量的比重仅为 3.5%，整体创新水平较低。其中，张家口市的创新表现相对突出，专利授权量达到 3 042 件，而大同市和乌兰察布市的创新水平则相对较低，专利授权量分别为 1 692 件和 1 323 件（如图 10－9 所示）。从专利授权量的变化趋势来看，乌兰察布市的专利授权量呈现出稳步上升的趋势，而大同市与张家口市在 2022 年的专利授权量虽经历了一定程度的下滑，但张家口市总体来看仍保持着上升趋势。此外，基于寇宗来和刘学悦（2017）所构建的方法，本部分计算并分析了城市创新指数。结果显示，2021 年大同市、张家口市和乌兰察布市分别以 6.44、5.65 和 0.85 的创新指数排在第 160 位、第 170 位和第 293 位，在全国 300 多个地级市中处于中下游水平，从侧面映射出蒙晋冀毗邻区域的创新驱动力相对不足，亟需增强区域协同创新水平，以激发强劲的发展动力。

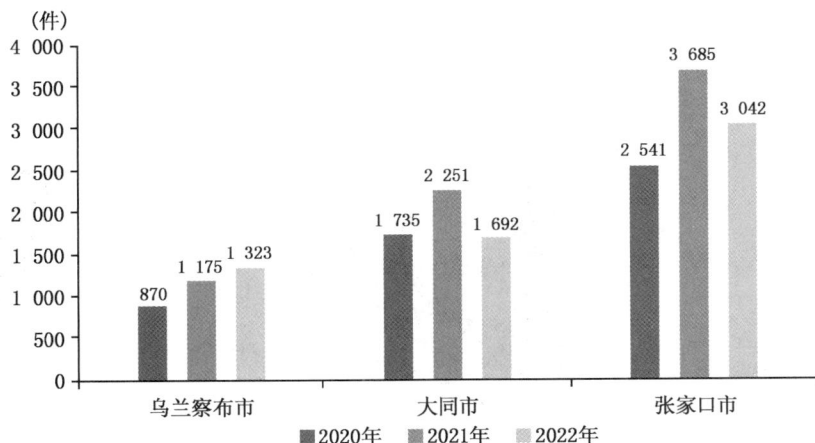

注：数据来源于三市国民经济和社会发展统计公报、2021 年中国城市创新指数。

图 10—9　2020—2022 年蒙晋冀毗邻地级市专利授权量

六、交通网络相对完善，但跨省域交通通达性较低

蒙晋冀长城金三角经济合作区建设以来，乌兰察布、大同和张家口三市持续加强区域内部交通衔接，在完善省际通道与国道的同时，打造综合交通网络，畅通对外交通枢纽。其中，乌兰察布市不仅是"一带一路"和中蒙俄经济走廊的重要节点城市，也是首批国家陆港型物流枢纽城市，实现了"铁路快通"模式，成为我国向北开放的重要"桥头堡"。大同市地处我国东、中、西部三大经济板块的交汇中心，是京包铁路、同蒲铁路、大秦铁路、大准铁路等多条铁路干线的交会点，被选定为全国性综合交通枢纽城市。张家口市打造区域性综合客运枢纽，京张高铁、张呼高铁、张大高铁、崇礼铁路的通车形成了环张家口一小时交通圈，推动了京张、张乌、张大的同城化发展。从蒙晋冀毗邻区交通路网图来看，毗邻三市的交通路网密度较高。同时，通过比较跨省域路网分布可得，省际边界线附近的路网密度相对较低，且存在明显的"断头路"现象，行政边界对蒙晋冀毗邻区域之间的交通关联产生了一定的阻隔作用，导致跨区域交通网络通达性水平较低。

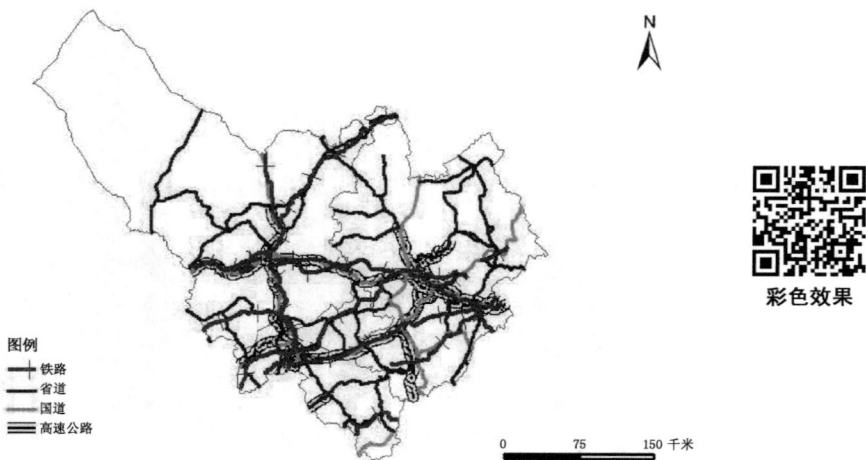

图例
┼ 铁路
── 省道
── 国道
══ 高速公路

彩色效果

0　　75　　150 千米

注：数据来源于全国路网矢量数据。

图 10—10　蒙晋冀毗邻区域路网

七、公共服务供给不足，空间分布不均衡

蒙晋冀毗邻区基本公共服务供给不足。截至 2022 年年末，该毗邻区域的科教文化与医疗保健 POI 数量分别为 10 623 个和 12 176 个，仅占蒙晋冀三省区总量的6.57％和 6.37％。其中，乌兰察布市、大同市、张家口市的科教文化 POI 数量分别为 1 668 个、4 176 个和 4 779 个，医疗保健 POI 数量分别为 1 909 个、4 122 个和6 145 个，可以看出蒙晋冀毗邻区各市间基本公共服务的空间分布不均衡（如图10—11 和图 10—12 所示）。从科教文化和医疗保健的 POI 分布图来看，毗邻区域的公共服务资源分布与人口分布基本一致，主要分布于中心城区以及大同与张家口的毗邻区域，而其他地区的公共服务资源相对较少。

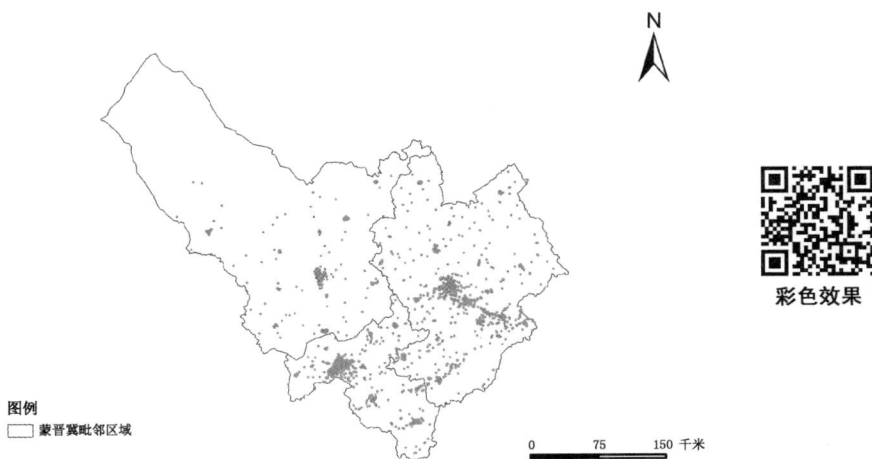

注:数据来源于高德地图。

图 10-11 2022 年蒙晋冀毗邻区域科教文化 POI 分布(彩图详见二维码)

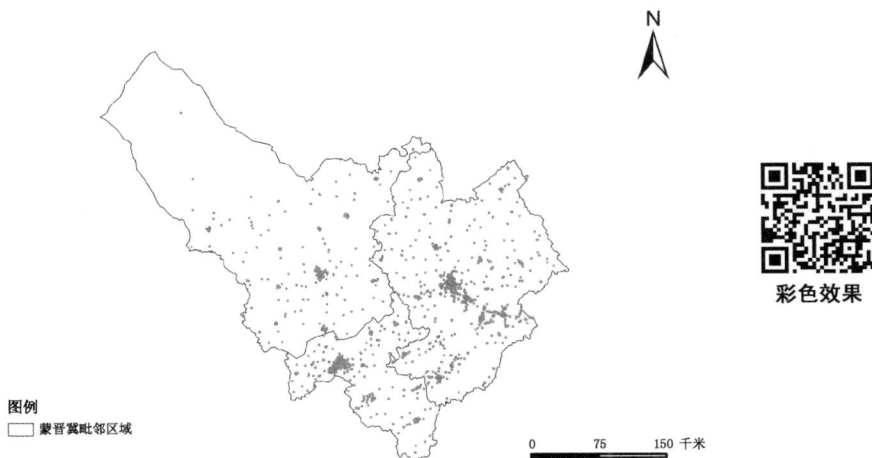

注:数据来源于高德地图。

图 10-12 2022 年蒙晋冀毗邻区域医疗保健 POI 分布(彩图详见二维码)

第四节 蒙晋冀毗邻区域协同发展的未来路径

随着区域协调发展战略的深入推进,省际毗邻区域围绕打破行政壁垒、创新合作机制、整合区域资源等方面开展积极探索,区域协调发展取得积极成效。蒙晋冀毗邻区的跨区域合作已携手走过十年,即将开启第二个十年发展阶段的新征程。进入新阶段,蒙晋冀毗邻区域的发展不仅是狭义的地区生产总值的增加,更涵盖了科技创新、生态环境、文化文明、公共服务以及区域协同等多个方面。蒙晋冀毗邻区要在严守安全韧性的基础上,以"三生融合"为理念,"四高"发展为目标统领,以兼顾质量与速度的"多彩"增长理论为支撑,深化传统橙色增长、坚持创新金色增长、塑造生态绿色增长、传承文化青色增长、深挖公共服务蓝色增长、共筑区域协同紫色增长,将毗邻区域建设为优势互补、经济融合、生态宜居、文化繁荣的区域发展共同体。

一、严守安全韧性的"红色增长"

蒙晋冀毗邻区域不仅是京津水源涵养功能区的核心区,也是京津重要的生态屏障,承担着为京津地区防风减沙、治山兴水的重任。严守生态和生产红线不仅是改善环境质量和增强经济社会可持续发展能力的必要举措,更是构建蒙晋冀毗邻区域和京津地区生态安全格局的关键所在。对此,首先,蒙晋冀毗邻区域要划定好生态保护红线、定线和生命线,建立规范纠偏机制,强化底线约束。以生态保护红线为基础,划定生态环境优先保护单元,同时将具有资源能源消耗强度高、污染物排放集中、生态破坏严重等特点的区域作为主体,识别出发展与保护相矛盾的区域,划定为生态环境重点管控单元。定期开展生态红线保护成效监测评估,引导毗邻区域立足比较优势有序发展。其次,毗邻区域要立足资源环境承载能力,在优先划定生态保护红线、耕地和永久基本农田的基础上,结合毗邻区域一体化发展、城镇结构优化和城乡融合等需要,合理划定蒙晋冀毗邻区域城镇开发边界,优化国土空间布局。推动蒙晋冀毗邻区域联合开展国土空间规划"一张图"建设,实施规划全过程在线管理。最后,蒙晋冀毗邻区域要严格实施安全生产工作责任考核,将安全生产纳入高质量发展的评价体系,并推动毗邻区域探索创新安全生产监管体制,建立健全安全生产预防控制体系。同时,加强针对重点行业和企业的专项监督检查,引导企业完善安全生产管理体系,强化企业安全生产主体责任。

二、深化传统要素的"橙色增长"

当前,蒙晋冀毗邻区域面临着产业发展层次相对滞后、产业链条亟待延伸、新旧动能转换进程缓慢以及新兴产业规模偏小的挑战。为应对这些挑战，蒙晋冀毗邻区域需全面推动产业结构的优化升级，加快传统制造业改造提升，布局战略性新兴产业和未来产业，不断提升现代产业体系整体竞争力。首先，实施数字化、智能化和绿色化三大改造工程，分行业培育特色优势制造业集群。同时，强化企业技术改造的驱动力，鼓励企业加大研发投入强度，支持企业通过兼并重组实现规模扩张与资源整合，并在遵循市场化、法治化原则的基础上，有序引导落后产能的退出。其次，毗邻区域要引导中小企业聚焦主营业务，强化自身核心竞争力，大力培育"专精特新"中小企业。同时，推行产业链供应链"链长制"，推动毗邻区域间上下游产业协同布局，共同构建一体化、高效能的产业链供应链生态体系。蒙晋冀毗邻区还应继续紧抓京津冀协同发展和"一带一路"建设的战略机遇，共建产业转移示范园区，积极承接京津和东部沿海地区的产业转移项目。再次，蒙晋冀毗邻区域要实现更高质量协同发展，还需推动产业绿色转型，加快构建清洁安全高效的现代能源体系，把大力发展新能源作为发展现代能源经济、优化能源结构的关键任务，合理有序开发利用煤炭、风光资源，并以科技创新和能源革命为方向，在资源主导型产业中提升可再生能源的利用比例。最后，结合各市的特色与共同优势，毗邻区域应携手发展一批重点生态产业，例如绿色食品加工业和生态旅游业等。在此过程中，壮大绿色环保产业，加快培育市场主体，鼓励设立混合所有制公司，打造一批大型绿色产业集团，并创新金融产品，利用新型金融工具和金融服务，推动传统产业向绿色产业转型。

三、引领协同创新的"金色增长"

蒙晋冀毗邻区域的创新资源未能充分汇聚为强大的发展动力，整体创新水平有待提升。毗邻三市应结合发展实际大力实施创新驱动发展战略，加速科技成果转化应用，以科技创新催生新发展动能，打造一流的创新生态系统，让创新驱动为蒙晋冀毗邻区域的经济高质量发展提供强大动力。围绕新能源、煤炭、石墨、绿色农畜产品加工、大数据等产业，实施工业技术创新攻坚行动，加强工艺、装备、产品和管理技术创新，推进技术研发、集成和应用，加快延伸产业链、完善供应链、提升价值链。聚焦水安全、生态环境、水沙调控等重点领域，联合开展重大问题研究和科研技术攻关，共建产业技术创新战略联盟。同时，毗邻区域还应重点引进创新型、技术型、应用型、复合型等各类创新人才，扩大高层次人才培养规模，优化高层次人才培养结构,围绕重点关键领域加强基础研究、产业技术研发等人才培养。此外,蒙晋冀毗邻区域要以京津建设世界创新中心为契机,推动跨区域科技攻关和科研合作,开展与京津高校、科研机构、企业的多层次多领域合作,共建科研重点实验室、工程研究中心、技术创新中心、成果转化基地等创新平台,围绕重点领域联合开展技术攻关,提高研发创新合力与科技成果的转化与应用。探索建立北京—天津—张家口—太原—乌兰察布科技走廊,推进人才、信息、技术等创新要素跨界自由流动。构建开放型创新协作机制,营造创新生态,提升自主创新能力,合力打造京津蒙晋冀科技创新共同体。

四、造就青山绿水的"绿色增长"

习近平总书记在考察内蒙古自治区、河北省和山西省时均强调,要坚持发展和安全并重,坚持以生态优先、绿色发展为导向推进高质量发展。蒙晋冀毗邻区域面临着能源资源消耗总量偏高、区域生态环境脆弱,以及生态治理难以迅速适应新形势下的变化和需求等严峻挑战。对此,毗邻三市应构建跨区域生态环境精准防治网,推进生态环境保护统一标准、统一监测和统一执法,实现蒙晋冀毗邻区域生态环境网络化精准防治。同时,要加强资源开发利用红线管控,严格执行"三线一单"生态环境准入制度,实现工业源、水点源全面稳定排放,降低污染物排放总量。为此,蒙晋冀毗邻区域应建立健全以排污许可制为核心的固定污染源监管制度体系,优化污染问题的发现、预警和应急联动协作机制。定期合作开展毗邻区域大气污染联防联控,提高区域精准治霾能力与水平。构建土壤污染全过程风险管控体系,因地制宜实施土壤污染治理修复项目。与此同时,蒙晋冀毗邻区域要进一步完善协同保护机制,探索建设市场化、多元化生态保护补偿机制,健全省际毗邻地区横向生态补偿协作机制,完善长效补偿、生态保护补偿、资源开发补偿等省际利益平衡机制。积极推动乌兰察布—大同—张家口生态廊道建设,共建首都生态环境支撑区。加强蒙晋冀毗邻区域在"碳达峰""碳中和"领域的合作,共同实现绿色发展目标。

五、承载文化文明的"青色增长"

自古以来,蒙晋冀三省区毗邻处的乌兰察布市、大同市和张家口市不仅地理位置相邻,更因深厚的历史渊源而紧密相连,共同孕育了丰富的民族文化与地域特色,为三市间的合作与交流构筑了坚实的基础。近年来,随着区域一体化进程的加快,毗邻三市利用各自的文化资源优势,积极开展全方位、多层次的文化交流与合作,为蒙晋冀区域在经济发展、生态保护、公共服务等多方面的合作奠定了文化基础。但是区域仍然面临文化内涵挖掘和转化不足、文旅产业新业态与新模式匮乏,以及文旅资源区域一体化管理机制尚未健全完善等问题。首先,蒙晋冀毗邻区域要联合实施文化遗产系统保护工程,提升文物和遗迹保护水平,加大同主题跨区域文物系统保护力度。加强非遗文化的保护和传承,打造一批具有民族和地域特色的非遗创意基地和非遗旅游体验基地。推进历史文化名城、名镇、名村、传统村落以及历史建筑的保护利用工作,实施文物建筑活化利用培育计划,建设一批考古遗址公园。其次,推动蒙晋冀毗邻区域文化交流和合作平台建设,打破文化资源行政壁垒,联合举办大型文化和体育会展交流活动,丰富毗邻区域文化联动项目。建设长城金三角文化产业园区,培育区域文化产业中心,强化文化创意产品设计和开发,塑造文化品牌。最后,蒙晋冀毗邻区域要建立健全文化旅游带跨省、跨部门合作协调机制,加强对文旅融合工作的统筹协调与指导,联合开展文化资源整合和利用工作,共同建设一批精品文化旅游景点与旅游路线,打造具有国际影响力的文化和旅游协作带。同时,加强文旅大数据应用开发,搭建文旅资源信息服务平台和智慧旅游平台,推动文旅数据资源共享和互联互通,实现长城金三角文旅“一码通”。依托数字化探索文化旅游新样态,培育线上数字化体验产品,开发沉浸式体验、虚拟展厅等服务功能。

六、勾勒公共服务的“蓝色增长”

提高公共服务均衡化、优质化水平,强化公共服务领域的“蓝色增长”动力,不仅是让发展成果更多更公平地惠及全体人民的具体实践,也是增强经济发展韧性的关键路径,更是推动经济高质量发展的内在要求和内需动力。当前,蒙晋冀毗邻区域基本公共服务供给能力不强、营商环境有待优化,同时其在教育、医疗等民生领域仍存在着诸多堵点。因此,蒙晋冀毗邻区域要协同推进公共服务均等化。在政务服务方面,要推动蒙晋冀政务服务的全面对接和深度融合,实现更多事项“全程网办”、更多政务服务事项“指尖通办”。在基础设施互联互通方面,推进以高铁线路、城际快轨和高速公路为骨干的多层次城际快速交通运输体系建设,促进形成

"半小时"经济圈。推进高速公路拥堵路段扩容改造,提升省际高速公路的通达能力和通行效率,并对高峰时段严重拥堵的国省干线公路实施改扩建,继续推进打通省界断头路。在基本公共服务方面,聚焦公共教育、医疗卫生、养老服务、就业创业、住房保障、社会保障等重点领域,提升蒙晋冀毗邻区域公共服务供给能力,推进服务普惠均衡,加快服务设施共建共享。此外,要紧抓京津冀协同发展机遇,持续深化蒙晋冀与京津冀在教育、医疗卫生、社会治理等公共服务领域的合作。与此同时,推进城乡基本公共服务均等化是缩小毗邻区域城乡收入差距的重要途径。蒙晋冀毗邻区要进一步推动城乡公共设施联动发展,建立公共设施一体化规划建设运营机制,实施一批污水垃圾收集处理、市政供水供气供热向农村延伸、城乡道路客运一体化发展、农贸市场改造等城乡联动项目,推动构建城乡教育联合体和县域医共体。在营商环境优化方面,蒙晋冀毗邻区要依托互联网和政务服务平台,优化项目审批流程,并以"线上＋线下"的数据监管方式,加强项目的事中事后监管力度。

七、共筑区域协同的"紫色增长"

蒙晋冀长城金三角作为省际毗邻区合作的典范,近十年来通过不懈的探索与实践,在能源、生态环境治理、文化旅游等多个领域取得了一定成效,已初步构建起了联动联通、共建共赢的合作格局。然而,随着合作的深入,当前区域合作协调机制也逐渐暴露出资源配置效率不高、跨区域监管难度大等问题。一方面,蒙晋冀毗邻区域要进一步深化跨区域合作,持续提升合作区发展能级和核心竞争力,为各领域的交流合作搭建新平台,并围绕统一规划管理、统一项目管理、创新管理运营模式等方面推动体制机制创新,加大改革力度。探索建立蒙晋冀毗邻区域投入共担、利益共享的财税分享机制和地方政府考核激励机制。另一方面,蒙晋冀毗邻区域要进一步完善长效对接机制,针对该地区发展过程中的关键性问题定期开展专题讨论,强化专题合作机制在关键领域的引领作用。此外,组建并强化区域利益协调组织,探索建立多层次、多部门的对话协调决策机制,由三地政府组建蒙晋冀经济协调发展委员会,并在市级、县级设立分支机构,强化地市间统筹对接,重点落实重大政策和跨省重点项目等事项。推动蒙晋冀三省区跨区域产业转移、重大基础设施建设管理和园区合作。

第十一章

省际毗邻区域发展的经验总结与探索[①]

　　伴随区域协调发展战略的深入实施和市场化改革的持续深入,处于行政"边缘地带"的省际毗邻区域逐渐成为新型区域合作的热点地区。依据地方发展基础与功能定位,省际毗邻区域以整合区域优势资源、创新区域合作机制、协调区际利益关系为重点,充分发挥各地比较优势,积极探索差异化、特色化的区域合作发展新途径和新模式。部分省际毗邻区域围绕突破行政壁垒、整合区域资源、创新协调机制等方面进行有益探索,呈现合作类型多样、合作领域多元、合作层次丰富的新态势,区域协调发展取得积极成效。在构建以国内大循环为主体、国内国际双循环相互促进的新发展格局下,小尺度、跨区域、相对精准的省际毗邻区域合作成为新型区域合作的重要趋势与表征,对于推动区域协调发展、畅通国内大循环具有重要理论与实践意义。进入新发展阶段,省际毗邻区域发展不应局限于所属的区域合作类型与合作模式,而是应从系统观念和全局出发,更加强调发展的全面性和整体性。基于此,本章在前述理论与实践分析的基础上,进一步梳理总结当前省际毗邻区域协调发展的合作模式、政策导向,提出省际毗邻区域"多彩"发展的未来新路径。

[①] 本章部分内容来自已发表文章:张学良、韩慧敏、许基兰. 新型区域合作背景下省际交界区域跨越式发展研究[J]. 经济纵横,2023(6):37—46。

第一节　省际毗邻区域发展的合作类型

结合省际毗邻区域资源特征与发展定位,本节依据典型毗邻区域合作案例,总结当前毗邻区域合作的先行实践与探索,结合毗邻区域国土空间功能,将当前省际毗邻区域发展划分为生态保护型、产业协作型、乡村振兴型、制度创新型等区域合作类型,以便明确毗邻区域发展定位,激发毗邻区域内生发展动力,探索实施差异化的分类指导政策。

一、生态保护型

鄂豫陕三省毗邻区域地处秦岭与大巴山一带,以汉江为纽带,连接长江、淮河、黄河三大流域,是国家南水北调中线工程核心水源区、国家重要生态功能区。为切实保障南水北调"一江清水北送",三市政府高度重视生态保护工作,携手保护水源区生态环境,共建跨区域生态保护检察协作机制,并针对跨区域生态环境破坏犯罪建立案件会商和联合办理机制,为省际毗邻区域协同防治、共筑生态安全屏障积累了宝贵经验。在具体实践中,通过实施生态修复项目、加强环境监测和执法力度,鄂豫陕毗邻区域有效遏制了生态破坏行为,提升了区域生态环境质量。同时,毗邻区域积极探索生态补偿机制,通过经济补偿和政策激励等手段,引导企业和个人积极参与生态保护工作。这一系列合作举措不仅保障了南水北调工程的顺利运行,也为我国跨区域生态保护合作提供了宝贵的经验与启示。

二、产业协作型

晋陕豫黄河金三角区域的灵宝与潼关两地,在产业协作方面取得了显著成效。两地依托各自的优势资源,率先启动豫陕合作先行试验区建设,充分发挥两地产业在要素价格、资源技术等方面的互补优势,依托产业园区联合制定优惠政策、推动企业入驻,通过产业、生态、基础设施共建,统一园区规划布局、运营管理、招商策略,实现改造升级传统产业和培育战略性新兴产业。在农业领域,两地共同推进了农业现代化和产业化经营,通过引进新品种、新技术等方式,提高了农产品的产量和品质。在工业领域,两地加强了产业链上下游企业的合作与联动,推动了产业链的延伸和拓展。同时,两地还注重优化营商环境,为企业提供更加便捷、高效的服务;通过简化审批流程、降低企业成本等措施,吸引大量企业入驻产业园区。这些企业的入驻不仅促进了当地经济的发展,也为区域内居民提供了更多的就业机会和收入来源。

三、乡村振兴型

浙皖闽赣毗邻区域乡镇的乡村振兴合作是新时代乡村振兴战略在跨区域层面的生动实践。自 20 世纪六七十年代开始,浙皖闽赣毗邻区域陆续在森林保护、平安建设等方面广泛对接,从"各自为政"到"协同作战",成效明显。2020 年 12 月,各地乡级政府签署联合协议,制定协同发展规划,在社会治理、产业协作、乡村建设等方面建立合作关系,多渠道、多形式开展各类活动,助推乡村经济高质量发展和乡村振兴。一方面,各地注重发挥自身特色优势,依托农业、林业、旅游等资源优势,发展特色产业和乡村经济。另一方面,加强农村基础设施建设和公共服务配套提升工作。通过修建道路、桥梁等基础设施以及完善医疗、教育等公共服务设施,改善农村人居环境和生活条件。此外,各地还注重农村社会治理创新和文化传承发展工作,推动了农村全面进步和农民全面发展。

四、制度创新型

作为推动长三角一体化发展战略的先手棋和突破口,长三角生态绿色一体化发展示范区积极探索,在推动省际毗邻区域协同发展方面发挥了重要作用。示范区通过设立执行委员会等创新机构和组织形式,打破了行政壁垒和地域限制,实现了区域间的共商、共建、共管、共享、共赢。在制度创新方面,该示范区注重政策协调和制度对接工作,通过加强顶层设计、完善政策体系等方式,实现了区域政策的统一性和协调性。同时,示范区积极探索建立跨区域生态环境保护、产业协同发展、基础设施互联互通、公共服务共建共享等方面的新机制和新模式。这些创新举措不仅促进了区域内经济的快速增长和产业转型升级,也在不破除行政隶属的情况下探索实现共商、共建、共管、共享、共赢,为我国其他省际毗邻区域的协同发展提供了可借鉴的经验和模式。

第二节　省际毗邻区域发展的合作模式

省际毗邻区域既是当前区域协调发展的重点和难点区域，也是跨行政区域合作的重要实践区域。毗邻区域的协调发展在削弱行政边界效应、摒弃地方保护主义、提升共建共享意识等方面具有突出作用。在对毗邻区域相关案例研究分析的基础上，基于区域合作所处的不同阶段，本节进一步总结当前省际毗邻区域的新型合作模式，将其归纳为区域组织、新型飞地、内生驱动等不同模式，既有政府主导也有市场推动，区域合作主体和形式呈现多元化、多途径发展趋势，区域合作内容和范围不断向纵深发展。

一、以区域组织为保障的政府推动型区域合作模式

在地方实践过程中，省际毗邻区域合作往往受制于行政隶属关系不同、政策标准不统一、成本分担和利益共享机制不完善、合作机制不健全等问题，出现各地政府合作意愿强烈但实际行动不足的现象。为保障省际毗邻区域合作的顺利进行，地方政府通过加强顶层设计，引导制定相应的区域合作政策，建立相关的区域合作组织，打破跨区域协调发展中面临的制度障碍。近年来，以《晋陕豫黄河金三角区域合作规划（2014—2025年）》《湘赣边区域合作示范区建设总体方案》《苏皖合作示范区发展规划（2018—2025年）》《安徽省支持省际毗邻地区新型功能区建设若干政策措施》为代表的省际毗邻区域合作与发展规划相继出台，引导区域要素合理化配置，为省际毗邻区域合作与发展注入新的动能。地方政府积极成立联席会、协调会、新型功能区等毗邻区域合作组织，通过对毗邻区域发展进行合理的统一规划、统一建设、统一管理，用高效的制度供给助推资源的高效流动配置，用积极的双向开放激发毗邻区域整体分工与合作，实现省际毗邻区域从物理毗邻向要素毗邻转变，提升整体的区域协同效率和经济集聚度，最终形成以毗邻区域带动整体区域协同发展的新机制。结合已有实践来看，多种合作类型的省际毗邻区域积极探索多层次政府协调合作机制，如安徽省设立宁马省际毗邻地区新型功能区管委会，长三角地区设立长三角生态绿色一体化发展示范区执行委员会，晋陕豫黄河金三角建立市长联席会议制度，渝鄂湘黔四省市设立武陵山片区乡村振兴合作联席会议等，

积极谋求省际经济合作。省际毗邻区域发展政策的实施与区域组织机构的设立为区域协调发展奠定了坚实基础,区域合作内容和范围向纵深发展。省际毗邻区域的跨区域经济合作有力改变了通过地方政府竞争推动体制创新与经济发展的传统制度模式,开启了扩大开放、横向合作、共谋发展的"双赢"之路。

二、以互利共赢为基础的新型"飞地经济"合作模式

在构建新发展格局背景下,以国内大循环为主体,应着力打通生产、分配、流通、消费的各个环节,加强区域之间的合作与对内开放,从而获得规模经济降低生产成本、专业化分工降低服务成本、市场规模扩大增加产品多样性等一系列区域合作收益。2020年《中共中央 国务院关于新时代推进西部大开发形成新格局的指导意见》明确提出,"鼓励探索'飞地经济'等模式",支持"毗邻地区建立健全协同开放发展机制"。在市场规律发挥有效作用的前提下,伴随省际毗邻区域经济合作不断增多,跨区域合作呈现新态势,实现了从"前店后厂"模式、"桥梁"模式到新型"飞地经济"合作模式的跃升,在实现省际毗邻区域之间互补联动、共赢发展上探索出新的路径。对比来看,传统的飞地经济合作模式主要是两地园区之间开展产业、技术等方面的合作,因统筹规划缺失、利益分享机制不完善等不利因素制约,尚未形成发展合力。而新型"飞地经济"合作模式则强调落后城市在发达城市设置孵化器、研究院等,主动吸收发达城市的新技术,转化为自身发展的新动能。该种合作模式以市场导向、优势互补、集约化发展为原则,是在不涉及行政区划调整的条件下,以建立合理的税收分配、GDP分成等合作机制为基础,以先发城市与欠发达城市互利共赢和长期稳定可持续发展为目标的有益尝试(张学良和吴胜男,2021),是推动省际毗邻区域协同发展路径的重要探索。进入高质量发展新阶段,以新型"飞地经济"模式催生的"科创飞地""人才飞地"等合作模式在长三角地区、粤港澳大湾区等省际毗邻区域蓬勃兴起,大力助推产业协作型、制度创新型等类型的毗邻区域发展。例如,浙江省嘉兴市以"创新飞地"为突破口,在虹桥建立嘉善国际创新中心(上海),充分依托在沪发展的"前台"窗口优势,协同上海优势科创资源,打造虹桥国际开放枢纽"金南翼";南湖智立方(上海中心)、平湖右先锋国际创新中心通过共建"大虹桥"接轨上海、融入长三角,实现与上海优势资源的无缝对接。拓展新型"飞地经济"合作模式,助推省际毗邻区域突破行政区划限制、盘活资源空间配置,促进毗邻区域之间互利共赢的跨越发展。

三、以资源互补为主体的内生驱动型合作模式

由于地理位置的限制,省际毗邻区域往往因远离经济中心而难以接受省会城市的经济辐射,易形成"边缘—贫困"的经济特征。不同于以往单纯追求自身利益最大化的传统发展方式,省际毗邻区域逐步探索出以资源互补、共赢发展为驱动力的新型区域合作模式,通过共同做大"蛋糕"以共享合作红利。经验表明,由不同地区在人力资本、资源要素等方面的差异性、互补性带来的驱动力是省际毗邻区域合作的基础动力,对于不同合作类型的省际毗邻区域发展均是如此。只有立足区域特色,坚持优势互补、着眼长远、统筹规划、整体考量,才能推动省际毗邻区域合作实现区域利益的帕累托最优。因此,以资源互补为主体的新型区域合作模式通过加强资源、技术、人才、投资、信息等方面的合作,充分发挥毗邻区域比较优势,促进资源的优化配置,推动地区之间实现互利共赢和协调发展。从地区实践来看,基于合作的历史基础与现实需要,粤桂两省区突破行政区划壁垒,共建我国目前唯一的横跨东西部的省际流域合作试验区——粤桂合作特别试验区,聚焦以产业园区推动跨省优势产业互补合作,探索"一体化、同城化、特区化"开发的全新模式。基于资源优势互补,上海市金山区与浙江省平湖市共同推进农文旅产业融合发展,推动两地毗邻区域产业共富。实践证明,内生驱动毗邻区域共同合作发展是破除区域行政壁垒、共谋"资源互通、合作共赢"新思路的有效对接点和着力点。

第三节　省际毗邻区域发展的政策导向

一、强化区域协调发展的顶层设计

省际毗邻区域作为区域经济发展的重要内容,其未来发展亟须加强顶层设计。为此,应从政策框架、制度创新、资源整合和实施保障等多个层面系统性构建跨区域协调机制,以实现省际毗邻区域间的高效协同与可持续发展。这包括成立高级别的区域协调委员会,负责跨省份的战略规划、政策协调及项目对接,落实统一的市场准入、环境保护、税收等政策,推动省际毗邻区域间政策的高度契合,以打破行政壁垒、促进资源要素的自由流动和优化配置。定期召开协调会议,有效解决各省

在政策制定和执行中存在的冲突与不协调问题,避免地方保护主义和政策碎片化,形成统一的政策框架。同时,推动毗邻区域发展战略的系统性规划,明确各地区的功能定位和发展方向,实现优势互补、错位发展,避免同质化竞争和资源浪费。加强顶层设计,确保省际毗邻区域在区域一体化进程中发挥更大作用,推动经济社会的全面协调发展。

二、助推省际毗邻区域融入国家发展战略

虽然处于省际边缘的毗邻区域难以享受到城市群、都市圈核心城市的溢出,但其可以借助融入国家发展战略来扩大其对外联系水平,借助战略叠加优势,发挥重大战略合作平台的作用。如晋陕豫黄河金三角可以借助黄河流域生态保护和高质量发展战略、晋陕豫郑(州)洛(阳)西(安)高质量发展合作带、晋陕豫黄河金三角区域合作战略、承接产业转移示范区、中部地区高质量发展、山西综改示范区、关中平原城市群、中原城市群等多个国家战略与规划的叠加优势,将自身打造成区域发展重大战略与规划协作共享区。又如鄂豫陕三省毗邻区域,地处中部崛起和西部大开发两大国家战略交汇地,是黄河流域生态保护和高质量发展战略、长江经济带发展战略以及汉江生态经济带、大别山革命老区振兴发展等多个国家战略规划的连接带,完全可以借助战略叠加优势,将自身打造成为支撑中西部地区高质量发展的重要增长极以及连接长江流域、淮河流域、黄河流域的重要通道。

三、研究制定毗邻区分类指导政策

从区域政策分类上看,省际毗邻区域发展已经纳入国家总体发展战略重要组成部分的区域政策,如中部崛起、西部大开发、长江经济带、黄河流域生态保护和高质量发展等。同时,省际毗邻区也享受到作为改革开放先行区和试验田的区域政策,如长三角生态绿色一体化发展示范区、晋陕豫黄河金三角承接产业转移示范区等。针对各类特殊区域实行的区域政策,比如自然保护区、革命老区、贫困区等政策均为毗邻区发展带来不同层面的政策支持。但考虑到毗邻区发展差异大,发展基础和发展优势不同,且区域治理主体通常涉及多个层面,故需要更高层面的组织和协调。因此,有必要从国家层面出台针对省际毗邻区尤其是三省毗邻区的发展政策,基于毗邻区发展类型,实施差异化的分类指导政策,明确各毗邻区发展定位,

并将其打造成功能差异化的省际协调发展平台。

四、选择条件成熟的省际毗邻区域开展先行先试

目前,国家层面的大尺度区域协调发展战略已经日趋成熟,小尺度、跨区域、相对精准的新型城市合作模式渐露头角。借助长三角生态绿色一体化发展示范区的建设经验,选择晋陕豫、苏浙皖、鄂湘赣等条件成熟地区开展先行试验,通过建立小尺度、跨区域、相对精准且有合作基础的示范区,探索行政区与经济区分离改革,打破跨行政区域发展中的资源要素自由流动的体制、机制、政策等人为障碍,推动区域市场的充分开放和自由竞争。探索建立互补互助、互惠互利、良性竞合、循环顺畅的有机合作体,以产业园区共建和新型飞地合作为平台,实现行政边界、地理边界、经济边界、社会文化边界的高效耦合。

五、以合理的规划应对省际毗邻区域的人口流失

当前,以人口流失为核心特征的城市收缩在中国普遍存在,这在省际毗邻区中尤为明显。要正确看待省际毗邻区人口流失的双重性,既要顺应人口向城市群、都市圈以及核心城市集聚的自然规律,同时也要考虑省际毗邻区域自身的发展条件,合理引导人口向毗邻区域中心城市集聚。此外,针对不同人口变化类型的毗邻区,要制定差异化的应对政策,例如全局收缩的毗邻区域可以借鉴"精明收缩"的理念,制定与人口规模相适应的空间策略,通过提供宜居的环境、丰富的旅游文化以及高品质公共服务来提升区域的活力。

第四节　省际毗邻区域协调发展的实践路径

一、深化区域合作机制,促进一体化发展

省际毗邻地区作为不同省份间的交界地带,其未来发展应首先着眼于深化区域合作机制,推动一体化发展进程。这要求各相邻省份在战略规划、政策制定、资源配置等方面加强沟通与协调,共同构建区域协同发展平台。各方应通过签署合

作协议、建立联席会议制度等方式,明确责任与义务,形成优势互补、互利共赢的发展格局。同时,应推动基础设施互联互通,加强交通、能源、信息等领域的合作,为区域经济一体化提供有力支撑。此外,还应注重生态环境保护与治理的协同,共同应对跨界污染等挑战,实现绿色发展。

二、优化产业结构布局,提升区域竞争力

省际毗邻地区往往存在产业结构相似、同质化竞争等问题,未来应着力优化产业结构布局,提升区域整体竞争力。一方面,应根据区域资源禀赋、产业基础和市场需求,明确主导产业和特色产业,避免无序竞争和资源浪费。另一方面,应推动传统产业转型升级,加强技术创新和品牌建设,提升产品附加值和市场占有率。同时,应积极培育新兴产业和战略性新兴产业,如数字经济、生物科技、新能源等,为区域经济发展注入新动力。此外,还应加强产业链上下游的协同合作,形成产业集群效应,提升区域整体竞争力。

三、强化创新驱动发展,提升自主创新能力

创新驱动是省际毗邻地区实现高质量发展的关键。未来应加大科技创新投入,完善创新体系,提升自主创新能力。首先,应建立健全科技创新激励机制,鼓励企业、高校和科研机构加强合作,共同开展技术研发和成果转化。其次,应加强创新人才培养和引进,打造高素质的创新人才队伍。同时,应完善知识产权保护制度,为创新活动提供有力保障。此外,还应积极融入全球创新网络,加强国际科技交流与合作,提升区域在全球创新体系中的地位和影响力。

四、推进城乡融合发展,缩小城乡差距

省际毗邻地区往往存在城乡发展不平衡、差距较大的问题。未来应着力推进城乡融合发展,缩小城乡差距。一方面,应加快农村基础设施建设,提升农村公共服务水平,改善农村生产生活条件。另一方面,应推动农村产业转型升级,发展现代农业、乡村旅游等特色产业,增加农民收入来源。同时,应深化户籍制度改革,促进城乡人口自由流动和有序迁徙,实现城乡人力资源的优化配置。此外,还应加强

农村社会治理和文化建设,提升农民文明素质和乡村治理水平。

五、注重生态环境保护,实现可持续发展

省际毗邻地区作为生态敏感区和重要生态屏障,其生态环境保护对于区域乃至全国的可持续发展具有重要意义。未来应坚持绿色发展理念,注重生态环境保护与修复。一方面,应严格执行环境保护法律法规,加强环境监管和执法力度,严厉打击环境违法行为。另一方面,应加大生态保护和修复投入力度,实施重点生态工程项目,如退耕还林、水土保持等。同时,应推动绿色低碳发展方式转变,加强节能减排和循环经济推广力度。此外,还应加强生态教育和宣传引导工作,提高公众环保意识和参与度。

第五节　省际毗邻区域跨越式发展的未来方向

新阶段省际毗邻区域的发展不仅是传统意义上地区生产总值的提高,还应包含安全底线、科技创新、绿色生态、公共服务、文化文明、区域协同等多方面发展,以共同促进省际毗邻区域的跨越式发展。基于此,本节以"多彩"增长为视角,综合论述不同类型省际毗邻区域的跨越式发展,提出"安全发展、产业协作、创新驱动、生态联治、文化共兴、服务共享、协调开放"的"多彩"发展新路径,力争将省际毗邻区域打造成高质量跨界一体化发展的"试验田",为全面提升省际毗邻区域合作水平、制定精准的省际毗邻区域发展政策提供参考。

一、坚守"红色增长":筑牢高水平安全底线,保障高质量发展

要实现省际毗邻区域的高水平安全发展,必须从战略层面进行系统性规划与实施,以确保生态环境保护、能源安全、城市韧性的全面协调,坚守安全发展的"红色增长"。第一,加强生态环境的联保共治机制。构建跨区域的生态保护协作框架,实现生态红线的一致划定和生态系统的联合防控。具体来说,必须对跨界水体、空气质量和土壤污染等进行综合性治理。这要求相关省份在环保标准、法规制定和执法上达成一致,共同构建高效的生态环境保护机制,实现区域生态的共同保

护与治理,提高环境质量,促进绿色可持续增长。第二,优化能源结构,并增强能源保障能力。根据各毗邻区域的能源和资源优势,制定统一的区域能源转型策略,以推动低碳能源发展和能源系统的升级。具体措施涉及建立区域能源共享平台,提高能源输送和储备能力,并通过政策和财政手段激励可再生能源的广泛应用。此外,还需加强能源市场建设,推动市场化改革,确保能源供应的安全与效率,为区域经济的稳健发展提供坚实支撑。第三,建立智能化的城市安全管理系统。联合建立全灾种治理平台,利用动态监测数据、地理信息系统和应急响应机制,提升城市管理的智能化水平。有关各方通过数据共享和技术合作,增强城市在防灾减灾、应急救援方面的能力,推动城市规划与管理向智能化转型,确保城市在面对各类突发事件时能够迅速反应并有效处理,保障人民生命财产的安全。

二、深化"橙色增长":推进要素跨界流动,深化产业分工协作

以优势资源为基础,以互利共赢为动力,以分工协作为抓手,促进要素投入贡献的"橙色增长",加快构建省际毗邻区域特色鲜明、结构合理、竞争力强的现代产业体系,实现资源整合、联动发展。第一,推动重点要素市场一体化。积极建立一体化的资本、技术、人力资源等各类要素市场,实现生产要素在省际毗邻区域自由流动和优化配置。整合产权交易市场,建立区域一体化的技术市场和技术标准。第二,加强产业分工协作。推动毗邻区域在政策、资金、税收等方面建立有效合作机制,降低企业成本,提升合作效率。充分发挥各地区的特色产业和资源优势,促进毗邻区域产业链深度融合,实现产业优势互补和协同发展,培育新兴经济增长点,提升区域经济发展活力。第三,开展园区合作共建。推动省际毗邻区域产业要素向优势空间集聚,按照产业分工和布局,探索建立产业互补、项目共建、利益共享、成本共担、良性竞合的园区共建机制,发挥各地优势,促进分工协作,提升产业竞争力。大力发展新型"飞地经济"模式,探索成立跨区联合管委会,组建统一招商平台,提升集约节约高效发展水平。以产业园区共建和新型"飞地经济"合作为平台,实现行政边界、地理边界、经济边界、社会文化边界的高效耦合。

三、引领"金色增长":聚焦区域协同创新,引领经济高质量发展

协同创新是推进产业转型升级、引领经济高质量发展的重要驱动力。以创新

驱动引领"金色增长",推动省际毗邻区域协同创新合作,有助于促进科技资源的整合与共享,打造具有国际竞争力的产业集群。第一,充分发挥比较优势,建立毗邻区域优势产业技术创新战略联盟,开展重大科技课题协同攻关,培育若干特色鲜明的创新型支柱产业。加强产学研合作,构建跨界创新联盟,共用共建共享科技创新示范平台,推进科技成果的转化和应用。第二,不断强化科技创新要素支撑,促进创新要素跨区流动和共享,对省际毗邻区域政策引领、资金投入、人才引进等方面提供更多支持,共同培育创新型企业和创新型人才,建立人才培养、交流和评价机制,打造更加开放、包容和有吸引力的科技创新环境。第三,加强协同创新平台建设,实施创新和孵化平台共建工程,共同营造协同创新的良好环境。强化企业的创新主体地位,建立区域创新联合体,开展关键核心技术攻关,研制一批重大战略产品,进而推动技术创新和产业升级。

四、造就"绿色增长":坚持生态共保联治,推进生态经济协作共赢

立足省际毗邻区域自然生态特点和资源禀赋,加强生态环境共保联治,推进省际毗邻区域生态经济协作共赢,将"绿水青山"转变为"金山银山",实现经济、社会和生态的可持续"绿色增长"。第一,积极推进污染联合防治和环境修复,建立健全环境监测和管理机制,推动省际毗邻区域开展生态保护联合立法工作,建立统一的生态环境标准与监管执法制度体系。开展跨区域联防联治,对毗邻区域重点跨界水体探索建立联合河湖长制,在联合监测、联合监管、联合执法、联合防控等方面定期会商并进行信息共享。第二,着力促进跨行政区域的协调配合,坚持分工合作和协同治理,以系统性思维和法治观念完善毗邻区域协同保护机制,探索建立多元化生态保护补偿机制,健全跨省域横向生态补偿机制,共筑区域生态安全格局。加快培育环境治理和生态保护市场主体,建立政府、企业、社会组织共同参与投入生态环境保护的长效机制。第三,探索生态产业合作发展新机制,通过建立以产业生态化和生态产业化为主体的生态经济体系,积极培育生态产业链和生态产业集群。充分发挥生态叠加效应,推进生态产品贸易,将区域生态优势转化为经济优势,联合打造省际毗邻区域高质量绿色发展引领区。

五、承载"青色增长":密切区域文化合作,深入推动文旅融合

推动省际毗邻区域开展跨界资源整合,在公共文化建设、文艺精品创作、旅游产品共享等领域构建长期稳定的合作关系,打造"文化联动发展共赢地",释放文化文明的"青色增长"潜力。第一,借鉴长三角地区文化联动经验,以"文化走亲"的方式密切区域文化合作,以省际毗邻区域文化馆、博物馆、美术馆、文物藏品等为载体,轮流承办具有地域特色的文化活动、艺术展览、研讨峰会等,提升区域文化品位与影响力。第二,鼓励文化"结亲",建立省际毗邻区域合作平台,打破文化资源行政壁垒,丰富文化联动项目,提升文化场馆、基层文化阵地的跨地区辐射力度,形成区域广泛覆盖、全民深度参与的文化共兴新格局。第三,加强文化资源传承利用,积极推进文旅融合。省际毗邻区域地缘相近、文脉相承,可通过旅游资源跨界整合和空间优化,携手打造集自然景观、历史遗迹、节庆赛事等于一体的文化和旅游协作带。健全文化旅游带跨地区、跨部门协调机制,做好文旅融合发展、品牌共建共享等工作。共同打造"智慧旅游"平台,畅通旅游信息,加快建设旅游信息共享服务平台,推动文旅数据资源开放和共享。

六、勾勒"蓝色增长":加快基础设施共建,推动民生福祉互利共享

统筹推进省际毗邻区域基础设施建设,以数字技术赋能公共服务的高品质化,共同建设布局合理、结构优化、绿色智能、安全高效的现代基础设施体系,促进公共服务资源共建共享,进而实现惠及民生的"蓝色增长"。第一,统筹交通规划与建设,共同完善综合运输网络体系,加快形成一体化、数字化、智能化、绿色化的交通发展新格局。科学布局省际毗邻区域协同高效、功能完善、绿色安全的能源、水利、信息基础设施建设,提升基础设施共建共享水平。第二,促进社会服务互惠互利。统筹推进省际毗邻区域公共服务一体化,加强教育、医疗等领域信息资源沟通共享,逐步建立毗邻区域一体化的社会服务政策体系。深化教育合作,推进毗邻区域校际交流,扩大优质教育资源的合作覆盖面。推进医疗服务能力提升,合理布局医疗资源,提高对跨界融合区域医疗卫生服务能力。第三,统筹推进就业和社会保障合作,构筑公共用工信息平台,探索建设区域人才市场,共同组织各类市场招聘会,加快毗邻区域就业信息系统对接,逐步推动就业服务一体化。推进省际毗邻区域

社会保障、民政、卫生等各类信息管理平台互联互通，打造信息化、智能化、一体化的管理与服务平台。

七、共筑"紫色增长"：完善协调发展机制，构建高水平开放格局

提高省际毗邻区域合作的精准性、科学性、导向性，以特殊作为、特殊担当育先机、开新局，下好毗邻区域合作与联动发展的"先手棋"和"一盘棋"，形成可复制、可推广、可持续的区域合作新模式，共享区域协同发展释放的"紫色增长"动能。第一，借鉴长三角生态绿色一体化发展示范区的建设经验，推动基础条件好、发展潜力大、经济联系紧密的毗邻区域建立先行区域合作示范区，强化各类空间规划的对接，探索实施示范区"多规合一"。以小尺度、跨区域、相对精准且有合作基础的示范区作为省际毗邻区域合作的重要突破口，率先打破跨行政区域发展中的体制机制障碍，推动区域市场的充分开放和自由竞争。第二，考虑到省际毗邻区域发展差异较大，发展基础和发展优势不同，且区域治理主体通常涉及多个层面，需要更高层面的组织和协调，有必要从国家层面出台省际毗邻区域的发展政策，基于毗邻区域的发展类型，实施差异化的分类指导，明确各毗邻区域的发展定位，打造功能差异的省际协调发展平台。第三，支持毗邻区域体制机制创新，围绕统一规划管理、统筹土地管理、统一项目管理、促进要素自由流动、创新管理运营模式和财税分享机制、协同公共服务政策等方面加大改革力度。第四，整合省际毗邻区域的信息化平台，建立信息互通平台和共享机制，构建高水平开放新格局。探索建立多层次、多部门的对话协调决策机制，形成省级、市级、县级紧密合作的对话体系，重点解决毗邻区域重大政策、跨省重点项目及基础设施建设、民生服务等事项的推进问题，推进落实联席会议决策。

参考文献

[1] 安树伟.行政区边缘经济论:中国省区交界地带经济活动分析[M].北京:中国经济出版社,2004.

[2] 陈钊.行政毗邻区域刍论[J].人文地理,1996(4):45-48.

[3] 程金龙.中原经济区省际毗邻区域经济格局时空演化[J].经济地理,2018,38(3):30-36.

[4] 李琳,曾巍.地理邻近、认知邻近对省际毗邻区域经济协同发展影响机制研究——基于对中三角、长三角省际毗邻区域的实证[J].华东经济管理,2016,30(5):1-8,193.

[5] 李培鑫,张学良.城市群集聚空间外部性与劳动力工资溢价[J].管理世界,2021,37(11):121-136,183,9.

[6] 刘玉亭,张结魁.省际毗邻地区开发模式探讨[J].地理学与国土研究,1999(4):45-49.

[7] 庞效民.90年代我国区域经济合作政策效果分析[J].地理研究,1999(3):231-240.

[8] 唐为.分权、外部性与边界效应[J].经济研究,2019,54(3):103-118.

[9] 张学良,韩慧敏,许基兰.省际交界区空间发展格局及优化路径研究——以鄂豫陕三省毗邻区为例[J].重庆大学学报:社会科学版,2023(1):10-23.

[10] 张学良,韩慧敏,许基兰.新型区域合作背景下省际交界区域跨越式发展研究[J].经济纵横,2023(6):37-46.

[11] 张学良,林永然.都市圈建设:新时代区域协调发展的战略选择[J].改革,2019(2):46-55.

[12] 张学良,刘玉博,吕存超.中国城市收缩的背景、识别与特征分析[J].东南大学学报:哲学社会科学版,2016,18(4):132-139,148.

[13] 张学良.新型城镇化背景下城市边界调整与城市综合承载力提升[J].探索与

争鸣,2015(6):28—30.

[14] 朱传耿,王振波,孟召宜. 我国省际毗邻区域的研究进展及展望[J]. 经济地理,2007(2):302—305,290.

[15] 曾冰,张朝,龚征旗,等. 从行政区和经济区关系演化探析我国省际交界地区发展[J]. 经济地理,2016,36(1):27—32,52.

[16] 曾冰. 边界效应与省际毗邻区经济发展——基于新经济地理视角[J]. 财经科学,2015(9):87—97.

[17] 韩玉刚,焦华富,李俊峰. 改革开放以来中国省际边缘区研究历程及展望[J]. 地域研究与开发,2011,30(2):3—7,28.

[18] 刘君德,舒庆. 中国区域经济的新视角——行政区经济[J]. 改革与战略,1996(5):1—4.

[19] 刘君德,林拓. 中国行政区经济与行政区划:理论与实践[M]. 南京:东南大学出版社,2015.

[20] 刘君德. 中国转型期凸现的"行政区经济"现象分析[J]. 理论前沿,2004(10):20—22.

[21] 安树伟,张素娥. "行政区经济"和"行政区边缘经济"[J]. 生产力研究,2004(7):24—26.

[22] Friedman J. Regional development policy:A case study of Venezuela[M]. Cambrige:MIT Press,1966.

[23] Barjak F,Heimpold G. Development problems and policies at the German border with Poland:Regional aspects of trade and investment[R]. IWH Discussion Paper,1999.

[24] McCallum J. National borders matter:Canada-US regional trade patterns[J]. American Economic Review,1995,85(3):615—623.

[25] Gorodnichenko Y,Tesar L. A re-examination of the border effect[R]. NBER Working Paper,2005.

[26] 朱传耿,王振波,仇方道. 省际边界区域城市化模式比较研究[J]. 人文地理,2006,21(1):7—11.

[27] 李铁立. 边界效应与跨边界次区域经济合作研究[D]. 东北师范大学,2004.

[28] 朱延福,姚陈敏,谢靖. 边界效应在经济学领域的应用进展述评[J]. 世界地理研究,2023,32(5):169—180.

［29］Yi K M. A simple explanation for the border effect［R］. FRBNY Working Paper,2003.

［30］Winchester N. Is there a dirty little secret? Non-tariff barriers and the gains from trade［J］. Journal of Policy Modeling,2009,31(6):819－834.

［31］Capello R,Caragliu A,Fratesi U. Compensation modes of border effects in cross-border regions［J］. Journal of Regional Science,2018,58(4):759－785.

［32］Tiebout,Charles M. A pure theory of local expenditures［J］. Journal of Political Economy,1956,64(5):416－424.

［33］Musgrave R A. The theory of public finance:A study in public economics［M］. New York:McGraw-Hill,1959.

［34］Oates Wallace E. Fiscal federalism［M］. New York:Harcourt, Brace, Jovanovich,1972.

［35］Qian Y,Weingast B R. China's transition to markets:Market-preserving federalism, chinese style［J］. The Journal of Policy Reform,1996,1(2):149－185.

［36］周黎安,李宏彬,陈烨. 相对绩效考核:关于中国地方官员晋升机制的一项经验研究［J］. 经济学报,2005,1(1):83－96.

［37］傅勇,张晏. 中国式分权与财政支出结构偏向:为增长而竞争的代价［J］. 管理世界,2007(3):4－12,22.

［38］周黎安. 晋升博弈中政府官员的激励与合作——兼论我国地方保护主义和重复建设问题长期存在的原因［J］. 经济研究,2004(6):33－40.

［39］皮建才. 中国地方政府间竞争下的区域市场整合［J］. 经济研究,2008(3):115－124.

［40］鲍丰彬,费利群. 对创新区域经济合作发展理论模式的思考［J］. 理论学刊,2008(3):47－51.

［41］徐现祥,李郁,王美今. 区域一体化、经济增长与政治晋升［J］. 经济学,2007(4):1075－1096.

［42］周黎安,陶婧. 官员晋升竞争与边界效应:以省区交界地带的经济发展为例［J］. 金融研究,2011(3):15－26.

［43］张学良,杨羊. 新阶段长三角一体化发展须处理好几类关系［J］. 学术月刊,2019,51(10):39－45.

［44］张学良. 迈向第六大城市群,要有多彩的发展［N］. 解放日报,2020－11－10:

19.

[45] 丁从明,吉振霖,雷雨,等.方言多样性与市场一体化:基于城市圈的视角[J].经济研究,2018,53(11):148－164.

[46] 夏锦文.加强科技创新和产业创新跨区域协同[J].红旗文稿,2023(24):42－44.

[47] 习近平.用好红色资源,传承好红色基因,把红色江山世世代代传下去[J].共产党员(河北),2021(11):4－12.

[48] 徐康宁,陈丰龙,刘修岩.中国经济增长的真实性:基于全球夜间灯光数据的检验[J].经济研究,2015,50(9):17－29,57.

[49] 张学良,吴胜男.长三角一体化发展中的沪苏特别合作[J].苏州大学学报:哲学社会科学版,2021,42(2):94－102.

[50] 杨凤海,赵烨荣,宋佳佳,等.齐齐哈尔市土地生态系统服务价值时空变化研究[J].中国农业大学学报,2018,23(2):105－114.

[51] 邱作人.内蒙古兴安盟水资源的利用及评价[J].东北水利水电,1989(4):32－35.

[52] 韩锦辉.东北农牧交错区土地可持续利用评价研究[D].吉林大学,2018.

[53] 梁启东.以战略眼光看待东北振兴[N].环球时报,2023－8－2:15.

[54] 吕小瑞.以"毗邻示范区"撬动一体化发展[N].学习时报,2021－5－16:A3.

[55] 张学良,陈建军,权衡,等.加快推动长江三角洲区域一体化发展[J].区域经济评论,2019(2):80－92.

[56] 盛来运,郑鑫,周平,等.我国经济发展南北差距扩大的原因分析[J].管理世界,2018,34(9):16－24.

[57] 刘风豹,朱喜钢,陈蛟,等.城市收缩多维度、多尺度量化识别及成因研究——以转型期中国东北地区为例[J].现代城市研究,2018(7):37－46.

[58] 龚勤林,李源,周沂.边界效应对区域技术创新的影响及其作用机制——来自川渝边界的证据[J].财经科学,2023(4):110－122.

[59] 曾冰,邱志萍.省际交界区经济网络空间结构研究——以湘鄂赣的灯光数据为实证[J].财经科学,2018(11):110－121.

[60] 唐锦玥,罗守贵.企业之间创新联系的行政区边界效应[J].地理科学进展,2022,41(12):2286－2296.

[61] 安树伟,黄艳,王慧英.中国省际交界区域合作与发展的新态势和新特点[J].

区域经济评论,2022(1):82—91.

[62] 贺灿飞,余昌达. 多维邻近性、贸易壁垒与中国——世界市场的产业联系动态演化[J]. 地理学报,2022,77(2):275—294.

[63] 吴晓东,周茶仙,周春晔. 闽浙皖赣革命根据地研究述评——以史料挖掘整理角度为中心[J]. 宜春学院学报,2015,37(11):48—52.

[64] 刘佩芝. 略论闽浙皖赣革命根据地的经济政策[J]. 上饶师范学院学报,2013,33(2):19—23.

[65] 楼洪豪. 论浙赣闽皖九方经济区的协调发展[J]. 金华职业技术学院学报,2009,9(5):25—30.

[66] 张学良,洪旭东. 新时代建设郑洛西(晋陕豫)高质量发展合作带的现实基础与路径选择[J]. 重庆大学学报:社会科学版,2022,28(3):1—13.

[67] 曾冰. 省际毗邻区中心城市发展机理与培育路径研究[J]. 宁夏社会科学,2017(6):85—90.

[68] 赵森. 晋陕豫黄河金三角区域经济合作研究[D]. 河南理工大学,2010.

[69] 赵森. 基于中心地理论的晋陕豫黄河金三角区域经济合作基础[J]. 经济研究导刊,2011(1):146—147.

[70] 张慧霞,刘斯文. 晋陕豫黄河金三角地区区域旅游合作研究[J]. 山西财经大学学报,2006(2):44—48.

[71] 苏建军. 基于旅游城市化视角下的城市旅游区域一体化研究——以晋陕豫黄河金三角地区为例[J]. 山西财经大学学报,2010,32(S1):84.

[72] 郭世勇. 晋陕豫黄河金三角区域产业合作研究[D]. 山西财经大学,2015.

[73] 杨龙,聂际慈. 省际交界地带区域合作的政策创新——以黄河金三角区域合作的机制探索为例[J]. 晋阳学刊,2017(1):87—96.

[74] 王虎,刘海龙,谢亚林,等. 省际毗邻区县域产业结构时空演变及影响因素——以晋陕豫黄河金三角地区为例[J]. 湖南师范大学自然科学学报,2020,43(4):35—42.

[75] 张智勇. 区域经济内产业联动的实证分析——以晋陕豫"黄河金三角"地区为例[J]. 经济问题,2018(11):80—83.

[76] 习近平. 在黄河流域生态保护和高质量发展座谈会上的讲话[EB/OL]. http://www.xinhuanet.com/politics/leaders/2019-10/15/c_1125107042.html.

[77] 张学良. 中国交通基础设施与经济增长的区域比较分析[J]. 财经研究,2007(8):51—63.

［78］黄孝东,张继焦.明清时期蒙汉民族的交往交流与交融——基于蒙晋冀长城金三角区域文化遗产的调查研究［J］.内蒙古社会科学,2021,42(4):182－188,213.

［79］张国卿.区域协同:蒙晋冀(乌大张)长城金三角合作区［M］.北京:知识产权出版社,2020.

［80］于保明,黄金星.携手构筑区域金三角 抱团打造发展新高地——蒙晋冀(乌大张)长城"金三角"合作区合作发展之综述篇［N］.中国改革报,2018－3－7:4.

［81］张学良,吴胜男."双循环"新格局下长三角一体化发展的若干重要关系探讨［J］.安徽大学学报:哲学社会科学版,2021,45(3):132－141.

［82］Weingast B R. The political foundations of democracy and the rule of the law［J］. American Political Science Review，1997,91(2):245－263.

［83］寇宗来,刘学悦.中国城市和产业创新力报告2017［R］.复旦大学产业发展研究中心,2017.